奥秘 探索

皇帝秘史

薛晋蓉 著

吉林出版集团股份有限公司 | 全国百佳图书出版单位

Discovery

图书在版编目(CIP)数据

皇帝秘史 / 薛晋蓉著. — 长春：吉林出版集团股份有限公司，2017.1
（奥秘探索）

ISBN 978-7-5581-1538-7

Ⅰ.①皇… Ⅱ.①薛… Ⅲ.①皇帝 – 生平事迹 – 中国 – 通俗读物

Ⅳ.①K827-49

中国版本图书馆CIP数据核字（2016）第149583号

皇帝秘史
HUANGDI MISHI

著　　者：薛晋蓉
出版策划：孙　昶
选题策划：孔庆梅
责任编辑：田群丽　于媛媛
文图编辑：陈丽辉　李国斌
美术编辑：刘晓东
封面设计：罗　雷
版式设计：刘晓东
图片提供：王　露　Fotoe

出　　版：吉林出版集团股份有限公司（长春市人民大街4646号，邮政编码 130021）
发　　行：吉林出版集团译文图书经营有限公司（http://shop34896900.taobao.com）
电　　话：总编办 0431–85656961　　营销部 0431–85671728 / 85671730
制　　作：E热智书（www.rzbook.com）
印　　刷：吉广控股有限公司
开　　本：787mm×1092mm　1/12　　印　　张：18
字　　数：295千字
版　　次：2017年1月第1版　　印　　次：2017年1月第1次印刷
书　　号：ISBN 978-7-5581-1538-7
定　　价：28.00元

印刷错误请与承印厂联系　电话：0431-85199088

皇帝，一个被神话了、抽象了、放大了的名词，两千多年来雄踞权力金字塔的顶端，傲视天下，令多少苍生黎民顶礼膜拜。翻开历朝正史，我们只能从泛黄册页上的微言大义中大致了解其生平功业，从史学家谨严隐讳的笔端约莫窥见其人格品貌，而对于他们的喜怒哀乐、爱恨情仇，却很难觅得片言只语。但越是如此，人们越是对这高瓦红墙后掩映着的帝王秘史兴味盎然，津津乐道。

透过那些被大历史遮蔽的罅隙，人们讶异地发现，帝王的生活并不像我们这些小人物想象的那么尽善尽美。有些皇帝虽然自诩为天子，却玩物丧志，闹出了一件件匪夷所思的荒唐事。南齐东昏侯萧宝卷乐以贩夫走卒自居，每日在宫中开市做买卖。唐僖宗一生政务不通，却对斗鸡、赌鹅、骑射、赌博无不精通，甚至自诩"马球状元"。这些不务正业的皇帝最终难逃身死国灭为天下所笑的下场。有些皇帝从小便罹受了常人无法想象的屈辱和苦难。汉宣帝尚在襁褓之中便因"巫蛊之祸"身陷囹圄，只能孤苦无依地在市井乡间苟活。汉惠帝刘盈终生被吕后的强势阴影所笼罩，年仅24岁便郁郁而终了。

除此之外，皇帝的情史恐怕是好事者最热衷八卦的地方了，三宫六院七十二妃，究竟演绎出多少暧昧纠结、动人心魄的故事？是什么让汉光武帝慨然叹曰："娶妻当娶阴丽华"？明英宗和钱皇后这对伉俪情深的苦命鸳鸯最终是否了偿了"生同衾、死同椁"的夙愿？风华正茂的明宪宗为何苦苦痴恋比他大十七岁的万贞儿？

种种谜团早已被历史尘封，古今多少事，尽付笑谈中，也许只有怀着一颗好奇之心的人，才能从时光的余烬中披沙拣金，觅得一些不为人知的故事。

不务正业的绝世帝王 6

另类皇帝的荒唐事儿 42

非常之子，非常传奇 74

Discovery 不务正业的绝世帝王

爱"做买卖"的顽童皇帝

南齐东昏侯萧宝卷

■萧宝卷是南朝史上有名的昏君。他十六岁登基，十九岁被杀，在位短短三年，却做了不少荒唐事，以至于死后被追贬为"东昏侯"。且不说他如何残暴地滥杀大臣，如何肆意掠夺民财，单说堂堂一国之君竟然在宫中设立市场，让太监杀猪宰羊，宫女沽酒卖肉，自己的宠妃充当市令，就足以令人瞠目结舌，足见其昏庸至极。

美人步步生莲花

东昏侯萧宝卷自幼丧母，性格比较孤僻，因为哥哥身有残疾，不便继承大统，他才被父亲立为太子。可是他自幼就不爱学习，耽于逸乐。《南齐书卷七·东昏侯》记载，萧宝卷在"东宫便好弄，不喜书学"。对于这个不爱学习的淘气包，父亲高宗却不以为忧，反而发诏将太子原先的一日一朝改为三日一朝，萧宝卷便更加肆无忌惮地玩乐去了。史书记载，他常常通宵达旦地领着太监们捉老鼠玩，或者在后堂戏马，丝毫不顾太子的身份和尊严。

这样一个不通政务的孩子继承大统，自然不知道该如何理政治国；反而是将国家权力变成了满足一己私欲的工具，更加肆无忌惮地寻欢作乐。因为个性内向自闭，萧宝卷继位之后也不善于和大臣交流，只是一味宠信太监。在宠臣茹法珍和梅虫儿的蛊惑下，萧宝卷在继位之初便展开选美大赛，从各地甄选美女供他淫乐。其中有一个叫潘玉儿的美女俘获了少年皇帝的心，被封为贵妃，顿时集万千宠爱于一身。

这个潘玉儿不仅有沉鱼落雁之貌，而且能歌善舞。她的一双"三寸金莲"更是让萧宝卷爱不释手。萧宝卷特意为她修建了一座金碧辉煌的"玉寿殿"，壁嵌金珠，地铺白玉，还让工匠用黄金打造了一朵朵莲花，贴在地上，让潘玉儿赤脚走在上面。看着潘玉儿在金莲花上面婀娜而行，萧宝卷恍惚看到一位风姿绰约的仙子，香风过处，遍地莲花绽放，因而大发感叹："仙子下凡，步步生莲。"

为了讨好潘玉儿，萧宝卷在内廷之中时常以奴仆自居，端茶倒水，捏脚捶背，毕恭毕敬地侍候他的"太上皇妃"。每当出宫时，潘玉儿坐在轿中，萧宝卷则骑马相随。朝臣们见了，以为不成体统，萧宝卷却不以为然。

当潘玉儿生下的小公主不幸夭折后，萧宝卷不惜花费重金修建了"神仙""永寿""玉寿"三座宫殿，耗费大量财力，就是为了安抚美人的芳心。南朝的皇帝多奢靡，可像萧宝卷这样一味宠信奸小，不务正业，只知道搜刮民财，满足私欲的皇帝也算极品了。

至尊屠肉，潘妃沽酒

萧宝卷为了讨潘玉儿的欢心，可以说绞尽脑汁，无所不用其极。据史书记载，潘玉儿出身贫贱，她的父亲本是个商贩。潘玉儿做了贵妃之后，潘家便鸡犬升天，她的父亲也被赐第都中，连皇帝都称他为"阿丈"。这个唯利是图的商人便利用权势，赤裸裸地侵夺他人的财产。他将别人的家财洗劫一空，为了防止其家人日后报复，还网罗各种莫须有的罪名，将家中男丁统统杀死，以绝后患。如此恶行，萧宝卷一贯姑息纵容，朝野上下敢怒而不敢言。

面对昏暗危险的政治形势，萧宝卷丝毫感觉不到一股无形的势力已经扼住咽喉，反而

每天唯潘玉儿马首是瞻，来讨美人的欢心。在这个精于买卖的潘玉儿的影响下，萧宝卷也渐渐对做买卖上了瘾。按理说，在重农抑商的封建社会，商人的地位是很低下的，士子和大夫们都不屑为之。可是这个萧宝卷身为九五至尊，却对贩夫走卒之事充满了浓厚的兴趣。

● **南齐萧道成像**

齐高帝萧道成是一个围棋爱好者，史载他与直阁将军周覆下棋时打算悔棋，周覆居然抓住萧道成的手不许他悔棋，萧道成也能从容默许，所以得到了"弘厚"的评价。此外，萧道成还亲自撰写围棋著作，曾有《齐高棋图》二卷问世，是史载首位亲自著作围棋书的皇帝。

● 河南邓州市出土的南朝列队出行画像砖

国家博物馆藏。砖长 38 厘米，宽 19 厘米，厚 6.3 厘米。描绘贵族妇女盛装出行的情景，与东晋画家顾恺之传世作品中的人物形象有很多相似之处。

虽然他无法走上街头去当个小商贩，却可以利用皇帝的无上权力，直接在宫中复制一个小型的市井社会。他先是在宫中花园里设立了一个市场，市场中林立着各种大小商铺，规模形式都和真实的商铺差不多。有了商铺之后，他就命令宫中的宦官、宫女打扮成各色商贩。他自己每日游走其间，仿佛走上了市井街头，玩得不亦乐乎。有了市场，有了商贩，还缺一个统管全局的"市令"。萧宝卷便让自己的宠妃潘玉儿担任其职，专门管理市场交易，受理各种纠纷案件。他甚至挽起袖子来亲自持刀卖肉，还让潘玉儿在一旁当垆卖酒，俨然一个"天字第一号夫妻店"。这一荒唐事传到民间，老百姓便编了首讽刺他的歌谣，"阅武堂，种杨柳，至尊屠肉，潘妃沽酒"。

皇帝当屠夫，可谓滑天下之大稽，足见其心智的不成熟，让这样一位顽童当皇帝，江山社稷自然难保。

滥杀大臣，天怒人怨

从萧宝卷对做买卖这种过家家式游戏的热衷来看，他似乎还是一个童心未泯的孩子，其实不然，他虽然年少，却心狠手辣，是一位不折不扣的暴君。

据史书记载，高宗在临崩之际，特意嘱咐萧宝卷"做事不可在人后"，生怕这个不懂权谋的小儿子继位之后遭人算计。萧宝卷将此话铭记在心，生杀大权一到手，便立显冷漠无情的本色。

一般皇帝即便视百姓生命为草芥，也不会随意滥杀大臣，自毁城墙。可是萧宝卷在这件事情上却是"一视同仁"。萧宝卷的两个表叔，因为经常进言劝谏他少耽于逸乐，多管理朝政，便被他狠心地杀害了。

如此六亲不认，忠奸不辨，自然弄得朝野人人自危。于是始安王萧遥光起兵造反，可惜因为事起仓促，不久就被平定了。萧遥光造反丝毫没有唤醒萧宝卷的反省意识，他反而更加暴虐地诛杀老臣。在身边一群奸臣的怂恿蛊惑下，他将朝中一些老臣纷纷召入宫中，赐酒毒死，这其中包括萧遥光、萧坦之、徐孝嗣等多人，甚至连他的亲娘舅也未能幸免。如此草菅人命，大开杀戒，让大小官员人人自危，噤若寒蝉，对他的胡作非为是敢怒而不敢言。不过矛盾正在不断积聚，萧宝卷的皇位也岌岌可危了。

君逼臣反，身首异处

一个不理朝政的荒唐少年，本来就不足以令群臣信服。可是他不但不思进取，反而变本加厉地迫害群臣，令朝野上下怨声载道。昏君无道，臣子们只有推翻他，另谋新君。

永元元年（499）十一月，齐太尉陈显达在浔阳（江西九江）起兵，进军采石（安徽马鞍山长江东岸）；次年三月，平西将军崔景慧叛变，与江夏王萧宝玄联合起兵围建康。虽然这两次起义都被镇压了，但是这种势头确实越来越旺，无可阻挡。

同年十一月，雍州刺史萧衍与吕僧珍等率领万人在襄阳（湖北襄樊）起兵；十二月，中郎将长史肖颖胄在江陵（湖北江陵）起兵。梁王萧衍的军队很快攻打到城外，太监茹法珍请求赏赐将士，极其吝啬的萧宝卷却不肯，还说："反贼难道只捉我一个人？为什么偏偏向我要赏赐？"在一个寒冬腊月的夜晚，萧宝卷还在含德殿悠然自得地吹笙。梁王的军队已经包围了大殿。听到军队闯进来的声音，萧宝卷慌忙从北门溜出。太监黄泰平举刀砍伤了他的膝盖，他摔倒在地，呵斥道："奴才要造反吗？"另一名太监张齐不由分说，一刀砍下了他的头。

中兴元年（501）三月，萧衍等人拥立南康王萧宝融在江陵称帝，是为齐和帝，改年号为中兴，并宣布废萧宝卷为涪陵王。而这个昏聩无道的萧宝卷在死后被剥夺了帝号，贬为"东昏侯"。宣德太后还发布了一道长篇大论，尽数萧宝卷的累累恶行，"三年载弄之丑，罄楚、越之竹，未足以言，校辛、癸之君，岂或能匹！"

●透空龙纹白玉衮带
鲜卑头·南朝

信佛信到头发昏

南朝**梁武帝**萧衍

■■■佛教自东汉传入中国以来，颇受统治者的喜爱。而南朝梁武帝对佛教的虔敬和崇信，用"痴迷"来形容也毫不为过。身为皇帝的他竟不惜亲自受戒，不吃肉、不近女色，长年过着苦行僧般的生活。不仅如此，为了弘扬佛法，他潜心钻研佛经，亲自撰写了一部五十卷的《大品经注》，并四处开坛讲经，无暇理政，最终招致了国家的灭亡。

雄才大略

梁武帝萧衍（464－549）是梁朝的开国皇帝。他的祖上兰陵萧氏本来是北方庶族，家世比较低微。可他的伯父萧道成是一个很有谋略的政治家，他趁着宋朝内乱之际，夺取政权，建立了齐朝。萧衍继承了叔父的胆识和谋略，他在南齐担任军职，曾和北魏军多次交手，声名远播。

●石雕观音菩萨像·南朝梁

齐建武二年（495），北魏军进攻南齐司州刺史萧诞，萧衍跟随江州刺史王广之前往救援。两军阵前，其他将领见魏军势大，畏惧不前。萧衍亲自率领敢死队为先锋，奋勇拼杀，将士们紧随其后，大破十万魏军。战后搜检敌营，从一名魏将留下的巾箱中找到了北魏孝文帝的敕书，上面写道："听说萧衍善于用兵，不要轻易交锋，等我到达再商议对策。如果能俘获此人，则江南为我所有。"足见萧衍当时在敌军中威名远播。

萧衍早年还是一位社会名流。南齐竟陵王萧子良开西邸，广招文学之士，萧衍与名士沈约、谢朓、王融、萧琛、范云、任昉、陆倕并游于西邸，吟诗赋文，号称"竟陵八友"。到后来萧衍做了皇帝，虽然政务繁忙，他仍然每天灯下读书直至深夜，曾撰写《通史》600余卷。他还常常亲自起草朝廷的诏告、赞、序等公文，合起来竟然有120卷。萧衍还善于弈棋。其他方面如阴阳、卜筮、书法等无不擅长，堪称多才多艺。

如此文武全才自然不肯久居人下，于是趁着齐武帝病逝，宫廷内乱之际，萧衍便辅佐萧昭业夺取了政权。当时的他羽翼还未丰满，可是萧昭业非常倚重他，致使他的势力一步步壮大。等到积蓄足够力量之后，他毅然于雍州发动起义，夺取政权，建立了梁朝，改元天监。

从此，梁武帝萧衍不再为他人做智囊，开始在政治上充分施展自己的才能。梁武帝是中国历史上罕见的长寿皇帝，他活了八十五岁，在位五十多年，可以说在他迷信佛教之前，还是非常励精图治的，堪称一位文武兼修的明君。

●历代帝王像之梁武帝像

躬身事佛的"皇帝菩萨"

"皇帝菩萨"是梁朝百姓送给梁武帝的称号，当然，其中不乏嘲讽之意。首先，贵为天子，却整日不理朝政，以"菩萨"自居，甚为荒唐。退一步讲，既然已经受戒，就应该让出皇位，不理红尘俗事才是，可他却霸占帝位五十多年，也算不得真正虔诚。

关于梁武帝皈依佛教的时间，据《南史·梁本纪》记载，应该是天监十八年（519）。自此之后，他对佛教的信仰愈发坚定，对于佛法的弘扬愈发投入，逐渐走上了佞佛亡国的不归路。据史书记载，梁武帝为了提高

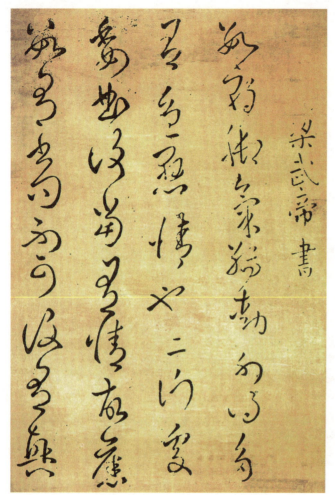

自己的佛学修养，整日潜心研读佛经。一有心得便召开佛经读书会，和他手下那一帮高僧一起切磋谈玄，直说得舌灿莲花，欲罢不能。而且他不满足于设坛讲经，而是极具创作热情，自己亲手撰写了长达50卷的《大品经注》，可谓对佛教在中国的发展和传播做出了巨大的贡献。

可是这样一来，梁武帝根本无暇管理朝政，也渐渐对那些案牍劳形之事厌烦起来。好在皇帝身边总有一个智囊团替他操持国务，使他可以脱身投入私人的爱好之中。可是，这样做的弊端就是使得大权旁落，此时智囊团的素质和职业道德就成为国家机器顺利运转的决定因素。很不幸的是，梁武帝手下的智囊团已经是一批贪污腐败的奸佞小人，所以梁朝的国运日渐衰微。

除了谈玄论道，钻研佛教义理之外，梁武帝还在生活中严格恪守佛教

●数朝帖·南朝·梁武帝

教规。比如坚决不吃肉、不近女色。莫说皇帝，对于普通善男信女来说，这一点也很难落实。所以广大信众常说"酒肉穿肠过，佛祖心中留"，以此为自己寻找一个摆脱教规束缚的冠冕理由。从这一点的对比中，我们足以看到梁武帝躬身事佛的决心和意志。梁武帝不但自己恪守清规戒律，也希望能够推己及人，为大臣们树立一个简朴节制的好榜样。可是"由俭入奢易，由奢入俭难"，梁武帝的生活模式很难得到贵族们的认可。所以，虽说长期的素食主义和禁欲主义给他带来了长寿和健康，却难以改变南朝沿袭已久的浮华奢靡风气。

"南朝四百八十寺，多少楼台烟雨中"道出了梁朝佛教立寺造像的蔚然盛况。立寺造像是每个诚心向佛之人的夙愿，只不过普通百姓经济上很难担负，只能以微薄的善款略表心意。而对于手握天下财政的梁武帝来说，钱不是问题，国库里有的是。梁武帝对于自己的生活支出尽量俭省，

可是立寺造像却挥金如土，毫不手软。据《释迦方志》记载，从普通三年（522）到梁亡这二十多年间，建康城的佛寺净增二百余座，这一兴建速度是史无前例的。兴建这些佛寺，耗费了大量的人力、财力。而朝廷通过各种苛捐杂税把财政危机转嫁到百姓身上，百姓不堪盘剥，民怨载道。寺院建成之后必然要豢养大批僧尼，进一步侵夺国家财政收入，导致寺院经济膨胀，而国家财力衰减，这无疑严重动摇了梁朝的根本，加速了梁朝的衰落。天监初年励精图治辛苦建立的欣欣向荣之气渐渐消失，取而代之的则是日趋混乱的朝纲和动荡不安的社会局势。而此时忙于事佛的"菩萨皇帝"却丝毫没有感觉到亡国的危机正步步逼近。

侯景之乱，菩萨"涅槃"

由于梁武帝全身心地投入到佛教事业中去，所以朝廷的实权便落入一些奸佞之徒手中。但是日渐年迈的梁武帝已经不再像年轻时那样执着于治国安邦。对于动荡的政局，他也是睁一只眼，闭一只眼。据《通鉴》记载，每逢有宗亲谋逆，梁武帝总是苦口婆心地用佛教经义来教化他们，可见其昏聩的程度。

在梁武帝"无为而治"的政策下，梁朝的国运急转而下。到了梁武帝统治后期，国库日渐空虚，通货膨胀严重；朝臣不务实业，玄谈成风；地方宗亲势力膨胀，北方政权虎视眈眈；百姓不堪盘剥，农民起义不断……而面对此情此景，昏庸的梁武帝只知手持念珠，虔诚祈祷菩萨保佑。

在此内忧外患之际，东魏的叛将侯景乘虚而入。他先是用重金收买了梁武帝身边的佞臣朱异，然后假装归降梁朝。老迈昏庸的梁武帝在奸臣蛊惑下，接受了侯景的假降，引狼入室。其后，侯景不断用钱财收买人心，扩张势力。此时的梁武帝早已身在空门，不在乎家国天下了。太清三年（549），当叛军攻破都城建康，梁武帝被囚于台城之际，他也只是漠然地说了一句"自我得之，自我失之，亦复何恨"，完全无视黎民百姓的生死去向。同年五月，梁武帝被饿死于台城，直奔西天去实现自己的"涅槃成佛梦"了。

由一代开国英主沦为昏聩无能的亡国之君，梁武帝的转变之大简直是判若两人，而造成这一变化的根本原因在于他过度迷信佛教，最终迷失了自我，以致"身死国灭为天下笑"。

梨园之祖，歌舞升平

唐玄宗 李隆基

■唐玄宗在位期间，开创了史无前例的"开元盛世"，也酿成了持续八年的"安史之乱"。抛开政治上的得失，他还是一位极具音乐天赋、造诣颇高的资深乐人。他素来被戏曲艺人尊为梨园祖师，吹拉弹唱无一不精。而且他极具创作热情，为后世留下经典神曲《霓裳羽衣曲》。作为一位皇帝，他的音乐造诣达到了前所未有的高度。

梨园祖师

●白陶舞马·唐

唐玄宗李隆基是一位天才型音乐家。他自幼就精通音律，擅长表演。他小的时候正值祖母武则天执政时期。这位英明神武的女皇帝很宠爱自己的小孙子，在她登基典礼的时候，还让李隆基为她登台表演过。当时的李隆基只有6岁，却已经极具表演天赋了。他男扮女装，为大家表演了一曲叫作《长命女》的歌舞，瞬时技惊四座，给大家留下了深刻的印象。

6岁初次登台表演，让李隆基充分意识到自身的音乐天赋，也激发了他更大的音乐兴趣，促使他日后一步步登上乐坛达人的宝座。

古来音乐素有雅俗之分，所谓雅乐一般是用在国家祭祀、宗庙、朝会等隆重的庆典活动中，发挥一定的政治功能；而俗乐则主要是供人欣赏、娱乐的。二者使用的场合不同，性质也不同。雅俗之辨自古便有，孔子就重视雅乐，而贬斥俗乐。

但唐玄宗李隆基因为自幼精通音律，热爱歌舞表演，便觉得俗乐比雅乐更富有艺术性，不应该依附于政治性的雅乐之下。于是，他即位后就下令在太常寺之外，单独设立了管理和教授俗乐的教坊——梨园。这就解释了为什么今天的戏曲艺人入行之前先要拜唐玄宗，而且都被称为梨园弟子。

唐玄宗曾亲自挑选数百名乐工和歌女，组建了一个歌舞艺术团，并且亲自担任团长。在管理朝政之余，唐玄宗还要亲自教大家唱歌跳舞，非常尽职尽责。乐工的培养要从小抓起，唐玄宗深谙这一点。所以他非常重视少年乐师的培养，亲自挑选了30名15岁以下的儿童，手把手地教他们声乐和表演。所以，在培养和教育乐工的事业上，唐玄宗做出了突出的成就和贡献。

在唐代初年，唐朝的俗乐中就融入了一些少数民族的音乐。到了玄宗的时候，因为他个人比较喜欢慷慨激昂的胡乐，就大力提倡胡部新声，使得中国传统的音乐中汇入了很多新鲜的血液，变得更加丰富多彩，引人入胜。

唐玄宗对于音乐的敏感度是非常高的，据说当三百名乐工齐奏时，但凡有一人走调，他马上能听出来。他不但能歌善舞，还是一位专业的创作型选手。

●三彩骆驼载乐俑·唐

据史书记载，唐玄宗有一次东巡洛阳，驻跸上阳宫。长夜漫漫无心睡眠，他便起身披衣而坐，独赏月光。因为突发灵感，他即兴创作了一首曲子，当即自己吹奏，自娱自乐起来。没想到这时窗外有位吹笛人李谟经过，不由得被这曲子吸引，于是驻足凝听。李谟一边听一边暗暗将曲调记了下来。第二天，正好是元宵佳节，喜欢玩乐的唐玄宗出宫微服私访，突然听到酒楼上有人吹奏自己昨夜刚作的新曲。惊奇之际他暗中寻访，才得知事情原委。此事还有诗人李祐作诗为证："平时东幸洛阳城，天乐宫中夜彻明；无奈李谟偷曲谱，酒楼吹笛是新声。"

唐玄宗一生创作的曲子数不胜数，最经典、最有名的当属《霓裳羽衣曲》了。

霓裳羽衣曲

《霓裳羽衣曲》是盛唐时期最流行的"神曲"，它还有一个配套的舞蹈，叫《霓裳羽衣舞》，传说是由唐玄宗最宠爱的杨贵妃编舞的。这一对名曲、名舞不但艺术性极高，而且见证了一对才子佳人珠联璧合的动人爱情。

●宫乐图·唐

关于唐玄宗创作《霓裳羽衣曲》的经历，历来有很多传说。据唐代著名诗人刘禹锡说，该曲是玄宗在游览女儿山仙女庙的时候灵感突发，所以即时创作的。还有人声称唐玄宗是在术士的道法帮助下，登上了月宫，见到仙女们正在表演这个歌舞，所以暗暗记下来。这当然是穿凿附会了，不过意思都是说"此曲本应天上有"，可见其精妙之处了。

据后世史学家考证，《霓裳羽衣曲》不是唐玄宗凭空创作出来的。它的前身是古代印度的《婆罗门曲》，在盛唐频繁的文化交流中传入中国，唐玄宗听了之后甚为喜欢，便在此基础上进行了再创作，于是便有了一代神曲的诞生。《霓裳羽衣曲》在唐代灭亡后渐渐失传，时隔百年后却得遇知音，被南唐后主李煜的皇后娥皇，一个精通音律的才女依据古谱重新破译出来，使得这一神曲得以重现乐坛。

《霓裳羽衣舞》是一个大型的歌舞表演，它的编舞过程肯定非常复杂艰辛。《霓裳羽衣舞》当年的表演盛况今天已无缘再见了，不过我们可以根据白居易的《霓裳羽衣歌和微之》来推想。据诗歌描述，表演者应该是做道家仙姑打扮，一个个衣袂飘扬，婀娜多姿，缓缓起舞，莲步翩跹。整体营造出一种变幻莫测、浪漫神奇的境界。

乐器达人

唐玄宗的音乐造诣之高，不仅仅体现在作词、作曲上，更令人叫绝的是他能够玩转多种乐器。据史书记载，在各种乐器之中，唐玄宗尤其钟爱羯鼓。羯鼓是一种少数民族的乐器，是一种小型的高音鼓。这种鼓演奏起来音色很高，节奏也很急促，令人感觉非常激越，有点类似今天的摇滚乐。唐玄宗非常喜欢这种乐器，将其称为"八音领袖"。他还在骊山华清宫中专门修了一座"羯鼓楼"，楼中陈列了很多他收藏的羯鼓。闲暇之时他便在里面演奏羯鼓，自娱自乐。这可能是他案牍劳形之余的一种解压方式。

唐玄宗演奏羯鼓绝不是随手击几下的业余水平，而是达到甚至超越了专家的水平。当时有一位著名的宫廷乐师叫李龟年，非常善于击鼓。唐玄宗就叫他来和自己切磋技艺，并以超过他为乐。

有一年草长莺飞之时，唐玄宗和群臣在宫中宴饮，看天气不错，一时兴起，就叫高力士取羯鼓来演奏。据《全唐文》里记载，他当时演奏了一曲《春光好》，竟然让旁边的杏花都为之开放了。可见其技艺之高，已经到了出神入化的境界了。除了羯鼓之外，对于中国传统民乐中的管弦丝竹一类，玄宗也很擅长。

当时的诗坛领袖李白曾经充当过一阵玄宗的御用文人，为杨贵妃写下三首赞美其美貌的《清平调》。玄宗十分欣赏李白的才气，就自己为之谱曲，并且让梨园的弟子们演奏歌唱，一时广为流传。

"安史之乱"后，唐玄宗仓皇出逃，在逃亡途中，还不忘寄情音乐。据说他当时曾创作了一曲哀怨动人的《谪仙怨》，用以表达自己对于命运的无奈和感慨。这首曲子流传甚广，后来被人们误称为《剑南神曲》。

皇家球队的闪电前锋

唐玄宗是一个多才多艺的皇帝，除了音乐上的造诣之外，他还是马球场上一位所向披靡的闪电前锋。据史书记载，唐中宗景龙四年（710），吐蕃和大唐联姻，派使者来长安城里迎娶金城公主。中宗设宴款待使者，宴会期间还举办了一场吐蕃和大唐的马球友谊赛。没想到吐蕃使者甚为生猛，大唐球队竟然没有取胜的机会。这让看台上的皇帝和群臣顿感颜面无光。这时候，李隆基上场了，瞬间逆转局势。据史书描述，他"东西驱突，风回电掣，所向无前"，一时间让吐蕃使者为之咂舌，顺利地挽回了天朝的面子。不过他自己当了皇帝之后，就没有机会再一展球技了。因为身边的大臣纷纷谏言，皇帝打马球不但玩物丧志，而且有损身份。所以唐玄宗思量再三，还是忍痛割爱，光荣退役，从此只能坐在看台上当观众了。

除了马球之外，唐玄宗还有很多业余爱好，比如拔河以及各种杂技、马戏表演等。拔河这种运动非常注重团队合作，唐玄宗很喜爱这项运动，常常召集数千人在皇宫中举办拔河比赛，甚至亲自写下《观拔河俗戏》的诗歌，来描述其宏大的声势和场面。

唐玄宗是开元盛世的开创者，他曾经是一个励精图治、有着远大抱负的英主；同时也是一个多才多艺、爱好广泛的玩主。晚年的玄宗耽于逸乐、沉溺声色、宠信奸佞，最终引发了"安史之乱"，致使唐王朝走上了不可逆转的衰亡之路……

马球状元

唐僖宗李儇

■唐僖宗李儇12岁当皇帝，缺乏理政治国的能力，只知道耽于逸乐，斗鸡、赌鹅、骑射、赌博等，无不精通。他最自负的是打马球，曾夸口说自己可以当选"马球状元"。黄巢起义之时，他竟然用打马球赌输赢的办法挑选剑南和山南道节度使，可谓荒唐至极。

年幼即位，"阿父"掌权

唐僖宗是唐朝历史上有名的少年皇帝。他即位的时候才十二岁，还是个少不更事的孩子。本来依照嫡长子继承制，李儇是做不了皇帝的。但是，当时的宦官势力很大，他们趁唐懿宗病重弥留之际，伪造遗诏，废长立幼，扶持李儇做了皇帝。李儇长在深宫，自幼就由宦官田令孜抚养长大，所以非常依赖他，甚至亲切地称呼他为"阿父"。即位之后，年幼的李儇根本不了解政治，更不懂得如何批阅奏折，主持朝会，所以朝政大权实际上掌握在田令孜手中。

当时朝廷政局已经非常混乱，官员们贪污成风，土地兼并严重，全国一半以上的农民因无田可种而四处流亡。再加上天灾频繁，百姓们流离失所，苦不堪言。但年幼的僖宗每日深居宫中，不知道民间疾苦。朝廷的政务，包括官员的任免都是由田令孜一手操办。田令孜便利用这个机会卖官鬻爵，中饱私囊。

"马球状元"

既然大权旁落，唐僖宗只有在游戏中寻找乐趣。田令孜为了维护自己的权力，就更加纵容唐僖宗玩乐，变着花样地为他寻找新鲜和刺激。据史书记载，唐僖宗虽然没有治国之才，但是非常聪明，玩各种游戏都很在行，诸如斗鸡、赌鹅、骑射、音乐、围棋，几乎无不精通。

不过比起这些来，唐僖宗最喜欢的还是打马球。据说他打马球的技术非常高超，经常在宫中和众太监、优伶们一起举办马球比赛。当时唐僖宗身边有个优伶叫石野猪，僖宗曾自负地对他说："要是马球也设立进士科考试的话，我肯定能中个状元。"但是这个石野猪却揶揄他说："若是遇到尧舜这样的贤君做礼部侍郎主考的话，恐怕陛下会被责难而落选呢。"

由于唐僖宗不理国事，宦官们横行朝野，经济凋敝，百姓们迫不得已纷纷起义造反。在僖宗即位不久，就出现了一次很危险的动乱，就是历史上有名的黄巢起义。由于唐朝晚期实行食盐专卖的制度，所以严重侵夺了私盐贩子的利益。而且官盐价格高昂，普通百姓根本消费不起，只能吃"淡食"。这时候以山东人黄巢和河南人王仙芝为首的一些私盐贩子就鼓动广大贫苦百姓揭竿而起，发动起义。

起义军的队伍势如破竹，很快就攻克了几座重镇，直逼长安。这时候，束手无策的"阿父"田令孜决定率领五百神策军，护送僖宗和王室宗亲逃往四川避难。但是，在挑选一名忠心得力的剑南和山南道节度使时，唐僖宗竟然提出以打马球决胜负的办法来决定。生死存亡之际，任命官员的大事却被如此儿戏对待，实在荒唐。

再度流亡，被迫当上"太上皇"

唐僖宗躲到四川之后，黄巢的军队就开进了长安，并且建立了新的政权，国号大齐，年号金统。当农民军沉醉在胜利中时，唐僖宗得以组织力量进行反扑。农民

军渐渐失利，最终退出了长安，起义军首领黄巢含恨自杀。

光启元年（885）正月，唐僖宗终于得以返回魂牵梦萦的长安。但是，还没容他喘口气，宫中又发生了新的政变。这次动乱是因为"阿父"田令孜企图从河中节度使王重荣手中夺得池盐之利，于是便联合邠宁节度使朱玫和凤翔节度使李昌符向王重荣开战。王重荣请来了援兵李克用，打败了朱玫和李昌符，并且兵逼长安。田令孜手下的神策军无力抵抗，只有再度携唐僖宗出逃，这次是逃往凤翔（陕西宝鸡）。

本来想挟天子以令天下的朱玫虽然没有抓住唐僖宗，却抓住了因病没有跑掉的襄王李熅，于是就将他立为傀儡皇帝。所以年纪轻轻的唐僖宗就被尊为了"太上元皇圣帝"。

最终，唐僖宗以正统为口号，重新利用王重荣和李克用打败了朱玫，夺回了长安。光启四年（888）二月，疲惫不堪的唐僖宗终于回到了长安。他从十二岁登基以来，几次被逼得离宫逃难，颠沛流离，最终在三月三日暴病而死，年仅27岁。

● **打马球俑·唐**

唐代马球运动风行，很多女子也热衷此道。这组出土于陕西临潼的女俑，生动再现了唐代宫女打马球的情景。

从战神到"超级票友"

后唐 庄宗 李存勖

■ 李存勖自幼随父征战，英勇过人。父亲死后，他秉承遗命，灭后梁，逐契丹，统一北方，建立后唐，其卓越的军事才能为他赢得了"战神"的称号。可建国之后，骁勇的战神一变成为"超级票友"，每日和伶人同台唱戏，终因宠信伶人误了国政，身死国灭，成为天下笑柄。

少年英雄"李亚子"

后唐庄宗李存勖小名叫亚子，据史书记载，他从小就勇猛过人，喜欢骑马射箭，很受父亲李克用的喜爱。当别的孩子还在无忧无虑地嬉戏时，十一岁的李存勖就已经随父出征了。打了胜仗之后，李存勖随父亲一起觐见唐昭宗。看到这个英气逼人的少年，唐昭宗甚为欣赏，还令其上前，轻抚他的背说："此儿日后定是国家的栋梁之材，比其父更为勇武！"正是因为唐昭宗的一句"此子可亚其父"，李存勖才得了"亚子"的小名。

据史书记载，李存勖稍习春秋，略通文史。比起其父李克用来说，李存勖在计谋方面还要略胜一筹。他自幼就跟随父亲征战，经常能够给父亲出谋划策。当时，占据幽州的刘仁恭本来是李克用手下的将领，在李克用的扶持下才得以成为占据幽州地区的军阀。但是此人并不感恩，当李克用向他征兵的时候，他竟然拒发一兵一卒。后来，刘仁恭也被朱温围困，他不得已只得厚着脸皮来向李克用借兵。李克用性格刚烈，对此等忘恩负义的叛徒恨不得杀之后快，自然不肯发兵。这时候，年轻的李存勖审时度势，从大局出发，极力劝说父亲要搁置个人恩怨，利用幽州的力量牵制朱温，为自己的崛起谋求更多的时间。李克用冷静下来，觉得儿子所说在理，便出兵解了幽州之围，阻止了朱温吞并幽州、扩张势力的野心。

战神出世，谁与争锋

开平二年（908）正月，李克用病死，李存勖继承了晋王之位。在李克用病重期间，李存勖的叔父李克宁曾经企图篡位，所以，李存勖一办完丧事，就设计捕杀了叔父李克宁，可见其行事手段之凌厉。当时，朱温已经灭了唐朝，自立为帝，国号梁，改元开平。为了统一全国，朱温趁李克用病死的机会发兵进攻潞州（山西上党）。但是李存勖丝毫没有因为居丧而乱了阵脚，他知道潞州是河东的天然屏障，一旦失去，唇亡齿寒。于是，他便亲率大军，从晋阳出发，直取上党，乘大雾突袭围攻潞州的梁军，结果大获全胜。这一战使得李存勖名声大噪，连本来依附后梁的军阀王容和王处直都开始动摇信心，竟然与李存勖结成了反梁的联盟。据《资治通鉴》记载，朱温得知消息后大惊，说："生子当如李亚子，克用为不亡矣！至如吾儿，豚犬耳！"

潞州一战，新晋王李存勖扬名立万，军队的士气也大涨。李存勖乘势以"光复唐朝"为口号，发兵讨伐后梁。双方在柏乡又展开了一场血战。在这次战役之中，梁军有王景仁率领的禁军和魏博兵八万之多，而晋军只

●后唐灭后梁及蜀图

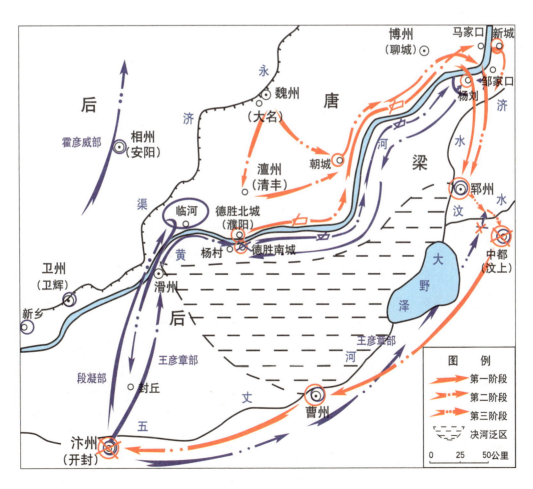

有周德威率领的三千骑兵和镇州、定州的军队，实力相差悬殊。而且梁军守柏乡，以逸待劳，而晋军则长途奔袭，自然疲惫。所以，此战必须以计谋巧胜。李存勖采用周德威建议，没有贸然攻城，而是用计引诱梁兵出城，然后聚而歼之，并且故作不敌，自动后退。梁军主将王景仁本来就自恃兵力战备优势而轻敌，一见晋军后退，马上发动全部军队出城追赶逃兵。结果正中了李存勖的计策，梁军大败，八万余人死伤殆尽。这一次著名的以少胜多之战，使得梁军丧失了对河北的控制权，沉重地打击了梁军的气势，也为晋国的崛起谋求了宝贵的时间。

柏乡之役后，晋军的队伍成了不可战胜的神话，一时间让后梁君臣闻风丧胆。但是战神李存勖并没有自信心膨胀，发动更大规模的战役，而是息兵行赏，休养生息。这一段难得的停战时期内，李存勖抓住机遇鼓励生产，整顿吏治，宽刑减赋，使得河东经济获得了迅速发展，为接下来的战争做好了充足的准备。

待到时机成熟，李存勖拿出了父亲临死前交给自己的三支箭。那三支箭象征着父亲的三桩遗命，一是讨伐刘仁恭，攻克幽州（北京一带）；二是征讨契丹，解除北方边境的威胁；三是消灭世敌朱全忠（朱温）。据史书记载，李存勖每逢出征都要将供奉在太庙里的三支箭取出来，随身携带，以鞭策自己。这次和之前不一样，河东的势力已经大异于前，可以与朱温一决胜负了。

911年，李存勖在高邑（河北高邑县）大败了朱全忠亲自统率的五十万大军；接着，攻破燕地，将刘仁恭活捉回太原。九年后，他又大破契丹兵，将耶律阿保机赶回北方。经过十多年的交战，李存勖基本上完成了父亲遗命，于923年攻灭后梁，统一北方，四月，在魏州（河北大名县西）称帝，国号为唐，不久迁都洛阳，年号"同光"，史称后唐。

粉墨登场的"李天下"

父亲的遗命已经完成，北方已经统一，后唐政权已经建立，作为后唐的开国皇帝，李存勖的确立下了不世之功。尤其是在常年对后梁的征战中，李存勖卓越的军事才能让他赢得了当之无愧的"战神"称号。在李存勖看来，他自己所肩负的使命已经圆满地完成了，征战半生的战神也该休息休息，享受一下当皇帝的快乐了。

李存勖的爱好不多，他虽然略通经史，但不善于吟诗作画，对马球、赌博等行当也不感兴趣，可他有一个特殊的爱好，就是听戏、唱戏。据史书记载，五岁的李存勖有一次随父亲去打猎，回来的路上听伶人演唱《百年歌》，声调甚为凄苦苍凉，听得随行的人都很郁闷，他却听得很陶醉，似乎有所心得。可见李存勖从小就对音乐很有兴趣，长大之后经过学习和研究，对音律甚为通晓，而且他不但会听，还能亲自登台表演。

李存勖建立后唐之后，将大部分精力投入到唱戏中去，还给自己取了个艺名叫"李天下"。他经常面涂粉墨，穿上戏装，和优伶们同台演出。有一次，他上台演戏，自报家门喊了两声"李天下"，台下一个伶人立刻冲上去扇了他两个耳光，周围人都吓傻了。李存勖也被打愣了，问那个伶人为何要打自己，那个伶人也有些小聪明，不但不谢罪，反而振振有词地说："李（理）天下的只有皇帝一人，你叫了两声，还有一人是谁呢？"李存勖一听，倒也算是有理，反而赏赐了那个伶人。

伶人掌掴皇帝反而受到赏赐，这种荒唐事前所未有，可见当时李存勖对于伶人已经宠溺到何种地步。当时的伶人地位极高，不仅可以随意出入宫廷，和皇帝不分尊卑地打打闹闹，甚至还有些恃宠而骄，侮辱戏弄大臣。而一班朝臣却是敢怒而不敢言，甚至为了升官发财还要去巴结讨好皇帝身边受宠的伶人。

据史书记载，李存勖还雇用伶人做自己的眼线，到处刺探大臣们的言行，弄得朝野人心惶惶。他还肆意将自己宠爱的伶人封为刺史，完全置有才之士于不顾。皇帝昏庸无道，自然招致朝野上下的不满，矛盾正在不断激化，而醉心梨园的李存勖却似乎全然不知。

乱杀大将，招致叛乱

李存勖在建立后唐的过程中屡立奇功，领导有方，深受将士们拥戴，大家都尊他为"战神"。可是众人没有料到，这位戎马半生的大将军，竟然变成了一个忸怩作态的戏子，每天不理朝政，就知道登台唱戏，完全不顾皇帝的身份和尊严，甚至纵容一群无知浅薄的戏子戏弄朝臣，让众人失望至极。

同光四年（926），李存勖竟然听信宦官伶人的挑拨，冤杀了大将郭崇韬。这一举动震惊朝野，立刻将积蓄已久的怨愤升到极点。为了替冤死的将军讨回公道，另一名大将李嗣源率领重兵开进汴京，准备自立为帝，讨伐这个无道昏君李存勖。李存勖听到消息之后大惊，可是他已经不是当年那个骁勇善战的将军了，情急之下，他只得拿出内府的金帛收买人心。可是将士们早已对他失望，眼看大势已去，他还试图御驾亲征，做垂死挣扎。结果，没想到他还没有来得及战死沙场，就被身边的伶人郭从谦发动兵变杀死了。这真是莫大的讽刺，李存勖那么宠幸伶人，没想到却身死伶人之手，沦为天下的笑柄。当李嗣源攻入洛阳之后，李存勖的尸骨已经被投入大火中焚烧，只剩一些零星尸骨，最后葬于雍陵。可怜一代枭雄，竟然落得如此下场，真是令人唏嘘。

● 后唐庄宗李存勖画像

做个词人真绝代

南唐 后主 李煜

■作为南唐后主，李煜在政治上的软弱无能常常被人诟病。但是作为独领风骚数千年的词人，他的才情却令后世无数骚人尽折腰。李煜的词清丽婉转，雅俗共赏，上至文人雅士，下至山野樵夫，无不为之动容。

"梦里不知身是客"

李煜继位是命运对他开的第一个残酷玩笑。因为李煜有五个哥哥，按照中国古代的嫡长子继承制，皇位本来是与他无缘的。可是，没想到造化弄人，李煜的几个哥哥先后早夭。唯独剩下大哥李弘冀和他两个人。李弘冀本来是继承大统的不二人选。可是人算不如天算，李弘冀没有等到登基大典就暴病而亡。所以父亲李景通死后，李煜就被推上了皇位。

南唐有三位君主，李煜是最后一个，故称为后主。他继位之际，正值天下政治风云瞬息万变的动乱年代。可是从小不问世事的李煜根本不了解政治，也不知道如何定国安邦。所以他只有偃武修文，躲在文学艺术的世界里，偷得片刻的欢娱。

李煜曾在卫贤的《春江钓叟图》上题过一首《渔夫》词："浪花有意千里雪，桃花无言一队春。一壶酒，一竿身，世上如侬有几人。一棹春风一叶舟，一纶茧缕一轻钩。花满渚，酒满瓯，万顷波中得自由。"

这首词语言清新脱俗，意境幽远，充分展示了李煜内心对自由的向往。一个年纪轻轻的帝王，本来正是励精图治、大展宏图的时候，可是他却对世俗政务充满厌倦，向往渔夫那样自由漂泊于浪涛之上闲适的生活。

可是李煜既无法选择自己的出身，又无力担起肩上沉重的责任。于是诗词就成了他逃避现实、醉生梦死的庇护所。李煜的词中经常出现人生如梦的主题，比如这首脍炙人口的《浪淘沙令》：

"帘外雨潺潺，春意阑珊。罗衾不耐五更寒。梦里不知身是客，一晌贪欢。独自莫凭栏，无限江山，别时容易见时难。流水落花春去也，天上人间。"

雨夜最能勾起人的哀思，孤枕难眠，不免想起曾经的温柔缱绻，想起昔日的恣意欢谑，可是世事转头空，曾经的繁华已如落花流水般逝去不再，不由得让人感叹人生如梦。

痴心独系"姐妹花"

自古诗人多情痴，即便是身为帝王的李煜也是如此。尽管他身边有佳丽三千，可真正钟爱的却是周家的一对姐妹花。

李煜十八岁的时候娶了开国功臣周宗的大女儿娥皇。娥皇比李煜年长一岁，不仅有着沉鱼落雁之貌，而且诗词歌赋、琴棋书画无不精通，可谓是名震一时的才女。娥皇的出现，让李煜灰暗的人生多了一抹亮色。他们结婚后琴瑟相合，情深意笃。娥皇像姐姐一般温婉体贴，用一个成熟女性的包容和温存抚慰着李煜孤寂的心灵。而更重要的是她出众的才华，让她可以站在和李煜平等的精神层面上进行交流。

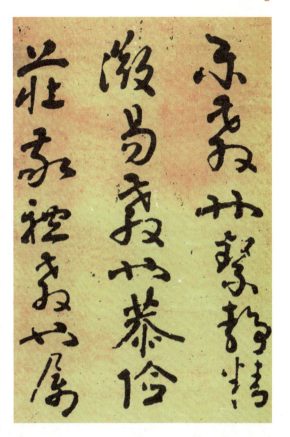

●行草书·南唐·李煜

李煜善诗文、音乐、绘画，尤工词。其书法劲如寒松霜竹，时人谓之"金错刀"。

据《宋史·艺文志》记载，娥皇生前也曾著书立说，只不过现已亡佚，只留下一些篇目的名称和卷数。她常常和李煜一起诗词唱和，互诉衷肠。

天资聪颖的娥皇对音乐尤其热爱，钻研颇深，竟然破译了《霓裳羽衣曲》的古乐谱，让这一传说中的神曲重现江湖。这样的奇女子自然让李煜深深地着迷。可惜天妒红颜，娥皇年仅二十八岁就香消玉殒了，只留下一个叫李仲寓的儿子。痛失爱妻和红粉知己无疑给了李煜沉重的打击。在娥皇弥留之际，李煜朝夕相伴榻前，食药都要亲自尝过，比侍奉父母还要殷勤。

在娥皇离世之后，一个少女的身影走进了李煜的视野。她就是娥皇的亲妹妹，即后来的小周后。小周后比姐姐小十四岁，一样的清丽动人，一样的才华横溢，只不过多了几分少女的天真烂漫。据史书记载，小周后自幼常随母亲入宫会亲，因为才貌出众，所以深得李煜母亲圣尊后的喜爱。而在姐姐病危之际，妹妹常来宫中探视，便与姐夫暗生情愫，最终取代了姐姐的地位，成为李煜的第二任皇后。在后来的流亡生涯中，小周后一起陪伴李煜左右，用一个女子的柔情给了他最后的慰藉。在李煜死后不久，小周后也随之而去了。

词穷而后工

李煜虽说不懂得如何治理国家，无力阻止南唐灭亡的趋势。但在词学创作上，他却称得上一位君临天下的千古词帝。

● **韩熙载夜宴图·五代·顾闳中**

韩熙载是南唐大臣，因受后主李煜猜疑，便以声色为韬晦之所。李煜派画家顾闳中到韩熙载家中窥探。顾闳中回来后创作了一幅反映韩熙载家中夜宴情景的图卷呈给后主李煜。图卷全长 3 米，分为听乐、观舞、清吹、散宴五个部分，这就是闻名后世的《韩熙载夜宴图》。

词是从唐末才开始流行的一种新的文学体裁，到了宋代才真正发展到与诗媲美争辉的境界。在李煜之前，占据词坛主流的当属花间词派。所谓花间词，是以词集《花间集》得名的。花间词的内容不外乎离愁别绪、闺情绮怨，题材比较狭窄，而且词风浮艳，有些格调甚至低俗淫靡。所以词最初是不受士大夫喜爱的，主要供伶人戏子歌唱，给大家酒后茶余提供消遣。

到了李煜手中，词的境界才真正变得开阔起来。王国维在《人间词话》中给过李煜词一个公允的评价："词至李后主而眼界始大，感慨遂深，遂变伶工之词而为士大夫之词。"其实，李煜的词初期也不乏吟风弄月、无病呻吟之作。比如这首《临江仙》："樱桃落尽春归去，蝶翻金粉双飞。子规啼月小楼西。画帘珠箔，惆怅卷金泥。门巷寂寥人去后，望残烟草低迷。炉香闲袅凤凰儿。空持罗带，回首恨依依。"这是一首典型的闺怨诗，意象的选择和用词都和晚唐的花间词很像。

可是开宝八年（975），曹彬的军队攻克了金陵，后主李煜不得不肉袒出降。这对于一个君王来说是莫大的侮辱。可想而知，李煜的后半生是在怎样的仇恨和无奈中度过。这种亡国之恨无法排解，积淀胸中，便酿成了一曲曲动人心魄的千古绝唱：

《破阵子》

四十年来家国，三千里地山河。凤阁龙楼连霄汉，玉树琼枝作烟萝，几曾识干戈？

一旦归为臣虏，沈腰潘鬓消磨。最是仓皇辞庙日，教坊犹奏别离歌，垂泪对宫娥。

上阕一开头追溯南唐从建国到亡国四十多年历史，尽显沧桑之感。"三千里地山河"历数南唐广袤的国土，越发反衬出亡国的凄凉。短短两句，总领全文，对仗工整，气势磅礴。紧接着细数国灭惨景，道尽无尽苍凉。这样的词在李煜之前是从未出现过的，只有经历过如此历史剧变的人才能道出其中不为人知的滋味。正所谓"词穷而后工""国家不幸诗家幸"，政治上的失意恰恰成全了李煜文学上的巨大成就。

千古绝唱招来杀身之祸

"春花秋月何时了？往事知多少。小楼昨夜又春风，故国不堪回首月明中。雕栏玉砌应犹在，只是朱颜改。问君能有几多愁，恰似一江春水向东流。"

这首《虞美人》是李煜最为人称道的一首词了，堪称脍炙人口的千古绝唱。但也正是因为这首词，李煜才被宋太宗赵光义赐酒毒死。

开宝八年（975）南唐灭亡后，李煜就被俘押回了北宋都城汴京，封为违命侯，过着苟延残喘的生活。太平兴国三年（978）七夕，李煜和妃子聚会庆祝自己四十二岁生日。回想起以前身为帝王时的幸福光景，不由一时情动于中，写下了这首《虞美人》。诗中对故国的哀思让宋太宗大为恼怒，怀疑李煜还有复国念头，便派人赐毒酒给李煜。可怜这位千古词帝便一命呜呼了。

李煜在位期间，既没有军功，也没有政绩。但是他在文学艺术上的杰出造诣足以让后人铭记。

一代书画艺术大师

宋徽宗赵佶

■宋徽宗赵佶是一个政治上了无建树的昏庸之君，不过他的艺术修养很高，诗词、书法、绘画都造诣颇深，堪称一代艺术巨匠。他一生爱书如命，收藏成癖，独创一代绝笔瘦金体，重视画院、优待画家，使得北宋的文化艺术一度达到了鼎盛时期。

●三彩琉璃舍利匣·宋

爱书如命

爱书如命是知识分子的通病，而要真正做到爱之"如命"，却不是寻常人可以做到的。据《宋人遗事汇编》记载，靖康之变（1126）时，金人攻破了汴京，到处抢掠财宝。宋徽宗看着自己平日乘坐的轿子被人抢走，自己宠爱有加的妃子被人掳去，都强作镇定，面不改色。但当他听闻自己收藏的三屋子书画被金人洗劫一空时，他的心理防线彻底崩溃了，喟然叹气，心痛不已，可见其爱书之心远远超乎金银和美女。

《北狩行录》中还记载了一件事。据说徽宗被金人扣押时，有一次郑太后派人给徽宗送来十匹绢，想给他缝制几件换洗的衣服。可是正好遇到书贩子在叫卖王安石的《日录》，徽宗手头没钱，便拿起绢去换书。宁可不换新衣也要看书，可见其对书的痴迷。

独创"瘦金体"

宋徽宗的书法不仅仅在北宋的时候独步一时，他独创的瘦金体还流传至今，影响了一代代书法艺术家。宋徽宗的书法吸收了薛稷和黄庭坚的优点，而又不落窠臼，能够在前人书法艺术的基础上独辟蹊径，创造出一种前所未有的字体。所谓瘦金体，主要特点在于笔势的飘逸、轻盈，但又不纤细柔弱，而是有如金石一般瘦劲，有骨气。有人称赞道"笔势飘逸，如冲霄鹤影，高迈不凡；掠水燕翎，轻盈无迹，瘦劲而不纤，端整而不板"，形象地说出了瘦金体的特点。

徽宗的书法作品流传至今的不多，但是我们仍然可以从其御笔题跋

●听琴图·北宋·赵佶

中，窥见其瘦金体独树一帜的风采。《牡丹帖》是徽宗瘦金体的代笔作，全帖110字，潇洒飘逸，刚柔相济，结构和行笔都恰到好处。

除了自创的瘦金体之外，徽宗的草书也可谓炉火纯青。流传至今的《草书千字文》就是徽宗草书的上乘代表作，作品卷长达1米多，写在整幅的描金云龙笺上，行笔如龙飞凤舞，风流潇洒，堪与一代草书圣手张旭媲美。

徽宗在世之时，其书法作品便广受朝野喜爱，人人都以得到他的一卷一轴作品为荣。据《宣和画谱》记载，有一天徽宗驾临秘书省，心情不错，便拿出自己的书画作品来，凡是公卿臣子，都赐画一轴，行草书一纸。结果众人受宠若惊，蜂拥而上，"皆断佩折巾以争先"。看着这帮臣子不顾斯文地争夺自己的作品，徽宗心中自然飘飘然，便一个人在旁边哈哈大笑。

痴迷绘画，收集成癖

宋徽宗自幼就非常喜欢画画，在十六、七岁的时候就已经名声在外了。他曾经受过著名画家王晋卿、赵大年等人的熏陶和影响。而且作为一个皇帝，他有能力去遍览天下名画，仔细研究其意境笔法，这也为他画技的提高奠定了基础。

宋徽宗自己曾经说过，"朕万几余暇，别无他好，惟好画耳"，在这种热情的导引下，他不惜动用大量人力、物力去搜集名画，辑成了一本包含一百多帙名画的《宣和睿览集》，上自三国时期的曹弗兴，下至宋初的黄居寀都收集在册。

除了《宣和睿览集》之外，徽宗还敕令编撰《宣和书谱》《宣和画谱》，这些资料都是后

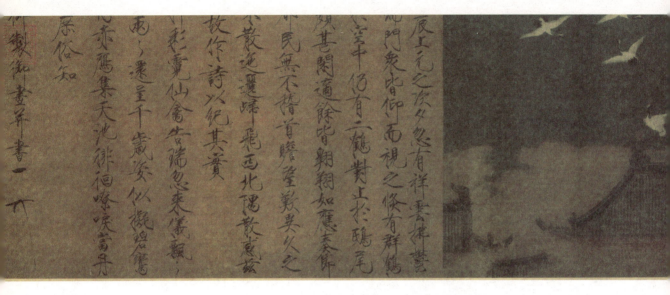

● 瑞鹤图卷·北宋·赵佶

世研究古代书画艺术的宝库。

绘画大师，诸类兼擅

宋徽宗在绘画上的造诣很深，《图绘宝鉴》中称赞他"丹青卷轴，具天纵之妙，有晋、唐风韵"。他不像后世一些画家独擅某一画类，而是画路宽广、博采众长的集大成者。

在众多绘画门类中，宋徽宗最受人称道的当属花鸟画。这些画用笔极其细腻，所画的花鸟栩栩如生，逼真传神。据《画继》记载，他曾经画了一幅《筠庄纵鹤图》，画面上有20只动作、神态各异的仙鹤，有的游戏于上林苑中，有的饮水于太液池里，令人目不暇接，叹为观止。

清人王士禛的《池北偶谈》中也记录了一则关于徽宗绘画的小故事。传说武昌有一个姓张的人，儿媳妇被狐狸精迷惑，遍请道士法师驱除都没用。最后他把徽宗所画的一幅鹰挂在堂上，狐狸精便被鹰击死在堂下。这个故事虽然荒诞夸张，却也可见宋徽宗的花鸟画已经到了以假乱真的程度。

除了花鸟画之外，宋徽宗的人物画也很精妙。他能够在咫尺画幅上画出上千人物，而且连其中的宫殿、禽畜都画得栩栩如生、生动自然，丝毫没有雕琢之气，这的确不是寻常画工所能做到的。宋末元初的著名画家赵孟頫就曾经高度评价徽宗的人物画，认为他可以和东晋著名的人物画家顾恺之比肩。

也许因为传世作品不多，徽宗的山水画常会被人忽视。其实他的山水画意境开阔深邃，也是难得的佳作。

别开生面的绘画考试

宋徽宗统治时期，宋代的绘画艺术达到了巅峰，这和徽宗重视画院建设，优待画家是分不开的。画院制度在中国由来已久，最早可以追溯到春秋战国时期。北宋的画院制度也是沿袭五代旧制，但其官职名称远比五代时期完备得多。徽宗在位时期，由于自己热衷绘画，所以也特别优待和尊崇画家。按照《画继》的记载，徽宗时期，画院的画家可以像官员一样佩鱼，这是前朝历代没有的尊荣。而且在侍立站班时，以画院为首，书院次之，接下来才是琴、棋、玉、百工。可见当时画家的身份是非常尊贵的。

除了在经济和政治上优待画家之外，宋徽宗还将绘画列入科举考试与学校制度之内，这是史无前例的创举。崇宁三年（1104），宋徽宗任命米元章为书画两学博士，开设官职，招收生员，一时间前来应试的达到数百人之多。

可是绘画不像策论，如何来考查考生的水平，这也是一个难题。当时的主考官宋子房想出一个绝妙的办法，就是选取古人诗句作为画题，让考生自由联想，只要能用画准确地传达出诗句的意境，就可以通过考试。将抽象的文字艺术与形象的绘画艺术联系起来考查，的确是一种别开生面的创举。当时很多考题直到今日还是人们津津乐道的话题。

比如著名的考题 "竹锁桥边卖酒家"，很多考生就画了小桥、流水、酒肆，完全按照诗歌的字面义翻译过来了。这些画纵然惟妙惟肖，也因为没有表现出"锁"字的意境而落选了。这时候，有个叫李唐的画家与众不同，他画了一湾潺潺的流水，一座小桥横跨水上，在桥畔岸边有一片郁郁葱葱的竹林，细看之下，竹子梢头斜挑着一幅酒帘，在风中若隐若现。这幅画的构思和平常人截然不同，他虽没有直接画出酒肆，却巧妙地通过竹丛中一幅酒帘暗示了酒肆的存在，从而生动地表现出诗歌中"锁"的内涵。

类似这样的考题还有很多，大体上都是选择一些意境深远的诗句，考查画家独特的构思和表现手法。除此之外，宋徽宗也曾亲自担任主考官，他有一个著名的考题，就是"万年枝上太平雀"。这个题目一出，难倒一片考生，大家都不解其意，纷纷落选。后来徽宗只有派内侍来解释，原来万年枝就是冬青树，而太平雀则是梵语中的妙音鸟。

除了重视绘画的意境构思之外，画院考试非常推崇法度，重视形似。

作为一位皇帝，宋徽宗不但诗书画俱佳，而且毫不妒贤嫉能，能大力提携新人，优待知识分子和艺术家，对北宋文化艺术的繁荣发展做出了不可磨灭的贡献，堪称一代艺术大师。

天才木匠

明熹宗 朱由校

■明熹宗朱由校是明朝倒数第二个皇帝，也是明朝最富传奇色彩的一个皇帝。因为他并不像其他帝王那般贪财好色，或热衷求仙问药，却独独有个做木工的癖好，而且技术堪比祖师爷鲁班。贵为天子却好做"贱役"，是受阉党蛊惑玩物丧志？还是绝望之际的精神寄托？

● **十二旒冕·明**

"冕旒"是指皇帝戴的冕冠，其顶端有一块长形冕板，叫"延"，通常是前圆后方，象征天圆地方。延的前后檐上垂有若干串珠玉，称为"旒"，因为天子冕上一般有十二串旒，故称"十二冕旒"。据说，置旒的目的是为了"蔽明"，意思是王者视事观物，必须洞察大体而能包容细小的瑕疵。

"被即位"风波不断

晚明历史上有"梃击""红丸""移宫"三大案，而朱由校的继位便直接牵涉到后两宗，也许这早就埋下了他悲剧命运的伏笔。朱由校继位是非常仓促狼狈的，他的父亲明光宗在位仅仅29天就暴病而死。据史书记载，光宗在位期间贪恋女色，荒淫无度，在太监的诱使下服食"红丸"仙丹猝死。朱由校的生母王才人红颜薄命，在他即位前便早已撒手人寰。十六岁的朱由校是身不由己被推上了历史的风口浪尖，成了复杂政治斗争的牺牲品。

按古制，但凡皇帝即位，便应立即迁入乾清宫居住。可怜朱由校虽然名义上继承了大统，却在继位伊始便成了身陷囹圄的傀儡。这便是明史上有名的"移宫"一案。上文说到朱由校的生母早逝，年幼的他是由李选侍抚养长大的。李选侍是一个野心勃勃的女人，她试图挟天子以令天下，便扣押朱由校，要挟群臣封自己为皇太后。群臣纷纷上书反对，要求归还皇帝。可雪花般的奏章也无法撼动李选侍孤注一掷的决心。最终亏得太监王安想出一计，假扮太子伴读，借探望之名将朱由校从李选侍身边抢了出来，李选侍才不得不迁出乾清宫。内阁大臣这才将朱由校拥立登基，次年改元"天启"，至此继位风波才慢慢平息。

内忧外患，无力回天

朱由校即位之际，正值国运衰退、风雨飘摇之秋。外有金兵铁蹄肆虐，内有农民起义风起云涌。在此国难当头之时，他身为天子，却不思中兴，沉溺于木工。不管你技艺多么精湛，也不能不被人诟病。但是朱由校并非完全无所作为的昏君。在即位之初，他倚重东林党人，让他们在朝廷担任要职，罢免一些奸佞之徒，使得吏治稍显清明。在东林党人的辅佐下，他为贤相张居正平反，录用忠孝之士方孝孺的遗嗣，击退觊觎澳门的西方列强。尽管这些举措对于积重难返的明王朝来说可能只是隔靴搔痒，却显示了一个年幼的皇帝兴国安邦的决心。

无奈明朝自中后期以来土地兼并现象严重，皇帝大都昏庸无能，致使大权旁落，阉党横行。人民生活苦不堪言，纷纷铤而走险揭竿起义。加之崛起的女真族步步壮大，铁蹄长驱直下，逐鹿中原。正如《明史·熹宗本纪》中所言："明自世宗而后，纲纪日以陵夷，神宗末年，废坏极矣。虽有刚明英武之君，已难复振。"积重难返的明王朝，覆亡只是个时间问题。此情此景，朱由校再英明神武也难以阻挡历史滚滚向前的车轮，更何况他还是个受教育程度很低的"文盲皇帝"。

"文盲皇帝"的糊涂政治

说起"文盲皇帝"，朱由校并非中国历史第一人。赫赫有名的汉高祖刘邦就是个文盲皇帝，只不过他是身逢乱世，没有受教育的机会。所以刘邦临死不忘在遗诏中嘱咐后世子孙要好好读书。朱由校并非出身草莽，却为何成了个文盲皇帝呢？这是因为他自幼丧母，父亲又沉溺女色，因此就疏于对他的教诲，所以他的知识水平很低，可以说近乎文盲。

天启年间，老百姓生活在水深火热之中，忍受着种种苛捐杂税，时不时就有人揭竿而起爆发动乱。据史书记载，有一次江西抚军剿平寇乱后上章报捷，奏章中有"追奔逐北"

●明熹宗朱由校画像

●鸡翅木翘头案·明

一词。这个成语本来出自贾谊的《过秦论》中"追亡逐北，伏尸百万"一句，意思是说追击败走的敌军。当时天启帝朱由校大字都不认识几个，自然不知这句话的出处，便令宣读奏章的太监做出解释。谁知道这太监也没读过多少书，不但错把"追奔逐北"读成了"逐奔追比"。还硬是望文生义地将其解释为追赶逃兵，分销赃物。朱由校一听自然龙颜大怒，马上下令处置江西抚军，可怜这打了胜仗还要受罚，真是冤枉。这件事也就被朝野上下传为笑柄，更加挫伤了朱由校参政的积极性。后来他索性不听不问，任由东林党人和权宦魏忠贤斗法，看着政权旁落，也是无可奈何，干脆去艺术的世界里寻求安慰了。

"鲁班"错生帝王家

对于朱由校在木工活上的造诣，要用"鲁班再世"来评价，可能丝毫不为过。天生我材必有用，只不过不同的人有不同的天赋。朱由校的天赋可能就是做木工，只可惜错生在了帝王家。否则他将当之无愧地载入中国艺术家史册，而不必担负玩物丧国的千古骂名。

历史上的帝王往往有各种奇特的癖好，可沉迷于做木工的就仅此一人。据史书记载，朱由校天生心灵手巧，做起木工活来简直是如切如磋、如琢如磨，丝毫不输于当时顶尖的木匠大师。但凡是木工活，不论刀锯斧凿、丹青揉漆，各个程序他都要亲自把关，可见其兴趣之深。

朱由校就是一个像鲁班一样极富独创性的木匠，也许以匠人来称呼他是对他天赋的侮辱。据史书记载，天启年间中国木匠已经能够造床，可是他们造的床极其笨重，搬家或者挪动甚为费力。这时候朱由校便独出心裁地设计出一种新式折叠床，这种床不但便携，而且床架上还雕镂了繁复的花纹，兼具实用性和美观性，一时间令众多木匠叹为观止。

除了制作新式家具之外，童心未泯的朱由校还喜欢做一些木头小玩具。想他幼年失恃，身边并无真正可亲近的伙伴，何尝不孤独寂寞呢？好在他是个会自娱自乐的孩子，就用木头雕出一个个栩栩如生的小人来陪他玩。这些小人神态灵动，五官四肢都无不逼真。据说朱由校为了检验自己的手艺，还让太监拿去市集上售卖，结果销量甚好，让朱由校颇有成就感。由此我们也可窥见他的人生多么可悲，身为皇帝，手中却没有实权，无法在政治上有所作为，力挽狂澜，只能在这种雕虫小技中寻求自我价值。

潜心木工，权落阉党

当时宫中流行一种傀儡戏，类似我们今天所见的皮影，只不过是用小木人来替换皮影人物。据史书记载，当时宫中贵族多喜欢欣赏《东方朔偷桃》《三保太监下西洋》《八仙过海》《孙行者大闹龙宫》等剧目，贪玩的朱由校自然也不例外。可他不光喜欢看，还喜欢自己动手做木人和戏台，据说他做的木人往往装束新奇，扮演起来也是动作灵活，让观者无不动容。

这些小机栝都是用来无聊解闷的，真正厉害的还要数盖房子了。要用今天的眼光来衡量，那朱由校简直就是杰出的建筑师了。他常常自己设计蓝图，亲自指导工匠建设。而且他对于艺术的追求永不满足，常常是造好之后又立即毁掉，重新构思新的蓝图。这当然是非常劳民伤财的，可他却浑然不知，由此可见其昏庸之处。当时的奸臣魏忠贤就常常故意在朱由校兴致高涨的时候来请示国事，他便草草敷衍几句，甚至不闻不问。久而久之，政权渐渐被阉党掌控，天启初年起用的大批东林党有识之士也被构陷，挤兑出朝廷，致使明亡的速度不断加快。

富有争议的死亡之谜

朱由校的死亡和他的父亲一样扑朔迷离。据史书记载，天启七年（1627）八月的一天，他在魏忠贤和乳母客氏的陪同下去宫中西苑乘船游玩。小船划入湖水深处，突然一阵狂风袭来，船翻了，朱由校落入水中，被救起后便一病不起。再后来，尚书霍维华进献了一种"仙药"，名叫灵露饮，据说服后能立竿见影，健身长寿。朱由校依言饮用，果然清甜可口，便日日服用。几个月后，病症非但没有丝毫改观，竟雪上加霜得了"鼓胀病"，浑身水肿，卧床不起，不久就呜呼哀哉了。

到底是西苑翻船的阴谋？还是"仙药"的毒性所致？对于朱由校帝的死亡之谜，历来有很多种猜测和争议。但其实这些已经不重要了。作为一位皇帝，他没有肩负起历史赋予他的沉重责任，而是在艺术的世界里逃避现实，致使政权落入阉党之手，忠良之臣惨遭迫害，奸佞之徒横行朝野，生灵涂炭，社会矛盾不断激化，在他死后仅十多年，明王朝就灭亡了。

天下不过一盘棋

那些"棋迷"皇帝们

● 紫檀棋桌·明

■下棋如治国，弈者手握生杀予夺之权，落子之前必须仔细斟酌，步步为营，因为举手无悔，一着失误可能招致全盘失败。所以，自古以来，帝王中大有喜欢下棋之人，也在历史上留下了无数传奇故事。

南朝的棋迷皇帝

南北朝时期，围棋发展进入了前所未有的黄金期，涌现出很多"棋迷皇帝"。他们虽然水平参差不齐，但都非常热衷围棋的推广工作，而且还建立围棋州邑，兴起一股皇家品棋的风潮。一时间，围棋由一种娱乐方式转变为高雅的"逸品"，进入了崭新的发展时期。

宋明帝在治国方面确实是一个无所作为的庸主，但对围棋的发展立下了汗马功劳。据史书记载，宋明帝非常喜欢下棋，堪称棋痴。他虽然热衷此道，水平却很差，而且没有自知之明，常常喜欢挑战当时的高手王抗。王抗不敢抗命，每次对弈的时候，都要想尽办法让着宋明帝，还不时吹捧他一下，说："皇帝飞棋，臣抗不能断。"宋明帝居然信以为真，还以为自己是天下第一圣手，便越发对围棋着迷了。

为了让天下人都分享自己的乐趣，宋明帝大力推广围棋，专门设立一个官署，叫"围棋州邑"，这在中国历史上是前所未见的，客观上讲对围棋的推广起到了很大作用。宋明帝还按照九品中正制钦定了围棋的九个等级，即：入神，坐照，具体，通幽，小巧，用智，斗力，若愚，守拙，这也是现代围棋成分九段的雏形。在宋明帝的大力推广之下，围棋越来越盛行。

继宋明帝之后，南朝历史上又出现了一个有名的棋迷皇帝——齐武帝萧赜。只不过，比起自欺欺人的宋明帝，齐武帝的围棋水平要高得多，而且棋品也历来为人称道。据史书记载，有一次，齐武帝和司徒王子良在宫中对弈。齐武帝棋风凌厉，招招紧逼，王子良渐渐招架不住，急得汗如雨下。这时候，齐武帝身边有个近臣悄悄对他说："陛下和王司徒对弈，应该略微平和一些，下手不宜如此狠毒，给他留点面子，少赢几子，这样他以后必然对陛下您心存感激，不是对陛下更有利吗？"齐武帝想了想说："我与人交往共事，从来不打诳语，何况在棋盘之上呢？" 区区一盘棋的胜败当然是小事，但是齐武帝拒绝将政治利益转换到棋盘上来，可见其率真的品性，以及对棋道的尊重。

梁武帝萧衍也是出了名的围棋高手，而且非常痴迷下棋。据说，他曾经为了下棋通宵不睡，满朝文武没有几个人能够奉陪到底，只有一个叫陈庆之的人能跟他通宵对弈。最后，这个陈庆之就被梁武帝委以重任，成了一代名将。梁武帝不但爱下棋，还喜欢钻研棋道，曾经亲自撰写了《围棋赋》。他也很重视围棋的推广，曾经举办过两次全国大赛。

象棋皇帝唐肃宗

唐朝是中国封建王朝最强盛的时期，在前朝统治者的推广下，围棋的地位得到了进一步加强，象棋也开始流行起来。在唐代，朝廷创立了棋待诏制度，专门设有棋博士，属于享有朝廷俸禄的专业棋手。这些人平日的职责就是切磋研究棋艺，不时地陪皇帝下下棋。

相对于棋道高深的围棋而言，象棋是一种雅俗共赏而普及更广的棋类活动，所以问世以来一直为中下层民众所喜好，而上层贵族及文人学士却多轻视之，认为"不足道"。

唐朝的象棋形制，和早期的国际象棋有颇多相似之处。据史书记载，唐肃宗李亨就是一个象棋迷，而且他下象棋已经到了玩物丧志的程度。

● **重屏会棋图·五代南唐·周文矩**

《重屏会棋图》绘南唐中主李璟与其三个兄弟会棋的情景。四人身后的屏风上画着白居易诗意图，其间又有一扇山水小屏风，因在屏风中又画屏风的缘故，故称为"重屏图"。

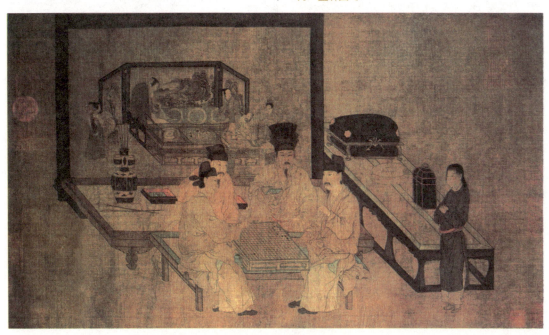

他在位期间不关心政事，每天就和自己的宠妃张良娣下象棋，甚至到了战乱逃命的时刻，他都念念不忘象棋，置堆积如山的军情战报而不理，却在棋盘上斤斤计较。如此棋痴，史上罕见。

"铁杆棋迷"明成祖朱棣

明朝的棋迷皇帝也很多，开国皇帝朱元璋就是个下棋好手。不过朱元璋当上皇帝之后就果断下了"禁棋令"，不许在京军官和军人下棋，否则砍断双手。这禁令下得看似专横，却是为了防止军官们玩物丧志，也有一定道理。不过，朱元璋觉得这似乎威慑力还不够，又在京城修建了一栋"逍遥楼"，把痴迷下棋、违反禁棋令的人关在里面，用酷刑折磨，相当狠毒。

但是，朱元璋一方面用"禁棋令"和"逍遥楼"阻止他人下棋，一方面自己又手痒痒，于是便偷偷在宫中召高手对弈，可谓是"只许州官放火，不许百姓点灯"。而陪朱元璋下棋的，就有燕王朱棣，也就是后来赫赫有名的明成祖。

朱棣和朱元璋一样也是个痴迷下棋的人，象棋、围棋都会。在朱棣还是燕王的时候，便经常找刘基的次子刘璟对局。刘璟下得一手好棋，朱棣在他面前屡战屡败，想悔棋又多次遭拒，弄得好不尴尬。有一次，朱棣甚至低声下气地向刘璟苦苦哀求："卿不少让也？"但刘璟坚决不同意，说："可让处则让，不可让则不敢让也！"没想到朱棣这个人小肚鸡肠，

● **胜棋楼**

胜棋楼位于南京莫愁湖公园内。相传，明太祖朱元璋曾与开国功臣徐达在此对弈。朱元璋眼看胜局在望，便问徐达："爱卿，这局以为如何？"徐达笑着点头答道："请万岁纵观全局！"朱元璋这才发现徐达的棋子竟布成"万岁"二字，于是当即将"对弈楼"赐给徐达，并将"对弈楼"更名为"胜棋楼"。

竟然利用手中权力挟私报复，在当上皇帝之后便把刘璟关进了大牢，活活逼得他上吊自杀。可见，陪皇帝下棋是非常危险的，既要展示棋艺，又要给皇帝留足面子，否则可能因一盘棋招致杀身之祸。

乾隆帝和棋界大王

乾隆皇帝也是个不折不扣的棋迷。有一次，他率大军出征边关，路经聚贤镇，看到一个宅院的门楣上高悬"棋界大王"的金匾。于是，他便把宅主叫出来，要与他一决胜负。

那老头一看皇帝来了，赶紧叩头，说："小老儿怎敢和万岁对弈。"乾隆帝说："下棋本来就是个益智的游戏，你只管下，输赢朕都不在乎。"两人摆开棋局，拼杀起来，不过十几步，乾隆帝就占了上风，一会儿工夫便将老头杀得片甲不留。得胜的乾隆帝趾高气扬地对老头说："从此之后便把棋王的牌匾摘了吧。"

等到乾隆帝凯旋，再次路过聚贤镇，发现老头的"棋界大王"还高高挂在门上。乾隆帝顿时大怒，便找来老头问罪。老头说："启禀万岁，小老儿自知欺君之罪。只是前次与万岁对弈未曾施展本事，因此失误，所以专候万岁胜利回朝，冒死相请，再赌输赢。"乾隆帝心想，这次我一定要让你输得心服口服。

没想到，这次和乾隆帝对弈的竟然是老头的孙子，乾隆帝心里暗笑，爷爷是手下败将，孙子就更不行了。可是，还没等乾隆帝进入状态，小孩十几步便将他杀得捉襟见肘了。看到皇帝头上汗珠滚滚，老头赶紧上前去解围。恰好这时一阵风把几片落花吹到棋盘上，老者乘拾花之机偷掉孙儿的一个棋子。聪明的孩子明

●乾隆皇帝大阅图·清

白爷爷的用心，便故意走出破绽，让乾隆帝吃了两个子，最后走成了和棋。

乾隆帝这才明白老人前番下棋是有意相让，便取来文房四宝，御笔亲书"棋界圣手"四个大字送给老人，以示奖赏。

下棋是古人生活中一项重要的娱乐活动，更蕴含着丰富的文化背景。围棋和象棋在中国发源很早，经过历代棋迷的传承发展，尤其是一些棋迷皇帝和贵族的推崇，已经成为中华民族的文化载体。阡陌纵横的棋盘就仿佛纷繁复杂的社会，而分布其上的棋子则如同天下苍生，所以说治国如弈棋，都需要驾驭全局的胆略和智慧。

宁愿醉死温柔乡

汉成帝刘骜

■ "一枝红艳露凝香，云雨巫山枉断肠。借问汉宫谁得似，可怜飞燕倚新妆。"平庸的汉成帝刘骜，因为宠爱绝世美女赵飞燕、赵合德姐妹，而广为后世所知。他一生耽于酒色，被赵飞燕、赵合德两姐妹玩弄于股掌之间，致使赵氏乱内，外家擅朝，最终酒色侵骨，暴死在赵合德的温柔乡中。可怜汉成帝虽然一生风流，却终身无嗣。

● 彩绘陶仪卫俑·汉

西汉时期的陶俑虽然不如秦俑那样高大，但塑造工艺更为精致，色彩更为鲜明，这件汉代陶俑眉目胡须清晰，颇为生动传神。

朝秦暮楚

　　汉元帝刘奭共有三个儿子：太子刘骜、定陶恭王刘康和中山孝王刘兴。刘骜小时候就很受祖父宣帝刘询的喜欢，给他起表字叫"太孙"。因此元帝虽然宠爱傅昭仪所生的刘康，终于还是不敢废长立幼。竟宁元年（前33），汉元帝去世，太子刘骜登基，就是汉成帝。成帝即位后，继续推行以儒术治国的方针，他疏远宦官石显，多次降低赋税，赦免囚犯，并且遣使审查三辅、三河、弘农等地的冤狱。但在吏治废弛的情况下，这些政策并不能真正使民众得到好处。

　　汉成帝即位之初，就花费重金建造了霄游宫、飞行殿和云雷宫供自己淫乐。当时的许皇后是汉元帝的表妹，当年汉元帝为了补偿太子刘骜早年丧母之痛，将自己的表妹许氏许配给他，刘骜登基之后，许氏变成了他的第一任皇后。

　　许皇后出身名门，是大司马车骑将军平恩侯的女儿。她不仅有国色天香之貌，而且琴棋书画俱佳，尤其擅长诗词文章，可谓名噪一时的才女。这样一位难得的奇女子自然能够笼络住皇帝的心，一时间很多嫔妃都难得临幸。可是宫中的女人往往都有色衰爱弛的一天，许皇后也不能幸免。许皇后生过一儿一女，全部夭折了。随着年龄的增长，成帝对她的宠爱也逐渐衰减。后来，许皇后又受到了王氏集团背后的攻击，被废黜，徙居昭台宫，后又迁长定宫，九年后被逼服毒自尽。

飞燕入昭阳

冷落了许皇后，汉成帝又迷上了另一位才女班婕妤。班婕妤是班固的祖姑，也是一位奇女子。她博通文史，如水莲一般美而不俗，卓然异于一般庸脂俗粉。但是风流成性的汉成帝还是不知足，竟然想到微服出行，去民间猎艳。

鸿嘉二年（前20），汉成帝在富平侯张放的陪同下，微服去民间猎艳。结果运气不错，果然遇到一个绝色美女，那就是历史上有名的赵飞燕。赵飞燕本来是阳阿公主家的一名舞女，因为身形娇小玲珑，如轻盈的飞燕，所以得名。她不仅面容姣好出众，而且能歌善舞。

汉成帝微服来到阳阿公主家，公主摆宴接驾，自然召集舞女跳舞助兴，这其中就包括姿色出众、长袖善舞的赵飞燕。果然，几曲舞尽，汉成帝对赵飞燕迷恋不已，当即乞求公主将她送给自己。从此，赵飞燕便由一介舞女直接飞入昭阳宫，变成了汉成帝的新宠。

合德入宫，姐妹争宠

赵飞燕入宫之后极其受宠，但她知道女人总有年老色衰的一天，必须及早巩固自己的

地位。于是她便开始一步步谋划自己的封后之梦。当时的许皇后已经被冷落，但王氏家族还是落井下石，甚至将一连三年的日食归咎到皇后的"失德"。愤懑冤枉的许皇后无从辩驳，竟然愚蠢地用巫蛊之术诅咒宫中一个怀有身孕的王美人。赵飞燕抓住这一机会告发许皇后，顺利地拔掉了自己的眼中钉。

不仅如此，她还将自己的孪生妹妹赵合德接进宫来，进献给汉成帝，以此笼络君心，也增加自己在后宫中的势力。赵合德和姐姐一样，也是色艺俱佳，不过比起野心勃勃的姐姐来说，妹妹的性情更加温柔一些，更得成帝的怜爱。

永始元年（前16），赵飞燕终于圆了她的皇后梦，妹妹合德也晋升为昭仪。成帝为了取悦新皇后，专门令工匠在皇宫太液池建造了一艘华丽的御船，叫"合宫舟"。有一次，飞燕和成帝泛舟湖上，良辰美景，飞燕便为成帝献舞一曲。没想到正当她翩翩起舞的时候，突然狂风骤起，险些将身轻如燕的赵飞燕吹飞，幸好身边吹笙的冯无方拽住皇后的两只脚，飞燕便继续歌舞，这就是传说中的"飞燕能做掌上舞"典故的由来。

但是封后之后，飞燕渐渐失宠。成帝日渐迷恋合德，称合德的怀抱是温柔乡，甘愿沉醉在温柔乡中。强势的赵飞燕怒火中烧，于是派人四处打听，当听说成帝喜欢窥视合德汤浴时，也如法炮制请皇帝来观赏，甚至不惜编造出怀孕的谎言来笼络君心，但都没有什么效果。

燕啄皇孙，汉祚将尽

渐渐失宠之后，赵飞燕清楚地意识到要想

保住自己的后位，就必须尽快生出皇子。但无奈的是，赵飞燕和赵合德姐妹俩虽然专宠十多年，但始终没有子嗣。面对如此尴尬的处境，赵氏姐妹便联合起来，既然自己不能生育，那也不能让别的女人生下皇子。

据史籍记载，当时赵飞燕身边有一个通晓《诗经》的宫女曹伟，也受到汉成帝宠幸，并且诞下一子。但是曹伟刚刚产下皇子，赵飞燕便派掖庭令籍武将曹伟和小皇子，以及知情的六个婢女抓起来杀掉。可是看着尚在襁褓中的小皇子，籍武实在难以下手。赵飞燕和赵合德听后十分生气，派人将孩子接入了宫中，给他找了个乳母，并赐毒药给曹伟，让她自行了断。可怜的曹伟只有饮恨自杀，连同那六个无辜的婢女一起做了后宫权力斗争的牺牲品。而那个刚刚生下不久的小皇子在宫中偷偷抚养了十来天之后，就被宫长李南拿着诏书取走，后

来就不知所终了。

除了曹伟之外，还有一个许美人曾经生下一个皇子。赵合德得知之后，便埋怨汉成帝说："陛下常对我说从我姐姐中宫那儿来，既然不在我这里就在我姐姐那里，许美人怎么能生下您的儿子？看来，许氏会被立为皇后了。"为了除掉这个潜在威胁，赵合德不惜上演苦肉计，不但哭着不吃饭，而且用头撞壁假意自杀。汉成帝只得信誓旦旦地许诺绝不会让许氏成为皇后。但是赵昭仪还是没有就此罢休，很快许美人就收到了黄门靳严拿来的绿囊书。看完书信，许美人不得不将儿子放在箱子里送入宫中。箱子被送到宫中，汉成帝和赵昭仪开箱验看，不过送出来的时候便已经是死婴了。汉成帝便命人将箱子拿出去给掖庭令籍武。箱子用御史中丞印打上封条，便埋在了监狱的城墙下面。可

怜这个无辜的皇子，就被这样不明不白地谋杀了。最可悲的是，孩子的父亲汉成帝竟然也参与其中，残忍地杀害自己的孩子。

眼看着生子无望，赵飞燕不惜冒天下之大不韪，趁成帝夜宿他处的时候招引一些多子的少年侍郎与她奸宿，秽乱宫廷，但最终还是没有生下孩子。

成帝暴毙，飞燕自杀

绥和元年（前8），定陶王刘欣入朝觐见。刘欣是成帝之弟定陶恭王刘康的儿子，他的祖母傅氏携带大量金银珍宝，贿赂赵飞燕姐妹，终于说动她们在成帝面前进言，立刘欣为太子。始终没有儿子（应该说没有还活着的儿子）的汉成帝，无奈之下只好答应了。

绥和二年（前7）三月，成帝突然暴毙。当时民间到处传说，说是赵合德给皇帝服了过量的春药，才导致他一命呜呼的。赵合德知道罪状迟早会栽到自己头上来，于是自杀。

赵飞燕因为拥立刘欣为太子有功，刘欣继位为汉哀帝以后，没有难为她，仍尊她为皇太后，孝顺侍奉。等到哀帝一死，掌权的大司马王莽下令说："前皇太后赵氏与其妹赵昭仪，仗恃专宠，迫害嫔妃，杀害皇子们，这种悖逆之人，不能母仪天下。贬皇太后为孝成皇后，迁到北宫去居住。"隔了一个多月，又将她废为庶人。赵飞燕就于此令颁布的当天，自杀身亡了。

● **汉宫春晓图·明·仇英**

本图描绘了初春时节宫闱之中的日常生活图景：装扮、浇灌、折枝、插花、饲养、歌舞、弹唱、围炉、下棋等，画中有后妃、皇子、宫女等115人，姿态各异，栩栩如生。人物都穿着唐以后的衣饰，取名汉宫，是当时对宫室的泛指。

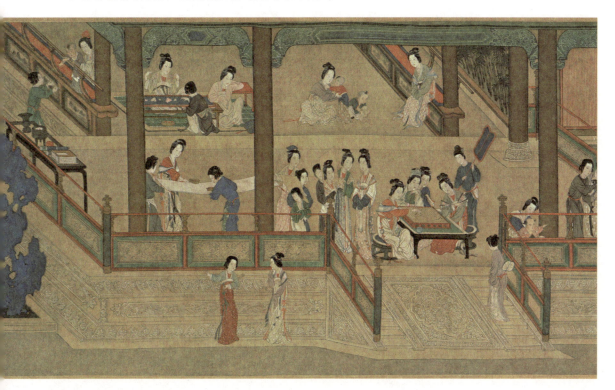

不爱美女爱美男

汉哀帝刘欣

■自古帝王爱红颜，后妃专宠，独霸后宫，外戚专权，在历朝历代都不是什么新鲜事儿。可是汉哀帝很奇特，他对美女不感兴趣，却对美男董贤一往情深，每日形影不离，十天之间累计赏赐财物达巨万之余，甚至愿意将皇位拱手相让，如此色令智昏，简直是千古难遇。

● 羽人天马玉饰·西汉

玉饰高7厘米，宽8.9厘米，白玉质。飞驰于云端的天马上乘骑着一个羽人（即仙人）。羽人遍身毛羽，肩生羽翼，双耳大而上耸，正是汉代人心目中的仙人形貌。

断袖之癖

中国古代，很少有真正的同性恋，有关双性恋的记载倒是不少，连帝王也不例外。西汉皇帝大都有关系暧昧、非常宠爱的臣子，比如惠帝时的闳孺、文帝时的江充、武帝时的韩嫣、成帝时的张放，等等。虽然史书上经常会用到"与上卧起"之类的词句，说这些宠臣陪皇帝同寝，但他们之间究竟算不算真正的同性恋关系，谁都不敢妄下断语。只有汉哀帝与董贤，不但可以确证他们确实存在着不正常的男男关系，并且他们的事迹千百年来一直作为同性恋的代名词，那就是"断袖之癖"。

哀帝刘欣，本来是定陶恭王刘康之子。刘康早死，刘欣袭爵为定陶王，绥和元年（前8），他和叔父、中山王刘兴同时入朝觐见。他的祖母傅婕妤（此时已被尊为王太后）也跟着一起到了长安，携带大量珍宝，贿赂皇后赵飞燕以及掌权的大司马、骠骑将军王根，想让孙子刘欣登上太子宝座。成帝没有儿子，在听了赵皇后、王司马的建言以后，又仔细比较了刘欣、刘兴两人的性格、学识，终于决定选择刘欣作为储君。刘欣从此就进入宫中，学习礼仪和治国之道。绥和二年（前7），汉成帝暴毙，太子刘欣继位，就是西汉孝哀皇帝。

西汉建平二年（前5），汉哀帝刘欣下朝回宫，偶遇昔日旧友董贤。董贤字圣卿，云阳（今陕西淳化西北）人，其父原来做过御史，所以董贤自小就跟着父亲出入宫廷，在刘欣还是太子的时候做过太子舍人。时隔几年，昔日的顽童已经是风度翩翩的美少年了，举止潇洒，形貌迤逦，一下子便俘获了汉哀帝的龙心。

董贤一进宫，六宫粉黛无颜色，汉哀帝对董贤的宠爱，比之商纣王对妲己，周幽王对褒姒也毫不逊色。每天从梳洗到用膳，同坐同食，出入则同车，毫不在乎朝臣的议论。董贤其人虽然貌比潘安，却没有真才实学，每天只知道吃喝玩乐。于是汉哀帝也不去关心朝政了，每天和董贤一起鬼混度日。

有一天，汉哀帝一觉醒来，发现自己的衣袖被董贤压住了。为了不惊扰熟睡的董贤，他竟然急中生智，从床头拔出佩刀，将自己的衣袖轻轻割断，然后悄悄起床。如此体贴入微，实在是令人感叹不已。这个故事后来便成了一个有名的历史典故，"断袖之癖"，也成了后世"同性恋"的代称。

● 双层九子漆奁·西汉

湖南长沙马王堆汉墓出土。器表髹黑漆，贴金箔，分上下两层，上层隔板放置素罗绮手套等物件，下层有九个凹槽，槽内各放一小奁。小奁内分放化妆品和梳、篦等物，是制作精美的日常实用工艺品。

色令智昏

董贤进宫之后，痴情的汉哀帝几乎倾其所有来讨他的欢心。所谓"一人得道，鸡犬升天"。董贤的父亲董恭本来被派到边疆服役，自董贤得宠之后，不但被召了回来，而且提升为九卿之一的少府，掌管专供皇室需用的山海池泽之税，类似现在的国税局局长，是九卿里面最大的肥缺。不但如此，还赐爵关内侯，有封邑可食。因为董贤毕竟是个男人，也有自己的家室。哀帝于是将董贤的夫人也召进宫里来，登上名册，可以随便出入宫禁。此外，哀帝还娶了董贤的妹妹，封为昭仪，地位仅次于皇后。史书上说："昭仪及贤与妻旦夕上下，并侍左右。"四人间的关系非常暧昧。哀帝召集名工巧匠，大兴土木，为董贤夫妇在皇宫北面营建豪华官邸，其中的装潢、陈设无比精美，屋柱和窗格都用锦缎包裹。

汉哀帝还不时地赏赐董贤各种贵重的珍宝名器，据史书记载，"旬月间，赏赐累巨万，贵震朝廷"。他对董贤的宠爱已经达到了一种无私忘我的境界，以至于甘愿自己用次一等的衣物和车马，把最好的让给董贤。而且为了死后能够不离不弃，福寿同享，他还命人在自己的陵墓旁边给董贤也修建同等规格的陵墓，这恐怕是历史上任何宠妃都无法享受的尊荣。

如此优遇厚赏，哀帝还嫌不够，想要封董贤为侯。可是按照汉朝的规矩，大臣没有特殊功劳是不能封侯的。某次待诏孙宠、息夫躬两人告发说东平王刘云和其王后暗中诅咒哀帝，兴起大狱。侍中傅嘉趁机献计说："孙宠和息夫躬的告密信是通过宋弘递交上来的，如果把宋弘的名字换成董贤，那不就是大功一件，足以封侯了吗？"哀帝听了大喜，立刻照办。

丞相王嘉和御史大夫贾延上书反对哀帝封董贤为侯的诏令，一方面质疑此案的审理，一方面质疑董贤在其中的功劳。哀帝以退为进，将此事冷处理了几个月，最后还是不顾群臣反对，封董贤做了高安侯。

元寿元年（前2），傅太后去世，哀帝竟然伪造傅太后的遗命，加封董贤食邑两千户。王嘉不肯照办，把哀帝的诏令原封不动地归还，同时还附上自己一篇奏章。他在奏章中说："今贤散公赋以施私惠，一家至受千金，往古以来贵臣未尝有此，流闻四方，皆同怨之。俚谚曰：'千人所指，无病而死。'臣常为之寒心。"哀帝看了奏章，勃然大怒，立刻逮捕王嘉，押入牢狱。王嘉最后绝食而死。

●彩绘陶乐舞杂技俑·西汉

泥质灰陶，共塑21人，分成三组，固定在长方形底座上。座中央是7个表演者；2个女子身着红、白两色花长衫，翩翩起舞；身着红袍者，昂首放声歌唱；2人作拿大顶，1人翻筋斗，1人做"倒挈面戏"。座后侧一列7人为伴奏乐队。左侧4人，右侧3人，皆拱手而立，正观赏表演。

王嘉既死，没人再敢直言进谏了。哀帝为了继续提拔董贤，甚至连此前一力扶植的外戚傅氏和丁氏都弃如敝屣。他的舅舅大司马丁明因此被免职，改封董贤为大司马、卫将军。此时董贤年仅22岁，就凭色相控制了西汉的最高权力，百官奏事，都必须通过董贤。元寿二年（前1），匈奴单于前来朝觐，看到汉朝的执政大臣如此年轻，非常诧异，就问翻译缘由。哀帝竟大言不惭地命令翻译回答说："大司马虽然年轻，但他是大贤，所以能够担负重任。"

丞相孔光本是董贤之父董恭的上司，现在反而比董贤矮上一头，哀帝怕孔光为此看不起董贤，特意让董贤前往拜会。孔光恭敬地迎接年轻的大司马，礼貌相当周到，哀帝听闻后大喜过望，即刻拜孔光的两个儿子做谏大夫和常侍。

董贤已经是一人之下、万人之上的地位了，汉哀帝还是觉得不足以彰显自己对董贤的一片痴情。一次宴会上，汉哀帝竟然借酒醉之机，笑着对众人说："我想效法尧舜，将帝位传给董贤，大家意下如何？"众人吓得不知所措。幸好中常侍王闳打破头楔说："天下是高皇帝（刘邦）打下的，不归陛下所私有。陛下继承祖宗的事业，应传给刘姓子孙以至于无穷。继承权至关重大，天子无戏言！"汉哀帝只好作罢，宴会不欢而散。哀帝大为扫兴，从此疏远王闳。如此色令智昏，轻易将国家重器拱手让与人的君王实在是昏庸至极，史上难见。

限田限奴令

汉哀帝虽然有"断袖之癖"，过分宠信董贤，以至于色令智昏，做出很多受人诟病的荒唐之举，但并非生来就是个昏聩无能的人。据史书记载，汉哀帝少时原本不好声色，是个熟读经书、文辞博敏的有才之君。汉哀帝即位之初，也曾经试图有所作为，最重要的举措便是颁布限田限奴令。

汉哀帝继位之时，西汉王朝已经气数将尽，当时最严重的社会危机莫过于土地兼并。为了加强皇权，不再像汉成帝那样大权旁落，汉哀帝即位伊始就采纳了限田限奴的建议，企图通过这个举措摆脱王氏家族的限制。经过群臣讨论，丞相孔光、大司马何武等制定了具体规定：诸侯王、列侯、公主、吏民占田不得超过30顷；诸侯王的奴婢以200人为限，列侯、公主100人，吏民30人；商人不得占有土地，不许做官。颁布这个法令的主要目的在于抑制土地兼并，保护农业发展。可是此令一旦颁布，必然受到权贵们的反对。而且汉哀帝自己又不能以身作则，光是赐给董贤的就有2000多顷土地，是限田令最高额的70多倍。这必然使得限田限奴令变成了一纸空文，难以落实。

除了限田令之外，哀帝还颁布了一系列诏令，比如废除任子令和诽谤欺诋法，但是都是"雷声大雨点小"，无法持续推行下去。这渐渐让他对颁布法令失去了信心，也对执政失去了兴趣，于是更加沉溺于声色犬马之中，彻底不理朝政。

由于过度沉溺声色，荒淫无度，年仅25岁的汉哀帝就已经是一副病恹恹的模样，即便是改元易号也无济于事。元寿二年（前1）六月，汉哀帝病死在未央宫，结束了他荒淫短促的人生。而他生前最宠爱的董贤也随即被罢黜，当日便举家自杀。烜赫一时的董家就此衰败，董贤的父亲董恭、兄弟董宽信等全都被流放到边远地区，母亲被遣送回娘家，其家被抄，财产没入国库！

愚痴也能做皇帝

晋惠帝司马衷

■晋惠帝是历史上有名的傻子皇帝。他的智力本来就有缺陷，却做了皇帝。即位之后，他便沦为野心勃勃的皇后贾南风操持国政的工具。"八王之乱"爆发之后，他更是成为诸王抢夺的傀儡，备受欺凌。他的一生无疑是悲剧性的，也将西晋历史带入了悲剧性的一章。

千古闻名"傻"皇帝

司马衷，字正度，是晋武帝司马炎的第二个儿子，290年继位，306年暴卒，在位17年。司马衷天生智力低下，根本无法胜任一国之君的位置。他在位的17年中，刚刚建立的国家迅速衰落，贾后干政，朝政混乱，各诸侯王并起争权，爆发了史上有名的"八王之乱"。不堪国事的晋惠帝在动乱中被当作傀儡一般反复挟持利用，甚至还一度被废。最终，他在"八王之乱"平定之年突然死亡（一说是被毒杀），结束了荒唐难堪的一生。十年之后，西晋就被趁乱而来的匈奴人攻灭。从此，中国北方进入了长达三百年的五胡十六国的混乱时代。

对于司马衷这个名字，人们可能不是很熟悉，但他的两个著名笑话却是家喻户晓。一次惠帝在华林园游玩，听到园中池塘内蛙声响成一片，他凑上前去，傻兮兮地向身旁的随从们问道："这些咕呱乱叫的东西，是公家的，还是私人的？"还有一次，时值天下大乱，百姓饥荒，饿殍遍地，朝中大臣向晋惠帝奏报此事，谁知晋惠帝竟问道："他们没有饭吃，为什么不吃肉粥呢？"满朝文武听后错愕无言。灾民们连饭都吃不上，又哪里来的肉粥呢？晋惠帝愚笨的程度由此便可想而知了。

传位"傻太子"之谜

一位智力如此低下的人，怎么能让他去做皇帝呢？这就要从司马衷的父亲——晋朝开国之君晋武帝司马炎说起了。公元265年，司马炎逼曹魏皇帝退位，登上了皇帝的宝座。晋朝建立后，于280年灭亡了东吴，结束了三国鼎立的局面，统一了中国。社会初定之后，司马炎开始怠于理政，沉溺于女色之中。据记载，司马炎的后宫有万人规模，而他的儿子就有26个之多。司马炎的长子司马轨早夭，次子司马衷是杨皇后的儿子，当时杨皇后又正得宠信，所以司马衷被立为太子可谓名正言顺。

司马炎不是不知道太子在智商方面的缺陷，他也曾多次表达过对太子继位的忧虑，甚至产生过另立太子的想法。然而在皇后的阻挠和佞臣的谄媚下，司马炎一直犹豫不决。一次，他决定考一考这位愚笨的太子，就找来一些国家公文，送到东宫让太子决断。以太子的智商，当然是解决不了这些问题的。这时，精明的太子妃贾南风灵机一动，想出让别人代太子作答的主意，并让代笔的人多引经据典，以显得太子有学识。一旁的给事官张泓连忙劝阻道："太子没有学识，这是陛下早就知道的（你引经据典反倒会露馅儿），如今应当就事论事作答，不可引书。"

贾南风一听有理，就让张泓写了一份粗浅的答案，让太子誊抄一遍，交给了晋武帝司马炎。司马炎看后非常高兴，对朝臣们说："谁说太子愚钝，你们看，他平时不怎么念书，处理政事不是一样四平八稳？"司马炎也从此安下心来。

其实，晋武帝无论如何都不愿意承认太子愚钝，是因为他不想把皇位拱手让给自己的弟弟司马攸。司马攸是武帝司马炎的亲弟弟，为人温和公允，礼贤下士，深受父亲司马昭的宠爱，几次想立他为太子。但古代嫡长子继承制影响深远，有所谓"立长不立贤"的说法，因此司马昭最后还是立司马炎为太子，就是后来的晋武帝。当年为了与弟弟争夺皇位，武帝承受了无尽的惶恐和忧虑，现在当然不肯将帝位拱手相送，宁愿将江山托付给那愚痴的太子司马衷。

● **晋武帝画像**

傻也可敬，傻也可爱

晋惠帝的愚笨可笑至极，于是就被很多人冠以"白痴"的蔑称，但这种贬损是有失公允的。首先，从医学角度来讲，"白痴"是智力缺陷病症中最严重的一种，它的表现是肢体比例畸形，不能理解言语，对物理刺激反应迟钝，而晋惠帝不仅能正常上朝、答问（尽管说话不多，反应较慢），而且情感丰富，表露真挚而直接；其次，"白痴"是一种对人格极低的评价，但真实的晋惠帝却是忠奸分明、重情重义，体现出很多帝王并不具备的可敬品质。

据《水经注》记载，在"八王之乱"中，朝廷的军队败给了造反的诸侯王的部队，护卫晋惠帝的兵将臣属纷纷四散逃命，唯独侍中嵇绍（"竹林七贤"之一嵇康之子）留了下来，誓死保卫皇帝。最后，敌兵将晋惠帝围得水泄不通，晋惠帝身中三箭，护驾的官兵都牺牲了，只剩下嵇绍一人。这时，敌军将领冲上来要杀嵇绍，已经身负重伤的晋惠帝一把拉住敌将的手，叫道："他是忠臣！杀不得啊！"这是多么幼稚却又真诚的话语啊！敌将没有理睬他，一刀砍杀了嵇绍，鲜血顿时喷溅了晋惠帝一身。后来，晋惠帝脱险，被扶正回朝，但每次上朝都穿着那件沾着血的龙袍。大臣们建议他脱下来洗净或换一件新的，晋惠帝哭着对他们说："这是忠臣嵇侍中的血，千万不能洗啊！"满朝文武听后无不感喟。

晋惠帝并不是一位"白痴"，他有情感，有判断力，辨是非，重恩义；从人格角度来说，他心地善良、真挚纯朴。从医学角度来看，晋惠帝的智力应属愚鲁、愚笨一类，比正常人的智商要低一些，但绝不是如"白痴"一般。但从一国之君应有的智力水平来看，他显然又是一位"投错胎"的帝王。

"傻汉"无能，"恶妇"当政

智力低下的晋惠帝当上了国君，晋朝如同人的肌体失去了免疫力一般，但还须有病毒的入侵，才能败坏肌体的健康。晋惠帝的第一个皇后贾南风就是一个致命的"病毒"。

贾南风（又称贾后）是一个地地道道的"恶妇"。她生在世家大族，是晋朝开国元勋贾充的女儿，因其门阀地位显赫，被选为太子妃。贾南风"丑而短黑"，其貌不扬，面目黧黑，身材矮小，是历史上有名的丑女。

●龙纹金带扣·西晋

她性格暴戾，凶残成性，在做太子妃期间，就曾经亲手杀死数人。有一天，她发觉太子的小妾怀上了身孕，盛怒之下以戟投向这位小妾，致使这位小妾当场破腹，胎儿随凶器一起掉落在地，场面极其残忍。晋武帝对儿媳妇的恶行感到非常愤怒，决定将她废黜，一旁的佞臣连忙进言："太子妃还年轻，嫉妒是妇人正常的感情罢了。"与贾家有旧交的大臣也连忙规劝，晋武帝这才作罢。

晋惠帝继位后，贾南风成了一国之母，但她不但没有收敛，反而变本加厉，利用晋惠帝的愚笨无能，开始干预朝政。也正是从这时起，晋朝的政局开始风雨飘摇。

权力欲极强又极端凶残的贾南风皇后，先是设计杀死了辅政的太傅杨骏和一干朝廷重臣，并夷灭了他们三族，把朝政大权独揽过来。她任命汝南王司马亮和开国元勋卫瓘辅政，后来又听信楚王司马玮的挑拨，伪造圣旨命令司马玮捕杀了司马亮和卫瓘，然后又以"擅杀"为名，诛杀了楚王司马玮。贾南风荒淫放恣，置丈夫晋惠帝于不顾，豢养男宠，时人皆知。她还制造怀孕假象，暗中找一男孩做养子（贾南风没有儿子），阴谋废掉太子司马遹，另立养子以巩固地位。在遭到了诸侯王的一致反对后，她干脆杀死了太子司马遹，以绝众望。

一连串的恶行，搞得朝廷动乱不堪。觊觎已久的各诸侯王终于找到口实，纷纷起兵造反，掀起了"八王之乱"。最终，赵王司马伦领兵入宫，废黜了这位凶残的皇后。不几日，一杯恩赐的毒酒（也是假传圣旨），结束了这个"恶妇"丑陋的一生。

末世魔王的变态狂欢

前废帝刘子业

■中国古代荒淫残暴的昏君不少，但像南朝宋前废帝刘子业这样荒淫到泯灭人伦，残暴到丧失人性的变态魔王却史无前例。他的累累恶行罄竹难书，身处末世的他心理已经扭曲变态，以至于只能通过残暴来掩饰恐惧，用放纵来宣泄压力。

违背人伦的色情狂

刘子业继位的时候刚刚十六岁，却色欲熏心，以至于做出了很多令人瞠目结舌的荒唐事情。他自己的后宫中已经有嫔妃上千人，却依然不知餍足，甚至连自己的亲姑母都不放过。当时，刘子业的姑母刘英媚已经是宁朔将军何迈之的妻子了，刘子业却不顾姑侄名分，不顾群臣颜面，强行将其抓进宫中奸污，并封为"谢夫人"。

刘子业还有个同母的姐姐山阴公主，小名楚玉，也被他召入宫中。山阴公主当时也已经嫁人，刘子业却依然不管不顾，将其留在宫中淫乱。后来山阴公主的丈夫前来寻找，却反被刘子业杀掉灭口。据史书记载，这个山阴公主和刘子业一样淫荡，她不但不以乱伦为耻，还对刘子业说："妾与陛下，虽男女有殊，俱托体先帝。陛下六宫万数，而妾唯驸马一人。事不均平，一何至此！"于是，刘子业就特意为她找来面首三十人，以满足山阴公主的欲望。

除了自己乱伦之外，他还喜欢强迫别人公开性交，自己则在一旁观赏取乐。可怜那些王妃公主，都被他召到宫中，惨遭蹂躏。他还下令身边的宫女们赤身裸体地和自己追逐嬉戏，如有不从者，当即就被残忍地杀害。这种荒淫无道、丧尽天良的做法必然招致天怒人怨。

杀人如麻的魔鬼皇帝

刘子业不仅荒淫无道，而且杀人如麻。他性格暴躁，心胸狭窄，一旦有人得罪他，必然被百般凌辱虐待而死。他当年还是太子的时候，父亲刘骏曾经一度想要废掉他，另立殷妃的儿子刘子鸾。虽然这一想法并未实现，却成了刘子业念念不忘的仇恨。他即位后，第一件事就是杀掉刘子鸾，还将刘子鸾的同胞兄弟姐妹一并杀光。即便如此，他还是不能释怀，竟然命人将早已入土的殷妃挖了出来，挫骨扬灰。此等残忍地报复，足见其心理扭曲的程度。

刘子业杀人无数，心中自然恐惧，因此越发多疑。他怕前朝老臣造反，便把父亲刘骏重用过的大臣也统统杀掉。甚至对于自己的叔叔们，他也时刻害怕他们篡位，便先发制人，将他们都调入京城软禁起来。光是软禁倒也罢了，他还想出各种狠招来羞辱虐待这些亲王。

当时的湘东王刘彧、建安王刘休仁、山阴王刘休佑都体形肥胖，刘子业便命人把他们分别放入竹笼中过秤。刘彧最胖，刘子业便封其为"猪王"，封刘休仁为"杀王"，刘休佑为"贼王"。据史书记载，有一天，刘子业感到无聊，就把三位叔父召来，命人在地上挖了个大坑，倒上水，命令"猪王"刘彧脱光衣服，像猪一样在泥水里打滚，他自己和一帮宠臣们看得哈哈大笑。洗完泥水澡之后，他还命人拿来猪食，让刘彧慢慢"享用"。要是刘彧稍有不满，他就命人将其捆绑起来，要抬到御膳房去"屠猪"。为了保命，刘彧只得强忍屈辱，还要向刘子业讨饶说"猪还没有养肥呢，过几天再杀吧"，才能勉强保住性命。

●青瓷莲花尊·南朝

侮辱祖先

刘子业不仅仅百般虐待自己的叔父，对自己的亲生父亲，乃至先祖也丝毫没有敬意。宗庙历来是国家的神圣禁地，就算是昏君也很少有人敢在祖宗牌位面前无礼。可是刘子业这个六亲不认的人从来不懂什么礼数。有一次他去太庙，发现只有祖宗牌位，没有画像，便突发奇想，要召集画工给祖先每人画一幅遗像。等到画好之后，刘子业一边观赏，一边肆无忌惮地点评，丝毫没有尊敬之意。当看到父亲刘骏的画像时，他竟然说："这家伙是个酒糟鼻，你们怎么没有画出来。"于是画工不得不按照皇上的旨意，给先皇的画像画上酒糟鼻。

如此目无尊长、泯灭人伦的变态魔王做了皇帝，不论是皇亲贵胄还是普通百姓都被折磨得无法生存，起义造反是不可避免的。所以，众叛亲离的刘子业做皇帝仅仅一年就被将军柳光世、寿寂之等合谋杀死了。由于刘子业生前罪行累累，丧尽天良，人人恨之入骨，所以死后被草草掩埋，丝毫不像皇帝的样子，时人便称其为废帝。

热衷组团出游的"乐活族"

隋炀帝 杨广

■ "乐活族"顾名思义就是追求快乐生活的人群。这个词在当代中国还是个时髦的舶来品。可它的核心理念早被一千多年前的隋炀帝很好地践行了。隋炀帝一生追求逸乐，不惜以举国之力开凿运河，率领群臣、亲友组成的庞大旅游团三下江南，享尽人间富贵。最终由于纵情声色，荒芜朝政，被叛军缢死江都，给后世帝王敲响了警钟。

开凿京杭大运河

中国幅员辽阔，水域宽广，水上交通运输业自古就很发达。早在春秋时期，古人就开始开凿运河，勾连水路。隋炀帝继位之后，一直梦想着建立丰功伟业，青史垂名，所以他将国号定为"大业"，意在建立震古烁今的一番伟业。

● 京杭运河图

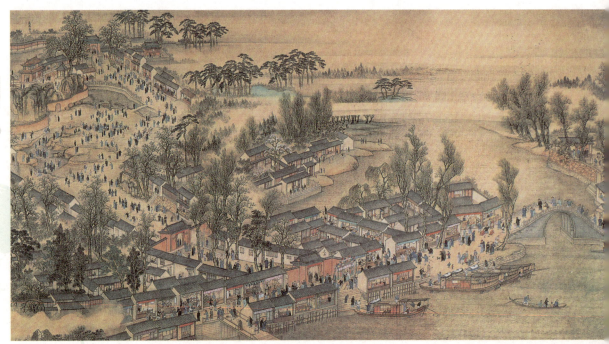

在前代开凿的运河基础之上，隋炀帝倾全国之力，主持开凿了一条北达北京、南至杭州的大运河。运河途经河北、山东、江苏、浙江四省，贯通了海河、黄河、淮河、长江以及钱塘江五大水系，全长约1794千米，其价值堪与万里长城媲美。

京杭大运河的开凿贯通了南北交通大动脉，自然给隋朝经济发展、文化交流、军事控制提供了诸多便利。但主要的目的还是满足热衷组团出游的隋炀帝的个人私欲。时至今日，京杭大运河仍在交通运输中发挥重大作用。不仅如此，它还以其深厚的历史文化内涵，被誉为"古代文化长廊""古代科技库""名胜博物馆"和"民俗陈列室"，是中华民族文化传承的活化石。

中秋佳节，初下扬州

隋炀帝在位期间曾三下扬州，每一次的排场都是空前盛大的。据《隋书》记载，隋炀帝第一次下扬州是在大业元年（605）的八月十五，光龙舟就有数万艘，庞大的龙船队伍首尾相连，绵延不绝，竟然有两百多里之长。

这些龙舟体形非常庞大，长大约33米，高15米，简直就是一座移动的水上宫殿。龙舟有四层，最上面一层是正殿和东西朝堂，供皇帝办公和接见臣子用。中间两层有120个房间，每个房间都用金玉装饰，比今天的五星级酒店还要奢华，主要是供皇帝娱乐休息。最下面一层住的都是皇帝的内侍，负责皇帝的日常生活和安全保卫工作。

整个龙舟的外观就是一条栩栩如生的巨龙。龙头引颈向天，怒目圆睁，甚为威严，龙尾高高翘起，直指苍穹。据杜宝的《大业杂记》记载，这些龙舟都"饰以丹粉，装以金碧珠翠，雕镂奇丽"。船一启动，彩旗猎猎，非常壮观。皇后乘坐的翔舟比龙舟略小一些，功

能和装饰与龙舟差不多。后面紧跟着有九艘叫作"浮景"的大船，这种三层的大船主要是装载一些日用品，专供皇帝和皇后旅途所需。

隋炀帝特意挑了中秋节这天出行。这一天，天朗气清，皓月当空，如此良辰美景不能不让人心旌动摇。可是这对于极富浪漫主义的隋炀帝来说还远远不够。据《资治通鉴》记载，隋炀帝出游有个习惯，就是喜欢组团，每次出行都要带很多的随员。这其中包括朝廷的核心官员、后宫佳丽、公主王孙，甚至像越王杨秀这样的政治犯。为什么要带这么多人呢？一是显得声势浩大、炫示国威，二是古来君王皆怕寂寞，独乐不如与众乐。这些人乘坐的船只也是造型各异，有称作漾彩、朱鸟、苍螭、白虎、玄武、飞羽、青凫、凌波、玉楼、道场、玄坛、板榻、黄篾等各式船只数千艘，紧随皇帝、皇后的龙舟之后，这么庞大的船队浩浩荡荡地开下江南，让两岸的老百姓大开眼界，顶礼膜拜。

隋炀帝是一个典型完美主义者，虽然龙船已经极度华美壮观了，他还是觉得有一丝缺陷，那就是随船配备的纤夫。据唐代传奇《开河记》记载，"龙舟既成，泛江沿淮而下。到大梁，又别加修饰，砌以七宝金玉之类。于是吴越取民间女年十五六岁者五百人，谓之殿脚女。"所谓"殿脚女"就是牵挽龙舟的女人，她们都是吴越一带选拔出来的美女，化着宫妆，穿着绫罗绸缎做成的衣裙，俨然形成龙舟上一道靓丽的风景线。

二下江南，扬州盛宴

第一次下江南着实让热爱旅游的隋炀帝过了把瘾。可是没过多久，他又觉得宫中甚不自在，寻思着想要再组个团顺流南下。大业六年（610），隋炀帝和日本的外交活动中取得了很大突破，顿时觉得很有成就感，想借机出去散散心，也顺便炫耀一下天朝的国威。

这次出行的排场比第一次更加隆重和奢华，而且随行的团员除了天朝人士外，还多了一些自愿出游的外邦友人，例如高昌国首领。有了外邦友人充当观众，隋炀帝炫富的心理更加膨胀，所以可以想象当时的阵势有多么夸张了。

隋炀帝二下江南是在大业六年（610）三月，烟花三月，风景秀丽，气候宜人。隋炀帝和随行的萧皇后都很喜欢江南的气候和饮食，所以逗留了很久。据说现在的四大菜系之一的扬州菜，很多都是与隋炀帝有关的。

隋炀帝虽然久居北方，但非常重视沟通南北之间的关系，加强对江南一带的控制。二次来到扬州，隋炀帝举行了多场盛宴，款待和拉拢江淮富户。现存的一首隋炀帝所写《宴东堂诗》："雨罢春光润，日落暝霞晖。海榴舒欲尽，山樱开未飞。清音出歌扇，浮香飘舞衣。翠帐全临户，金屏半隐扉。风花意无极，芳树晓禽归。"描写的就是山樱飘落之际，隋炀帝君臣一起畅饮娱乐的奢靡场景。

三下江南，客死他乡

史书上记载隋炀帝曾三巡江南，可第三次却是有去无回。隋炀帝第三次下扬州是在大业十二年（616）三月。在离宫之前，他曾赋诗一首："我梦江南好，征辽亦偶然。但存颜色在，离别只今年。"可见，江南是让隋炀帝魂牵梦萦一生的地方。即便当时的政局动荡不安，仍然无法阻止隋炀帝对江南的向往。

● **彩绘伎乐陶俑·隋**

河南安阳北郊出土的伎乐人形象，为当时乐队中的坐部伎。这组伎乐俑共6人，均头梳平髻，黑发朱唇。长裙系于胸前，双带下垂，跽坐，所持乐器有竖箜篌、琵琶、钹、笛、觱篥和排箫。

据史书记载，隋炀帝三下江南之前，不得不重新赶造船队，因为之前的庞大船队都在杨玄感之变中被毁掉了。可是圣旨一下，在短短十个月时间里，江都的造船厂就打造出数千艘大船巨舰，而且规模比旧船队还要宏伟。可见当时中国造船工业的先进水平。

船队有了，隋炀帝马上不顾一切地奔向心中的圣地。尽管当时天下已经纷争四起，手握重器的皇帝理应坐镇京畿，稳定局势。可当时的隋炀帝就像一个任性的孩子，只顾自己的私心物欲，完全无视国家安危。将洛阳托付给朝臣之后，隋炀帝带着皇室宗亲、后妃宫女、文臣武将以及僧尼道士浩浩荡荡地开始了第三次巡游江南之旅。到了江南之后，因为北方局势的变化，隋炀帝不得不滞留江都，这也正好合了他乐不思蜀的心情。

从隋炀帝大业十二年（616）九月来到江南，到大业十四年（618）三月被杀，他一共在江都待了一年零七个月。在此期间，江淮一带的官员纷纷借机讨好皇帝，进献礼品。据史书记载，当时有个江都郡丞王世充进献了一面

精致的铜镜和屏风，马上就被破格提拔为太守。皇帝亲自卖官鬻爵，可见当时的纲纪已经混乱到什么程度。眼看北方形势不断告急，隋炀帝索性不闻不问。当黄门侍郎裴矩向他汇报军情时，他也没有心情听，反而将其遣回京城，接待外宾。

最终，眼看着江山不保，隋炀帝更加沉醉于声色犬马之中。他知道自己已经无力收复失地，于是便命人在南京修建丹阳宫，想从此偏安南京一隅，安享晚年。不过他的美好幻想最终被破坏了，虎贲郎将元礼和直阁裴虔通利用将士们思乡之情煽动军队哗变，推宇文述的儿子宇文化及为首，而昏庸的隋炀帝也被宇文化及缢死。隋炀帝死后竟然连个像样的棺材也没有，由萧皇后和宫人拆床板做了个小棺材，草草地偷葬在江都宫的流珠堂下。

荒唐糗事一箩筐

明武宗朱厚照

■ 明武宗朱厚照是历史上颇有争议的一位皇帝。他不住皇宫另建豹房，沉溺酒色，广收义子，甚至自降身份，封自己为"镇国公"，可谓荒唐糗事一箩筐。但是应州一战，武宗御驾亲征，大败蒙古王子；博学多才，精通梵语和佛教精义，可谓文武兼修，实在很难简单地褒贬。

建豹房，收义子

紫禁城向来是无上皇权的象征，是众多野心勃勃之人魂牵梦绕的圣地。但是明武宗却不喜欢这四四方方的深宫内院。他生性好动，喜欢自由，所以他继位之后，就废除了尚寝官和文书房侍从皇帝的内官，以减少对自己行动的限制。对于每天的经筵讲座，明武宗更是找一切借口回避逃脱，最后索性连早朝也不去了。

明武宗即位的时候刚刚十五岁，还是个少年皇帝，可是却很有主见。大臣们为了规劝他好好上朝理政，联名上奏，甚至以罢官相逼。可是明武宗装出一副虚心受教的样子，认真地听取大臣的意见，并亲切地安抚他们。可是大臣们一走，他依然我行我素，丝毫没有改观。久而久之，大臣们也就无奈了，加上明武宗虽然贪玩，却不至于做出什么伤天害理的大事，大臣们也就任由他去了。

因为不喜欢住在宫中受人约束，叛逆的明武宗就谋划着搬出宫去自由生活。于是，他就在皇城西北为自己建了一所豹房新宅。豹房其实并不是武宗新创，以前的贵族也有建豹房的。之所以叫作豹房，是因为其中豢养了诸如豹子之类的珍奇猛兽。明武宗的豹房始修于正德二年（1507），至正德七年（1512）共添造房屋200余间，耗银24万余两。豹房建好之后，明武宗就直接搬了进去，从此便更不愿意回宫了。所以，明武宗的豹房并非单纯意义上的游乐场所，而是生活和处理朝政的行宫。

这所精心修建的豹房构造复杂，形同迷宫，里面除了豢养大量猛兽之外，还建有妓院、校场、佛寺等。所以，有人认为当时的豹房才是真正的政治中心和军事总部。豹房之中除了豢养野兽、僧尼、歌伎之外，还有很多武宗的义子。广收义子也是武宗的一个怪癖，他在位短短的十几年间，曾收有100余个义子，甚至在正德七年（1512）一次就将127人赐朱姓，真是旷古未闻。

在众多义子之中，武宗最宠爱的是钱宁和江彬。钱宁自小被卖给一个姓钱的太监，他鬼灵精怪，很善于逢迎，又擅长骑射，很得武帝欢心。由于武帝经常和钱宁在一起，官员们去豹房找武帝，只要看到钱宁出来，就知道武帝肯定在里面。另一个义子江彬原本是一名骁勇善战的边将，只因在一次觐见时大谈兵法，深得武帝赞赏，便收为义子，留在身边。有一次，武宗在豹房里和老虎玩，不知怎么回事，老虎突然扑向武宗。正在这千钧一发之际，江彬不顾生命危险，挺身救驾，制服猛虎，由此更得武宗信赖。

营建"镇国府"，自封"镇国公"

有了豹房之后，生性不羁的明武宗还是向往更宽广的世界。这时候，义子江彬就常常鼓动武宗离开京城到西北游幸，并且向武宗吹嘘

边军如何英武善战，引诱武宗将边军与京军互调，借以巩固自己的势力。按照明朝的祖制，边军、京军永远不能互相调换。因为边军承担着拱卫边境的重任，如果受到削弱，蒙古骑兵便会趁机入侵。所以轻易调换边防，是非常危险的举措。可是明武宗不听大臣们的强烈反对，执意打破祖制，将边军调入京城，设东、西官厅，由江彬、许泰统率。

多次巡游边地之后，明武宗开始幻想着建立奇功伟业，像太祖朱元璋和成祖朱棣一样名垂青史。于是，明武宗在北方重要的军镇宣府修建了一个镇国府，并且自封为"总督军务威武大将军总兵官"。一个皇帝，却自封为将军，甚至改名朱寿，实在是亘古至今头一遭。他不但自封将军，还在往来公文上盖上"威武大将军"印，并令兵部存档，户部发饷。简直像小孩子过家家一样，又当皇帝又称臣，还自己给自己发饷，实在是滑天下之大稽。

但是明武宗做的荒唐事多了，也不怕别人嘲笑非议。他很喜欢宣府的镇国府，甚至称那里为"家里"。正德十三年(1518)立春，武宗在宣府举行迎春仪式，甚至亲自设计，命人准备了数十辆马车，上面满载妇女与和尚。行进

●正德缎地钉绣云龙纹夹上衣·明

正德是明武宗的年号，这件夹上衣是武宗春秋时穿的常服。

之时，妇女手中的彩球就和和尚的光头相互撞击，彩球纷纷落下。看着自己独出心裁的杰作，明武宗甚为高兴。

为了常驻边疆，明武宗命人大肆修缮镇国府，并且把豹房的珍奇异宝和美女、僧人都搬了过来。这样一来，他既可以密切关注北方动静，又可以逃避朝臣对自己的规劝和进谏。所以，直到驾崩，明武宗也没再回紫禁城住，而是在豹房和镇国府两地乐不思蜀。

"立地皇帝"刘瑾

明武宗之所以这么沉溺玩乐，做出很多离经叛道的荒唐事，除了自身的个性之外，当然少不了身边近臣的蛊惑。除了上文提到的义子之外，明武宗身边还有很多亲信的宦官，其中最有名的当属"八虎"。这"八虎"其实是八个太监，以刘瑾为首。刘瑾善于逢迎，知道武宗喜欢自由，便偷偷带他出宫去玩乐，所以很得武宗的宠信。仗着武宗的宠信，刘瑾便借机逼迫地方官员向自己进贡，名义上是为武宗寻找珍奇异宝，实际上是为自己聚敛钱财。很多官员因为无钱或不愿进贡，竟被他活活逼死。所以，朝野官员对他又恨又怕，给他起了个外号"立地皇帝"。

正德五年（1510），宁夏安化王反叛，起兵的名义就是"清君侧，灭刘瑾"。可是刘瑾为了自保，把檄文藏了起来，并且让杨一清与太监张永领兵前去镇压。

● **太和殿**

太和殿俗称"金銮殿"，位于紫禁城南北主轴线的显要位置，明永乐十八年（1420）建成，始称奉天殿。清顺治二年（1645）改称太和殿。太和殿是明清两朝皇帝举行盛大典礼的地方，如新皇帝登基、大婚、册立皇后、公布新进士皇榜等。此外每年万寿节、元旦、冬至三大节，皇帝还会在此接受文武官员的朝贺，并向王公大臣赐宴。

杨一清趁机拉拢被刘瑾排挤的太监张永。于是，同年八月，张永、杨一清剿灭了宁夏安化王的叛乱，班师回朝。在庆功宴结束之际，张永突然从袖中取出弹劾刘瑾的奏章，奏明刘瑾违法犯纪十七事，指出安化王造反皆因刘瑾，更说刘瑾有反叛之心，欲图谋不轨。武宗也知道刘瑾素来所做之事，便装作酒醉的样子问道："刘瑾果真负我？"周围的马永成等人也趁机历数刘瑾不法之事。武宗便当场命令抄家，果然在刘瑾家中搜出私刻玉玺一枚，穿宫牌五百，以及盔甲、弓箭等违禁物品，又发现他平时所用的折扇里面竟然藏有两把锋利的匕首，显然想伺机弑君自立。于是，威风一时的刘瑾便被下狱，后被凌迟处死。据说行刑之时，许多平日遭到刘瑾迫害的人还花钱买割下来的肉吃，以解心头之恨。

御驾亲征，打败蒙古小王子

明武宗素来尚武好战，虽然行事荒唐，却也期望能够立下一些显赫的军功。他一直很崇拜太祖朱元璋和成祖朱棣，所以他不惜把自己的行宫设在边远的宣城。终于，在正德十二年（1517）十月，明武宗期盼已久的机会来了。

蒙古小王子率兵来袭，和明军大战应州，杀得难解难分。眼看明军被蒙古军分割包围，渐渐处于下风，明武宗做出一个大胆决定，要御驾亲征，和蒙古兵一决胜负。这次御驾亲征绝非作秀表演，明武宗在整个作战过程中与士兵们同吃同住，还亲手杀敌一人，这种身先士卒的精神使得明军气势大振，很快就扭转了局势。最后，蒙古小王子只得引兵退去，明军大胜。这场战役让一直渴望立功的明武宗得到了极大的满足。想当年明英宗率五十万大军却在"土木堡之变"中成了蒙古军的俘虏，而此次武宗率五六万人抗击四五万蒙古军取得了完胜，使蒙古兵很长时间内不敢侵扰明朝。这的确是一场来之不易的胜利，明武宗在这场战役中表现出来的指挥才能和作战技能都让众人刮目相看。

今生最爱两只猫

明世宗朱厚熜

■历史上爱养宠物的皇帝不少，但明世宗不爱鹰犬猛禽，却独独钟情于两只叫雪眉和狮猫的漂亮猫咪。他曾以帝王的身份举行仪式，封雪眉为"虬龙"，还请大学士为自己的猫咪写祭文，用黄金给狮猫打造棺材。如此高的待遇，历史上恐怕再也没有猫有幸享受了。

今生最爱两只猫

在中国的传说中，猫有九命，所以象征长寿。这一点正合明世宗朱厚熜追求长生不老的愿望，所以他对猫尤为喜欢。为了迎合皇帝的喜好，一些善于谄媚的官吏便从民间搜集纯种漂亮的猫献给世宗，最终，两只猫脱颖而出，赢得了皇帝的喜爱。

其中一只猫毛色淡青，微微卷曲，但双眉洁白胜雪，所以被世宗命名为"雪眉"。另一只有点像我们今天所见的松狮狗，两眼圆睁，不怒自威，颈部的一圈长毛形如猛狮，所以被命名为"狮猫"。明世宗对这两只猫的喜爱常常让很多后宫妃子嫉妒不已，他不但和它们整日嬉戏，同吃同住，还给予了它们无上的尊荣。

●群仙庆寿青花瓷罐·明

据史书记载，他曾经以帝王身份举行仪式，庄重地封雪眉为"虬龙"。但猫的寿命有限，虬龙死后，世宗如丧考妣，几天几夜不吃不喝，并命人将它葬在万岁山，而且立碑刻文以作纪念。为了"虬龙"碑上的祭文，明世宗还专门召集文人墨客，让他们比试文笔，选录佳作。后来，另一只狮猫也死了，世宗更加悲痛，命能工巧匠用黄金为它打造了一副棺材，并举行隆重的葬礼，还请当朝大臣为它作祭文。据说侍读学士袁神的祭文中有一句"化狮为虎"的颂词深得世宗的欢心，不久，他被提升为少宰，时称"青词宰相"。

除了喜欢养猫之外，一心想要长生不老的明世宗十分尊奉道教，迷恋炼丹之术，曾经二十多年不上朝，并自封"灵霄上清统雷元阳妙一飞玄真君"。

迷信道教，二十年不上朝

明世宗朱厚熜是兴献王朱祐杬的独子，他自幼聪明敏捷，很受父亲喜爱。所以，兴献王很重视对他的栽培，亲自教他学史读经，并传授他齐家治国之道。在他继承大统之初，对国事尚有所作为，除采取了历代新君例行的大赦、蠲免、减贡、赈灾等措施外，还在一定程度上扭转了宦官擅权、败坏朝政的局面，并曾下令清理庄田，"不问皇亲势要，凡系冒滥请乞及额外多占者悉还之于民"等。

但这些措施对于积重难返的明王朝收效甚微，明世宗的改革热情便慢慢冷却了。他将自己关在西苑之中，整日和一群道士炼丹，二十余年不上朝理政。

朱厚熜又开始把注意力转移到拜道问仙、祈求长生不老上来，最后竟达到了痴迷的程度，从而荒怠了朝政。虽然这曾遭到许多贤臣的反对，但朱厚熜却毫不妥协，依旧我行我素，最终在求仙路上走得越来越远。

朱厚熜真的把自己当作了道教的神仙，也曾先后给自己加了"灵霄上清统雷元阳妙一飞玄真君""九天弘教普济生灵掌阴阳功过大道思仁紫极仙翁一阳真人元虚圆应开化伏魔忠孝帝君"等封号。

●明世宗朱厚熜像

朱厚熜崇信道教，大体上可分为三个阶段。从年幼时至嘉靖十年以前，为前期渐进阶段；嘉靖十年（1531）十一月以后，至嘉靖二十一年（1542）十月，为中期求嗣祛病和房术养生阶段；此后至嘉靖四十五年（1566）十二月驾崩之前，为后期祈求不老、妄想成仙阶段。

求道前期时的朱厚熜主要是兴建道观，召"仙人"入京，参加道教的各种活动，并学着道士的样子习道诵经、演练法术，对国家大事渐不关心。从中期开始，朱厚熜信道逐渐有了明确的目标，这就是一方面保佑自

●升庵簪花图·明·陈洪绶

杨慎是明代著名文学家，字用修，号升庵，为当朝宰辅杨廷和之子。正德六年，24岁的杨慎参加会试，殿试第一成为本科状元，授翰林院修撰。嘉靖年间，杨慎做皇帝的清官（即老师），因坚持正义，被流放到云南，一直到72岁病死于流放地。此图表现杨慎被贬之后，心情压抑，对现实不满的心绪。绘出他酒醉后由侍女捧钵跟随，似醉似歌的放浪神态。画家以极为夸张的手法，将杨慎"奇行骇俗"的行为和倔强不羁的风骨气质表现得淋漓尽致。

己身体健康，祈求上天多赐予子嗣，一方面又听信道士佞言，炼制"仙丹"，修习"采阴补阳"的房中之术。朱厚熜十分贪恋女色、纵欲无度，这与养生之道本是相矛盾的，但道士们进献给朱厚熜的"采阴补阳"之术却可以"确保"他在"长生"的同时又不需要节制自己的性欲，这自然得到了朱厚熜的青睐。

史无前例的宫女起义

中国历史上的农民起义数不胜数，但是宫女起义却是极为罕见。因为宫女历来都是处在宫廷最底层的牺牲品，她们手无寸铁，从入宫伊始，便注定被奴役，从来都没有反抗的机会和能力。但是在明世宗统治期间，竟然连宫女都被逼起义了，可见当时宫女的处境有多么凄惨。

宫女起义的直接原因是连最底线的生存都无法维持，不得不铤而走险。当时，明世宗因为迷信道教，命方士炼丹。道士们炼制的"仙丹"主要是被叫作"红铅丸"的一种春药，并鼓吹食用此药后与童贞的处女合房就可以达到采阴补阳、延年益寿的效果。听说处女的月经有长生不老之功效，明世宗便命人从民间征召十三四岁的少女入宫，取她们的月经炼丹。为了保持这些"药引子"的洁净，他下令所有宫女不得进食，每天只能像蚕一样吃桑叶，喝露水。这种惨无人道的虐待让很多宫女饿死、病死了。最终，忍无可忍的宫女们便密谋发动宫变，要除掉这个无道昏君。

于是，嘉靖二十一年（1542）十二月二十一日深夜，以杨金英为首的宫女们趁明世宗熟睡之时，企图用麻绳勒死他。可是，宫女们毕竟胆小，慌乱之下竟将麻绳打成死结，结果没有勒死明世宗。事情败露之后，宫女们全部被捕，而且被残忍地凌迟处死，甚至连当时服侍嘉靖帝的端妃也一并被斩首。这场史无前例的宫廷政变，便被称为"壬寅宫变"。由此，可见明世宗的统治是多么残暴和黑暗。

明世宗对此事后怕不已，于是便搬出宫城，住进了西苑的万寿宫中，开始一心一意地修炼起长生之法。在此后的二十余年里，躲在西苑的明世宗一直不敢回大内，并且不见大臣，全然置国家社稷于不顾，致使纵容贪赃枉法的内阁首辅严嵩长期专权乱政，社会危机日益深重。

天下第一事疏

因为明世宗不理朝政，只管炼丹求长生，致使朝政被奸臣严嵩把持二十多年。在此期间，严嵩在朝中广结朋党，迫害忠良，铲除异己，并且侵吞军费，造成兵备废弛，财政拮据。

明中叶蒙古鞑靼部兴起，至俺答汗时势力强盛，便屡次率军骚扰内地。当时明朝边将为保官升职，将军费都贿赂了严嵩，致使军士饥疲，战备废弛，根本无力抵抗蒙古铁骑。嘉靖二十九年（1550），鞑靼部俺答汗甚至率军长驱直入北京郊区，烧杀抢掠数日，史称"庚戌之乱"。

除了北方蒙古铁骑的侵扰之外，东南沿海的倭寇也频繁侵扰。仅嘉靖三十一年（1552）以后的三四年间，江浙军民被倭寇杀害的就有数十万人。所以，明世宗在位的四十多年间，是东南沿海倭患最为严重的时期。幸而有像戚继光、俞大猷等著名抗倭将领殊死相抗，才最终取得抗倭斗争的决定性胜利。

当时，有一个正直的淳安知县海瑞目睹明世宗的昏庸无能和严嵩的专权乱政，就在刚被升任户部主事之时买好棺材，诀别妻儿，遣散家童，写了《直言天下第一事疏》，上疏死谏，历数朝政弊端。但明世宗依然执迷不悟，将海瑞逮捕入狱。

嘉靖四十五年(1566)十二月十四日，明世宗朱厚熜因长期服用丹药，不仅没有长生，反而中毒而亡，结束了长达四十余年的统治。

● 楼阁人物金簪·明

江西南城益庄王朱厚烨墓出土，长18.2厘米。此金簪运用了高超的掐丝工艺，在有限的空间内以细丝编织出多层次的精美纹样，精致巧妙至极。

天子三十年不临朝

明神宗朱翊钧

■明神宗朱翊钧十岁登基，五十八岁驾崩，是明代历史上在位最久的皇帝。可惜他在位虽久，却疏于理政，创造了三十年不临朝的纪录，致使明王朝官员职位空缺，政府行政能力低下，逐渐走向衰落。

●剔红双龙牡丹纹
漆盒·明

聪明仁孝的小皇帝

明神宗朱翊钧六岁的时候就被立为太子，由于他自幼聪慧机敏，很受父亲穆宗的喜爱。有一天，穆宗朱载垕骑着马在宫中飞驰，朱翊钧担心父亲的安全，就操着稚嫩的口音对父亲说："陛下是万乘之躯，千万要小心龙体。"听到儿子这么关心自己，而且小小年纪就懂得如何劝谏，穆宗非常欣慰，当即给了他很多赏赐。

朱翊钧虽然不是陈皇后亲生，但是却待她比亲生母亲还要恭敬和孝顺。朱翊钧每天都要跟随生母李氏去陈皇后养病的别宫探望请安。陈皇后也很喜欢这个乖巧的小儿子，还时不时拿出经书来考查他的学业，这时候朱翊钧总是能对答如流，让两位母亲都很高兴。即便当了皇帝之后，朱翊钧依然对两位皇太后一视同仁，备极孝心。当时人称明神宗之孝顺，乃"古今帝王之孝所稀有也"。

由于朱翊钧自幼表现出来的过人天赋，穆宗对他寄予了很大期望。所以，朱翊钧从小就受到了储君的严格教育和培养。当时，担任太子太傅的是一代名臣张居正，太子朱翊钧对他甚为敬重，从来都不直接称名道姓，而是尊称"先生"。即便是即位之后，朱翊钧所下的诏令凡提及张居正的都写"元辅"。

除了名师的影响之外，朱翊钧的母亲李氏也对他起到了很大作用。李氏对朱翊钧从不过分宠溺，而是非常严格地约束他的言行，时时刻刻关注他的举动。据史书记载，每次太子读书之时，李氏总要在一旁伴读。一旦看到朱翊钧有所松懈，便直接让他跪在地上反省。朱翊钧即位之后，每逢上朝之日，李氏五更时分就去叫他起床，催他上驾。

有一次，小皇帝朱翊钧不小心喝多了酒，还借酒撒疯，让身边的内侍给他唱歌。因为内侍不会唱，小皇帝一怒之下，便拿起剑要将他们斩首问罪。在左右的劝解下，天性善良的小皇帝并没有滥杀无辜，只是玩耍般地割了两个内侍的头发。这比起很多暴虐的皇帝来说，本来就不算什么大事。但是一向家法很严的李太后听说之后，当即罚跪，并严厉地批评了他，直到他亲自认错才算饶过。

还有一次，小皇帝受身边的太监挑拨引诱，将司礼太监冯保的两个养子打伤了。第二天冯保告到了李太后那里，李太后一听气得换上了青布衣服，扬言要召集大臣，废了无道昏君。小皇帝本来就心有悔意，一听母亲要废了自己，赶紧主动前去请罪，跪在地上痛哭多时，才求得太后的原谅。

正是有了这样一位深明大义的严母，朱翊钧自小才得以受到良好的教育，没有受人蛊惑，做出什么离经叛道的荒唐事来。

三辅臣权力之争

隆庆六年（1572）五月二十五日，穆宗病危，临死之前，他将十岁的太子朱翊钧托付给内阁大学士高拱、司礼监太监冯保和太子太傅张居正三人，并下遗诏，命太子即位之后要进学修德，用贤使能，凡事多和三位首

●**平番得胜图**

这是一幅描绘万历三年（1575），明朝廷派兵平定西北少数民族叛乱的历史图卷。

辅大臣商议。这一托孤的决定对于明朝万历年间的历史进程产生了决定性的影响。

三位托孤老臣和小皇帝之间的关系都很密切，而且在宫中地位也都举足轻重。但是这三人之间却也有很大嫌隙。明神宗即位之时只有十岁，凡事都得仰仗三位首辅，这三人之间的权力之争便因此拉开了序幕。

高拱在外廷的顾命大臣中资历和声望最高，冯保虽然是司礼太监，却和小皇帝关系最亲密，被明神宗自小称作"大伴"。但是，这两个人之间的关系却非常不好，彼此都想除掉对方。高拱是朝廷元老，门生故吏很多，他便授意自己的党羽弹劾冯保。冯保也不是省油的灯，他利用高拱当年随口所说的一句"十岁太子如何治天下"，在皇帝和太后面前挑拨离间，说高拱有谋反之意。这一招甚为阴险，直接将素来高傲的高拱赶出了京城。此间，内阁大学士张居正名义上站在高拱那一边，实则暗中与冯保交好。高拱被逼走之后，便剩下张居正和冯保一外一内辅佐小皇帝，可谓相得益彰。

在明神宗亲政前的近十年中，多亏了这两位托孤老臣尽心辅佐，天下才得以保持了数十年的安定清明局面。而且明神宗虽然年幼，却颇明事理，对首辅张居正非常信赖。在他的支持下，张居正得以在政治、经济上进行了大刀阔斧的改革，使得明王朝面貌焕然一新，为日后明神宗亲政做好了准备。

● **万历五彩龙纹花觚·明**

万历三大征

万历十年（1582），明神宗终于开始了亲政的时期。虽然他三十年不临朝，但是这并不能说明他是一个无能的庸主。明神宗自幼聪慧过人，再加上受到严格的教育，十岁登基以来又跟随张居正学习理政，虽然没有掌握实权，却也受到很大影响和锻炼。明神宗亲政后所做的第一件事就是清算张居正，从这件事中我们也可以看出他对于政治权力的欲望。他早就不甘心居于幕后、受人摆布了，而是渴望亲自建功立业，"万历三大征"便是最好的证明。所以明神宗亲政前期，是非常勤勉的。

所谓"万历三大征"，是指在东北、西北、西南边疆几乎同时开展的三次军事行动：平定哱拜叛乱，援朝战争，平定杨应龙叛变。从这三次大型军事活动来看,明神宗并不是一个不问政事的糊涂皇帝。相反,他非常迷恋权力,而且好大喜功,急功近利。所以,不临朝并不代表着不关心朝政,不处理政事。只是到了执政后期,明神宗因为酒色伤身,自顾不暇,才导致纲纪废弛,官员任免不力。

三十年不临朝的天子

明神宗亲政初期,励精图治,也确实有所作为,但后期为何转变成一个不临朝的荒怠皇帝呢?历史上对此有很多解释。根据晚明的一位名士夏允彝的说法,明神宗不临朝的原因,先是因为宠幸郑贵妃,后是因为厌恶大臣之间的朋党斗争。俗话说,酒色伤身,明神宗虽然想着有所作为,但也还是贪恋酒色,最终导致身体虚弱。据史书记载,年仅24岁的明神宗就曾传谕内阁,说自己"一时头昏眼黑,力乏不兴"。当然,这也可能是不想临朝的借口。

还有一个原因,张居正死后,继任首辅大学士的是张四维和申时行。这两个人目睹张居正生前的宠荣和死后的受辱,所以谨言慎行,战战兢兢地扶持皇帝,不敢轻易谏言。据史书记载,申时行为人极具城府,做事也很圆滑。他在朝之时开创了两个很恶劣的先例——章奏留中和经筵讲义的进呈。所谓"章奏留中",是指皇帝对于大臣们送上来的奏疏不予理睬,放在宫中,既不批示,也不发还。而"经筵讲义的进呈",就是皇帝不需要参加经筵,经筵讲官们只需要把他们的讲义送到宫中就可以了。有了这两项规定,皇帝自然可以名正言顺地不临朝了。所以,有史学家认为申时行应该为明神宗的荒怠负很大责任。

总之,由于明神宗无暇理政,万历前期开创的良好局势渐渐衰落。到了后期,各地官员职位空缺的现象非常严重,政府的行政效率大为下降,明王朝也开始渐渐走上了败亡之路。

● **出警入跸图卷(局部)**

出警入跸指的是皇帝出巡归来的意思。图卷描绘的是明朝万历皇帝在宫廷侍卫的护送下,骑马到京郊的十三陵拜谒先祖,然后再坐船返回京城的情景。

从市井无赖到开国皇帝

汉高祖刘邦

■汉高祖刘邦本是一介布衣，市井无赖，他从小游手好闲，只爱交友玩乐，却在秦末农民起义风潮中异军突起，独领风骚，最终战胜西楚霸王项羽，夺得天下，并开创了中国历史上最长的统一盛世，成为受人敬仰的雄主。

想做皇帝的市井无赖

据史书记载，刘邦少年的时候狂放不羁，不喜读书，劳动的时候也是经常偷奸耍滑，所以父亲对他很伤脑筋，经常说他不如哥哥会经营，日后就等着喝西北风吧。面对父亲的训斥，刘邦往往哈哈一笑，依然我行我素，所以大家都觉得他是个游手好闲的无赖。等到刘邦做了皇帝，统一了天下之后，他还常常拿父亲当年的话开玩笑，说："你看看我和哥哥谁会经营？"

长大之后，刘邦做了泗水亭亭长，当时的亭长也就是个芝麻小官，职务大概类似我们今天的派出所所长。因为刘邦为人豪爽，喜欢交友，很快就和县里的官吏们混熟了，在地方上也算小有名气。刘邦平日里看似一副胸无大志的样子，其实城府颇深。

相传，刘邦在任期间，有一次押送服劳役的人去咸阳，路上碰到了秦始皇出巡的仪仗。看到秦始皇坐在宝马雕车上巡视天下的威仪，刘邦忍不住脱口而出："大丈夫就应该这样啊！"由此可见，刘邦虽然看似无赖，其

●长信宫灯·西汉

灯高48厘米，出土于满城汉墓中山靖王刘胜的妻子窦绾墓中。灯的外形是一位端坐的宫女，她左手持灯盘，右臂上举，使袖口下垂形成灯罩，造型非常工巧。

实心里却有鸿鹄之志，只不过出身底层，只能望洋兴叹了。

娶妻当如吕雉

刘邦一介市井无赖，能够成为汉朝的开国皇帝，除了历史机遇和个人的才能之外，不能不提他的贤内助吕雉。吕雉本是大家闺秀，因为父亲吕公和人结仇，而沛县的县令又是吕公好友，才来到沛县避祸。当时，沛县的乡绅们听说了吕公和县令的关系，就纷纷上门去套关系。吕公懒得整日接待客人，便立下规矩，来客的礼钱不足一千钱，就不许进门。

当时，刘邦也想去套套关系，但他拿不出一千钱，于是就理直气壮地走上门去，告诉传信的人自己出礼钱一万。吕公听了觉得蹊跷，一个亭长一年挣不了一千，怎么可能拿出一万钱的巨款，于是决定面见刘邦。见面之后，吕公发现刘邦气宇轩昂，谈吐不俗，于是非常高兴，把酒设宴，与刘邦畅谈。谈话中，吕公见刘邦志向高远，便提出将自己的女儿吕雉许配给刘邦。这等美事刘邦自然求之不得，于是，不到20岁的吕雉便嫁给了大自己十几岁的刘邦。

结婚之后，吕雉便从富家小姐变成操持家务的农妇。可是吕雉没有怨天尤人，而是每日辛勤地劳作，独自撑起家庭的重负。刘邦虽然有俸禄，但是他每日只知道和朋友吃喝玩乐，完全不顾家计，生活的重担都压在了吕雉稚嫩的肩上。后来，刘邦在押解囚犯途中，因为醉酒致使囚犯逃脱，无奈只能亡命山野。吕雉依然不离不弃，还长途跋涉去山中为丈夫送衣送饭。最后刘邦率众起义被抓，吕雉也被连累入狱，饱受磨难，可她始终都义无反顾地追随丈夫。

但事实上，刘邦并非知恩图报之人。在楚汉战争中，刘邦在彭城大败，项羽把吕雉押到两军阵前，以烹杀她来威胁刘邦，刘邦却笑嘻嘻地说，你爱杀就杀，悉听尊便。当时的吕雉肯定心寒如冰，没想到自己的丈夫竟然如此刻薄寡恩。即便如此，吕雉在被项羽扣为人质的两年多中，依然忍辱负重，等待时机，终于亲眼看到刘邦起兵天下，攻入咸阳，即位称帝。吕雉可谓坎坷一生，历经磨难。

起兵反秦

刘邦本来是泗水亭亭长，虽然官小，但也是朝廷一员，之所以走上造反之路，一开始也是事出无奈。亭长类似派出所所长，因为官小，不得不亲自押送犯人。有一次，刘邦押送一群犯人去骊山服劳役，可是路上贪杯喝醉了，犯人们半途逃跑了。这要是被朝廷知道，亭长肯定要被杀头问罪。于是，刘邦干脆放走了剩下的犯人，自己落草为寇，有些犯人感激他，也愿意跟从他亡命天涯。

传说刘邦一行在逃亡之时路遇大蛇，刘邦挥剑便将蛇斩成两段，却看到一个老妇人在一旁哭泣。刘邦上前询问，老妇人说有人杀死了自己的孩子，等到再问时，她却说："我的孩子是白帝之子，变化成蛇，挡在道路中间，如今被赤帝之子杀了，我就是为这个哭啊。"这个故事显然是后人杜撰，为了提高刘邦的身份，将他说成赤帝之子。

刘邦落草为寇的同时，陈胜、吴广率领的农民起义正在如火如荼地进行。所以，刘邦审时度势之后，便带着自己的小队伍回到沛县，夺取了政权，号为沛公。为了提高自己的威望，刘邦自称赤帝之子，设祭坛，立赤旗，以自己的家乡沛县为大本营，起兵反秦。

除了刘邦的队伍之外，秦末农民战争中还有一支强大的力量，就是原来楚国贵族的后代项羽与其叔父项梁率领的队伍，他们在吴中（江苏苏州）起兵，兵力很快达到了近万人。项羽和刘邦很快联合，并相约一起灭秦，共分天下。

"关中王"赴鸿门宴

前207年，刘邦的军队到达了咸阳东边不远处的灞上（陕西西安市东），秦王子婴见大势已去，只得献城投降，将传国玉玺亲手交给了刘邦，秦国至此灭亡。刘邦率军进入咸阳城后，俨然以"关中王"自居。这时候，项羽打败了章邯，也直奔关中而来，听说刘邦已经擅自称帝，便决定与他决一死战，夺取传国玉玺。当时刘邦只有十万军队，项羽却有四十万精兵，实力相差悬殊。因此刘邦决定向项羽负荆请罪，以求自保，于是，便有了历史上有名的鸿门宴。

当时，项羽的大军压境，本可以轻而易举地灭掉刘邦。可是项羽历来为人光明磊落，不愿以多欺少，所以没有听从亚父范增的劝说发兵。于是，刘邦便带着樊哙、张良和一百名精锐亲兵，亲自前往项羽大帐鸿门，当面向他澄清误会，赔礼道歉。在鸿门宴上，项羽的亚父范增数次暗示项羽杀掉刘邦，可是项羽总是心有不忍，犹疑不决。最后范增不得不找来项庄舞剑助兴，想趁机杀死刘邦，这就是成语"项庄舞剑，意在沛公"的出处。可是，刘邦始终镇定自若，后来在张良、项伯、樊哙的保护下，成功金蝉脱壳。

鸿门宴后，项羽便领兵西进，分封各路将军为王，刘邦也被封为汉王，领地是巴、蜀和汉中共四十一县，国都为南郑（陕西南郑）。项羽自称西楚霸王，掌握军队最高统率权。反秦义军盟主楚怀王被尊为义帝。

楚汉相争，霸王自刎乌江边

刘邦羽翼未丰，决战时机未到，便接受项羽的封号，一面向项羽表示自己毫无称霸野心，一面暗暗积蓄力量。他趁项羽镇压齐国叛乱之际，迅速攻占三秦，占领了关中大片地区，建立了自己的根据地。

项羽得知刘邦兼并三秦，而且正准备东进伐楚，勃然大怒，但此时他陷入与齐国对战的泥潭之中，无暇西顾，便决定"先齐后汉"，主力部队依然是攻齐。刘邦便趁此机会，不断扩张势力，从函谷关一路东进，占领了河南、山西很多地方。

汉二年（前205）四月，刘邦乘齐、楚两军胶着之际，以项羽杀害义帝为口实，三军发丧，缟素三日，发檄文布告天下，号召诸侯们一起讨伐项羽。借着各地诸侯的力量，刘邦一举攻占了楚国都城彭城。可是，好景不长，沉湎于胜利之中的刘邦戒备松懈，项羽亲率3万精兵突袭，汉军大败，元气大伤。

此后双方又经历了很多大小战役，楚汉之争愈演愈烈，双方耗损都很大。直到汉四年（前203）八月，楚汉两军议和，订立和约"中分天下"，划鸿沟（古运河，位于今河南荥阳以东）为界，东归楚、西属汉，休兵罢战。

协约订立之后，项羽便遵约东撤，而刘邦却背约追击，并约集齐王韩信、魏相彭越南下合围楚军。于是，兵乏粮尽的项羽最终被围困于垓下（今安徽灵璧，一说今河南淮阳、鹿邑间）。听到夜晚军队中四面楚歌，项羽自知军心已散，便趁夜突围，最终逃到乌江时仅剩28骑。当时，乌江亭亭长劝项羽逃回江东，以图东山再起，可是项羽却觉得无颜面对江东父老，便自刎而死。

项羽一死，韩信和彭越便联合诸侯推举刘邦称帝。前202年，刘邦在山东定陶氾水之阳举行登基大典，定国号为汉，开启了长达四百多年的统一王朝。

●汉殿论功图

此图取材于"汉殿论功"的典故。汉高祖刘邦初立，功臣在殿上争功邀赏，竟然闹到拔剑砍殿上柱子的地步。儒生叔孙通于是进谏，请高祖召鲁地诸生制定了朝仪。于是朝堂之上尊卑有序，秩序井然，高祖大喜，认为如此才体会到做皇帝的尊贵。

长安牢狱中走出的天子

汉宣帝刘询

■纵观中国历史上三百多位皇帝，只有一位曾经有过牢狱之灾，他就是西汉著名的宣帝刘询。刘询在襁褓时即入狱，靠女囚奶妈抚养，成长过程中历尽艰辛。登基后，他抓住时机铲除霍氏家族，掌握朝政大权。他对内整顿吏治，惩治贪腐，减轻百姓负担；对外降服匈奴，大破西羌，取得西域稳定。在他的努力之下，本来已走下坡路的西汉王朝迎来了一个中兴时代。

身在襁褓，已陷囹圄

前91年，长安牢狱迎来了一位年龄很小的囚犯——出生才几个月的刘病已。廷尉监邴吉怜悯他，指定两名女囚做他的乳母，照顾得十分周到。刘病已小小年纪，未谙人事，为什么会成为阶下囚呢？这要从他的曾祖父汉武帝晚年的"巫蛊之祸"说起。

汉武帝年轻时雄才大略，晚年却疑神疑鬼，总担心周围的人要谋害他。一次，他白天小睡，梦见遭到好几千个木头人的围攻，猛然间惊醒。从此，他总感到身体不舒服，精神恍惚，便担心是巫蛊在作祟，命司隶校尉江充负责查处巫蛊。

征和二年（前91）七月，与太子刘据结怨的武帝宠臣江充指使胡巫说宫中有蛊气。武帝于是命江充等人入宫追查。江充趁机诬告太子宫中埋的木人最多，又有帛书，诅咒武帝早日升天。太子得到消息后非常恐惧，就派人诈称武帝使者，捕杀江充等人。远在甘泉宫的汉武帝命丞相刘屈氂派兵镇压太子叛乱，太子举兵对抗。激战五日后，太子兵败自尽。他的儿子也同时遇害，只留下了一个孙子刘病已，尚在襁褓之中就被投入了牢狱。

刘病已在牢狱中生活了四年多。后元二年（前87），汉武帝生病，有术士说长安监狱有天子气，武帝就派人传令，将监狱中人一律处死。传令人连夜赶到监狱，廷尉监邴吉关紧大门，义正词严地说："皇曾孙在这里。即便是其他人，无罪也不能杀，何况是皇帝的亲曾孙呢！"传令人等到天亮，也没进去监狱大门，于是回朝弹劾郉吉。汉武帝以为天意如此，便大赦天下，五岁的刘病已由此才摆脱了牢狱之灾，被郉吉送到祖母史良娣家抚养。

上应天兆，荣登大宝

刘病已出狱不久，汉武帝就下诏让掖庭（关押犯罪官女的地方）负责抚养他，并将他收入皇室宗籍。这相当于承认刘病已的合法宗室身份。

掖庭令张贺原来是太子的手下，非常同情刘病已，便出钱供他读书。待刘病已长大后，张贺又为他娶了暴室啬夫（暴室：关押宫中皇后、贵人的拘留所，也是宫女们的医疗所；啬夫：小官）许广汉的女儿许平君为妻。刘病已从此便依靠许广汉兄弟和祖母史家生活。少年时代的刘病已过得比较轻松。生活在民间，他也喜欢学习，曾师从著名学者东海郡人复中翁学习《论语》。他喜欢游山玩水，一方面了解风土人情，一方面也知道百姓疾苦，吏治得失。

汉昭帝去世之后，大将军霍光等人立昌邑王刘贺为帝。无奈刘贺在位27天，干了许多荒唐事。霍光忍无可忍，发动政变废掉了刘贺。而此时，汉武帝的后代中适合继承帝位的人所剩无几。昔日刘病已的恩人郉吉适时出面，向霍光推荐了十八岁的刘病已。就这样，刘病已成为中国历史上第一位从牢狱中走出来的皇帝，即汉宣帝。为了让百姓避讳方便，他改名为刘询。

● **长乐食官壶·西汉**

这件官壶出土于河北满城陵山西汉墓，因为壶底刻有铭文"长乐食官"而得名，现藏于河北省博物馆。

不弃贫贱，故剑情深

刘询为庶人时，曾娶许平君为妻，两人育有一子。儿子出生还不到百日，刘询就被选为西汉王朝的第十任皇帝。许平君也被接入宫，封为婕妤。此时，霍光尚有一个小女儿霍成君未出嫁，大臣们倾向于立她为皇后。刘询早就料到许平君出身低微，做皇后会有重重阻碍。于是，他下了一道诏书，让大臣们为他寻找一把在他贫贱时曾用过的旧宝剑。大臣们明白了他的意思，联名上书请求立许平君为后。

许平君顺利成为皇后。当这对同甘共苦的夫妻在宝座上接受百官的朝见时不会想到，一场厄运即将来临。刘询即位第二年，许平君又怀孕了，足月后生下了一个女孩。霍光的妻子霍显买通许平君的女医淳于衍，令她将一味叫作"生附子"的中药磨成粉，掺在许平君服用的药丸里。生附子有毒，更是孕产妇绝对禁用的。许平君服用药丸后，不久便毒发身亡，年仅十九岁。

很快有人向刘询举报，说许平君之所以去世，是因为太医和侍女有问题。于是所有的太医和侍女都被抓了起来，淳于衍渐渐成为怀疑对象。霍显坐不住了，只好央求霍光前去解救淳于衍，以免牵连自己。霍光想办法说服刘询，让他相信许平君之所以去世，是她自身体质虚弱的缘故。在当时的政治形式下，刘询也只能选择相信。于是淳于衍得救，而霍成君也如愿以偿地入主后宫，成了皇后。

潜龙腾渊，鳞爪飞扬

女儿做了皇后，霍光一跃成为皇帝的岳父。霍氏家族的权势更是如日中天。他的儿子霍禹、侄孙霍云是统率宫卫郎官的中郎将；霍云的弟弟霍山官任奉车都尉侍中，统率禁卫部队；两个女婿分别担任东宫和西宫的卫尉，掌管整个皇宫的警卫……这样就形成了一张庞大的势力网。整个西汉王朝，从皇宫内到皇宫外，几乎都在霍家的人把持之中。

刘询作为一名出身布衣的皇帝，没有什么权势可以倚靠，也没有足以和霍光相抗衡的政治势力。然而刘询是个聪明人，他一方面韬光养晦，另一方面借助处理朝政来树立自己的威信，等待时机。

地节二年（前68），霍光去世。刘询开始亲理朝政，逐渐把权力收到自己手中。他任命自己的恩人邴吉为御史大夫，又将自己的岳父许广汉委以重任。同时，他解除了霍光两个女婿东宫、西宫卫尉的职务，又将霍光的两个侄女婿调离了中郎将和骑都尉的位置，让自己的亲信来担任相应职务，把兵权掌握在自己手中。然后，他又架空了霍山和霍云，逐渐将霍氏家族的权力剥夺殆尽。

霍氏家族内部开始恐慌，决定发动叛乱。刘询一举粉碎了他们的叛乱，将参与叛乱者处以极刑，并废了霍皇后，基本清除了霍家在朝廷的势力。这样，即位六年的刘询真正将朝廷大权掌握在了自己手里。

功勋卓著，中兴之君

刘询治理国家，从整顿吏治开始。他建立了一套对官吏的考核和奖惩制度。一大批政绩突出的官员受到奖励，或者得到赏赐，或者受到提拔，升任三公九卿这样的显官。而对于基层的小吏，刘询则适当增加他们的俸禄，采取高薪养廉的方式，避免他们因为生活困难而剥削百姓。此外，他还大力推行官员久任制，也就是让官员们长时间担任同一个职位。即便要对这些官员有所奖励，也不轻易提升调动他们，而是采用另外的措施予以物质和精神两方面的褒奖。

刘询很善于缓和社会矛盾。他一方面严厉惩治贪污腐败，诛杀了一些位高权重的贪污官员；另一方面大力镇压地方不法豪强，肃清土匪盗贼，营造了相对稳定的社会环境。他还推行相对宽松的经济政策，在当政的二十余年里，曾六次削减田租，十三次派使者慰问鳏寡孤独，赢得了百姓的支持和拥护。

汉武帝曾三次大规模讨伐匈奴，但匈奴并未臣服，并在汉武帝后期卷土重来，声势重振。本始二年（前72），刘询征发十六余万兵马，分五路攻打匈奴。这是两汉400年间最大规模的一次对外出征。同时，校尉常惠前往乌孙，率领5万乌孙骑兵，与汉军形成钳形攻势，夹击匈奴。匈奴大败。神爵二年（前60），匈奴的日逐王与新任单于关系不睦，带着几万人投降汉朝，这为汉匈关系写下了友好的一页。9年后，匈奴呼韩邪单于亲自前往长安，俯首称臣。匈奴和汉朝对抗了一百四十余年，终于臣服。

刘询还派郑吉出征车师，获得大胜，汉朝声威大振。接着，刘询拜郑吉为西域都护，经营西域。郑吉在西域中心设府筑城，统领天山南北，西域诸国也都开始听从汉朝的命令。就这样，刘询成功地收服了民心，安定了西域。

汉宣帝刘询在位的二十余年，西汉政治清明，百姓安居乐业，国富民强，民族关系和谐，升平景象超过了当年的"文景之治"。《汉书》评价汉宣帝道："宣帝功勋卓著，光耀列祖，所建功业可永垂后嗣，可谓中兴之君。"

● 纳贡场面贮贝器·西汉

器高40厘米、底径46厘米，云南晋宁石寨山出土。此件贮贝器为两铜鼓相叠的形式，下大上小，两鼓之间铸有立体人物一周，人物高约9～10.4厘米，制作极为精工逼真。人物皆为行进状，可以分成七组，人数2～4人不等，为首一人都是盛装带剑或披毡，其后跟随负物或牵牛、马、羊的从者，描述了滇王统率下的各民族来向滇王进贡或献纳的情景。

从奴隶到皇帝

后赵主石勒

■从卑微的奴隶到至高无上的皇帝，石勒用一生上演了一幕旷古未有的华丽转身，而这其中的艰辛困苦也是常人所不能及的。

历经波折被卖为奴

后赵主石勒并不生来就是奴隶，而是在少年时期被拐卖为奴的。自从魏晋以来，大官僚、大地主们都拥有自己的庄园，田庄里种田的佃客基本上都是匈奴胡人。

少年时代的石勒很有胆识，而且身体非常健壮，所以14岁就开始闯荡天下，和同乡邑人一起来到了洛阳做买卖。刚刚来到洛阳的石勒被这座繁华的都城所震惊，不觉登上东门仰天长啸，结果正好被经过的大官王衍看到。王衍素有相人之能，看到这个少年体格雄伟，声如洪钟，断定此人非同寻常。为了防止他日后作乱，王衍还派人来抓他，幸好石勒已经离开，才逃过一劫。

后来，灾荒连年，百姓穷困交加，石勒的买卖也不能做了，便只有投奔大地主，做佃客来换口饭吃。不过，石勒的运气不错，遇到了两个有见识的东家。他们觉得这个少年和一般人不同，不但会种田，还颇有大志，于是便经常在生活上照顾他，给他一些周济帮助。

西晋太安年间（302－303），并州爆发了大饥荒，民不聊生，社会动荡，胡人佃客们也纷纷离开，另寻出路。这时候，石勒就投靠了之前常常帮助自己的宁驱。当时，因为灾荒严重，很多官员私自掠卖胡人，将两个胡人并锁一枷，拉到山东一带的人口市场上，卖给达官贵人们为奴。石勒也被北泽都尉刘监抓了壮丁，差点要被卖为奴隶，幸好宁驱救了他，将他藏了起来，由此他又逃过一劫。劫后重生的石勒本来打算投奔纳降都尉李川，没想到路上遇到了之前的东家郭敬，石勒说起自己的经历来不禁唏嘘涕下，郭敬将自己做买卖的钱给了石勒一些，以供他衣食所需。当时的并州刺史东瀛公司马腾也在做人口买卖，而石勒最终还是难逃一劫，被司马腾手下的郭阳抓住了。幸运的是，郭阳正好是郭敬的族兄，所以石勒一路上并没有像其他奴隶那样受尽虐待，而是安全地到达了山东，被卖给茌平（山东茌平县）人师欢家为奴。

得遇贵人，宏图之志初展

所谓自助者天助之，是英雄就不会永远沉沦下寮。石勒被卖给山东人师欢之后，依然没有放弃自己的志向。即便是在田野耕作，石勒也始终聆听着远方的鼓角之声，憧憬着上阵杀敌建功的一天。后来，此事传到了师欢耳中，他很惊讶一个胡人奴隶竟然有如此志向，便当面召见了他。见面之后，师欢仔细看了看堂下的石勒，发现他相貌非凡，谈吐也颇有见地，便免除了他奴隶的身份，留在身边使唤。

当时，师欢家附近有一个很大的牧马场，里面的牧帅汲桑和师欢关系不错，经常往来。石勒从小生长在草原上，善于相马，所以便和汲桑成了朋友。借助汲桑的关系，石勒开始了招揽人才、积蓄力量的准备工作。因为石勒为人豪爽，而且有鸿鹄之志，所以很快就召集到王阳、夔安、支雄、冀保、吴豫、刘膺、桃豹、逯明等八骑为群盗；接着郭敖、刘征、刘宝、张曀仆、呼延莫、郭黑略、张越、孔豚、赵鹿、支屈六等十人也来投奔，号称十八骑。光有了人还不行，打仗还需要军费和武器。为了筹钱，石勒先是向牧场东面的马苑发动进攻，夺得战马以武装自己的队伍，然后骑着马去更远的城寨掠夺金银财宝，聚敛经费。

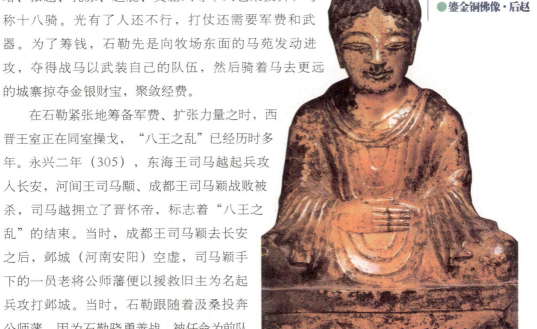

● 鎏金铜佛像·后赵

在石勒紧张地筹备军费、扩张力量之时，西晋王室正在同室操戈，"八王之乱"已经历时多年。永兴二年（305），东海王司马越起兵攻入长安，河间王司马颙、成都王司马颖战败被杀，司马越拥立了晋怀帝，标志着"八王之乱"的结束。当时，成都王司马颖去长安之后，邺城（河南安阳）空虚，司马颖手下的一员老将公师藩便以援救旧主为名起兵攻打邺城。当时，石勒跟随着汲桑投奔公师藩，因为石勒骁勇善战，被任命为前队

督，而且赐姓为石，以勒为名，这就是他名字的由来。

然而，首战失利，公师藩被晋将苟晞所斩，石勒只得逃回茌平的牧场。不过，这一次小的挫败并没有浇灭他的信心，反而使他越挫越勇。为了招兵买马，他率领手下劫县狱，将犯人都释放出来，很多人出于感恩都投靠了他，附近的一些村民们苦于生计，也纷纷前来依附，于是他的队伍渐渐壮大起来。他作为前锋领着自己的队伍投奔了汲桑，以为司马颖报仇为名，起兵讨伐司马越。

石勒的队伍很快攻下了邺城，并杀死了司马越的弟弟司马腾。司马越大惊，急忙调将军苟晞、王赞等前去阻击，最后，经历了数十场惨烈的战役，石勒的队伍终因寡不敌众，被司马越打败，死伤万余人。受到重创的石勒还是没有放弃，而是率领残余的队伍准备投奔匈奴汉王刘渊，中途受到冀州刺史的阻击，汲桑战死，石勒一人逃往乐平（山西昔阳西南）。在途经上党（山西襄垣县东）之时，石勒遇到了两个胡人张督、冯莫突，他们手下有数千士兵。石勒向他们分析了天下局势，力劝他们和自己一道归顺汉王刘渊。于是，三人率数千众一起前往归附，刘渊高兴地接纳了他们，并将张督封为亲汉王，冯莫突为都督部大，而石勒为辅汉将军平晋王，以统率督等。

当时，除了刘渊的队伍之外，乐平还有一支乌桓族队伍，大约有两千人，首领伏利度无论如何也不肯归附。于是，石勒想出一计，他先是假装得罪刘渊，投奔伏利度，换取了他的信任。之后，他屡立战功，赢得了胡人的爱戴。建立了自己的群众基础之后，石勒便借一次聚会之机抓住伏利度，当众询问大家："如果要发动起义，你们愿意推举谁为统帅？"因为大家素来敬畏石勒的才能和胸襟，纷纷站到了他的一边。伏利度看大势已去，只得俯首称臣，跟随石勒一起投奔了刘渊。至此，石勒既获得了张督和伏利度的部众，又深得刘渊的倚重，所以声望和势力都壮大起来，这支草原雄鹰即将振翅高飞。

灭西晋，功高震主

　　石勒归附刘渊的汉王国后，表面上是替人效力，实际上是为自己起兵做准备。他在战场上总是身先士卒，而且治军严明，礼于下人，所以深得人心。

　　永嘉三年（309），石勒被加封为安东大将军，建牙开府，并置左右长史、司马、从事中郎等僚属。石勒手下的军队已经增加到十多万人。他四处求贤，建"君子营"，吸纳了很多汉族知识分子。当时有一个叫作张宾的汉族人，博通经史，一直想求贤主辅佐而不得，遇到石勒后他说："吾历观诸将，无如此胡将军者！可与共成大业。"

　　一年后，刘渊驾崩，刘聪称帝，加封石勒为征东大将军，然而被石勒婉拒了。当时，关中、襄阳、江西一带已经被石勒相继攻下，石勒的势力进一步得到扩展。正当石勒在江汉一带转战奔波之时，西晋王朝的实际掌权者司马越正在大肆迫害异己，巩固专政。当时朝野上下怨声沸腾，匈奴刘氏又不断壮大，司马越顶不住压力，便想回到他的封国东海（山东郯城县北）以自保。可是，还没等他走到家就在各方的讨伐声中忧惧而死。大军既然已经开拔，就不能中途而返。于是，众人又推举当时的太尉王衍为首，继续东行。石勒得知消息之后，亲率轻骑追赶，俘虏了王衍和襄阳王司马范，并以惑乱天下之名将司马越劈棺焚尸。司马越的后妃世子及宗室四十八王等也被石勒一举杀掉，至此，西晋已经名存实亡。

　　永嘉五年（311）六月，石勒在洛阳和刘聪派遣的刘曜、王弥等会师，

●石勒问道图

洛阳攻陷，晋怀帝被俘。大局已定，双方便各怀私心，随即拉开了一场利益争夺战。王弥本想先下手除掉石勒，却反被石勒布下鸿门宴杀掉。刘聪虽然震怒，却也对拥兵自重的石勒无可奈何。至此，石勒的羽翼已经完全丰满，虽然名义上还对刘聪称臣，其实早已经发展成为独立的队伍了。

雄踞北方，奠定统一基础

在灭亡西晋之后，汉族一些大氏族追随晋室南下渡江，在江南氏族的帮助下，琅琊王司马睿在建康（南京）重建晋朝，史称东晋。当时，石勒除掉了最大的竞争对手王弥，便准备南下进攻江淮一带，消灭东晋。可是，石勒两次南下都受到了挫败，因为北方士兵不懂水战，而且气候、水土不服，没等正式交战，便已经气势大伤。

当时，并州刺史刘琨写信劝石勒归降，石勒自然没有答应，却注意到刘琨指出的一个问题。石勒虽然百战百胜，但是一直没有属于自己的稳固的大本营。因此，眼下之计，首先要建立一个据点。这个据点建在哪里自然关乎霸业的成败，所以石勒为此召开了一个研讨会。本来，石勒是想在江淮一带建立据点，但是北方的士兵无法适应江淮的霖雨天气，军中经常暴发瘟疫，死伤无数。而且江淮一带是东晋的门户，为了保住政权，东晋自然会拼命死守，所以在此建立据点非常难。当时，石勒手下的三十多员将官建议直接拼死一搏，兵分三十多路夜袭

●弓箭、弓袋和刀鞘·汉晋

寿州城，一举活捉司马家小儿辈，平定江南。石勒听了笑着说："你们这是莽夫之举。"石勒最倚重的谋士张宾主张北还，在邯郸（河北邯郸市西南）、襄国（河北邢台市西南）建立大本营，凭借天险，以图霸业，得到了石勒的肯定。于是，石勒率大军占领了襄国，建立了自己的大本营，并以此为据点，向冀州各郡县扩张。

建兴元年（313）四月，石勒派部下石虎攻克邺城，很多流民都归附于他，其中就有曾经救济过自己的郭敬。石勒知恩图报，封郭敬为上将军，让他统率归降的流民。在建立据点之后，石勒除了在军事上不断扩张势力之外，还劝课农桑，重视教育，在经济和文化教育上采取了一系列有效的措施，开始为建立政权奠定基础。

建立后赵，统一北方

有了稳定的大本营后，石勒的势力得到了进一步的巩固，已经具有称帝的条件，这时候刘氏政权交接的动荡又为他称帝提供了契机。太兴元年（318）七月刘聪驾崩之后，他的儿子刘粲本应该继位，却被辅政大臣靳准杀害并篡位。于是，石勒和刘曜分别从襄国、长安向平阳进发，攻打靳准。迫不及待的刘曜在途中便自立为汉天王，石勒也在积极为称帝做准备。终于，太兴二年（319）十一月，石虎、张敬、张宾、支屈六、程遐等文武一百二十九人联名上疏，请石勒称尊号。于是，石勒即位称赵王，改元称赵王元年，以襄国为都城。由于刘曜此前已经改国号为赵，史称前赵，故称石勒所建为后赵。

建立后赵之后，石勒励精图治，大刀阔斧地进行了一系列改革，减免百姓税赋，鼓励农业生产，而且优待孤寡老人，对汉族百姓一视同仁，并积极推行民族融合，学习汉族的礼制和文化，极大地促进了民族经济、文化方面的综合发展。

与此同时，他不断地征服北方诸郡，到咸和四年（329）已经剪灭了最大的敌人前赵。此时，中国北方除凉州张氏、代北鲜卑拓跋氏、辽西鲜卑慕容氏外，绝大部分均为石勒所统一。后赵的国土远远超过曾经的匈奴汉王刘氏。

小学和考试的发明者

后赵主石勒虽然是马上得天下的皇帝，却不是只懂厮杀的莽夫，而是能文能武的全才。他非常重视文化教育事业，据史书记载，在他统治期间，增设了"宣文、宣教、崇儒、崇训"等十余所小学。虽然小学在商周时期就已经存在，但是直到石勒时期才正式确立下来。

我们今天所熟知的科举制度也是石勒始创的。据史书记载，石勒在郡国设立官学招生，这些地方学校一般要招一百五十人，学生都得经历三次考试才能毕业，相当严格。后来，隋朝的科举制度就是在这个制度的基础上不断完善而成的。所以说，石勒也是考试制度的创始人。

正是因为石勒对教育事业的重视，才使得后赵培养出一大批杰出人才。后赵之所以还能雄踞中原二十年，不可不归功于这些人才。

从奴隶到皇帝，除了历史的机遇之外，石勒以其卓越的军事才能和非凡的执政能力铸就了一段古今中外独一无二的历史。

最英明的篡位者

唐太宗李世民

●昭陵六骏之一飒露紫

六骏是唐朝建立前后，陪同唐太宗李世民浴血征战的六匹战马。为纪念它们立下的赫赫战功，李世民命人将六匹战马的形象制成浮雕，列置于昭陵北面祭坛东西两侧。其中飒露紫是李世民征讨王世充时的坐骑。当时李世民被敌人团团包围，飒露紫前胸中箭，幸好将军丘行恭及时赶来营救，为飒露紫拔剑，并保护李世民全身而退。

■唐太宗李世民在位期间开创了唐朝历史上第一个盛世——贞观之治，将封建社会的经济文化发展推向了一个前所未有的高峰。虽然他的帝位是通过血腥的玄武门政变夺得的，但他的文治武功以及在文学艺术上的造诣都使他成为无可指摘的圣君。

玄武门政变始末

史上有名的玄武门政变发生在唐高祖武德九年（626）六月四日，是李世民为夺得帝位发动的一场宫廷政变。通过这次政变，他一举除掉了太子李建成和三弟李元吉，迫使唐高祖李渊退位，自己当上了皇帝，改元贞观。

李渊是唐王朝的开国皇帝，在隋末农民起义的大潮中凭借卓越的军事才能步步为营，平定天下，建立了李唐王朝。李世民从小跟着父亲李渊征战天下，屡立战功，所以很受李渊的器重。但是，按照"立长不立贤"的皇位继承制度，李世民的哥哥李建成被立为了太子。据《新唐书》记载，李建成"资简弛，不治常检，荒色嗜酒，畋猎无度，所从皆博徒大侠"。所以，虽然他被立为太子，实力却不足以服众，地位并不稳固。而这时候，李世民则显露出了过人的才智和韬略。为了巩固自己的地位，李建成便拉拢齐王李元吉，一起排挤李世民。

武德九年（626）五月，突厥进犯中原，李建成主动向李渊推荐李元吉出战，李渊答应了。但李建成的目的并不在此，而是想以出征为名，削弱李世民的兵权。当时李世民手下猛将如云，最有名的当属尉迟敬德、秦叔宝和程咬金。可是李元吉却向李渊提出要让这三位猛将归自己指挥，并要调秦王府的精兵充实自己的军队。这明摆着是要剥夺李世民的军权，李世民自然不肯答应，便召集手下大将开了紧急会议。会上，李世民的妻舅长孙无忌建议，与其受人刀俎，不如先发制人，夺取政权，反正积怨难消，总是免不了要一战的。

下定决心之后，李世民在武德九年（626）六月三日向李渊举报李建成和李元吉淫乱后宫，和张婕妤、尹德妃关系暧昧不清。李渊震怒，为了查清此事，便决定翌日早朝召集三子对质。于是，六月四日的早晨，李建成和李元吉便进宫面圣，经过玄武门时突然发现守门的侍卫换了，两个人心中一动，知道事情不妙，便急忙勒转马头。这时，忽然听到门内传来李世民的声音："站住！"两个人赶紧扬鞭，可是李世民眼疾手快，搭弓一箭，李建成便应声倒地，不省人事了。李元吉大惊，也拿出弓来，可是手哆嗦，连弓都拉不开了。正在此时，尉迟敬德带着七十多名骑兵赶来接应，将李元吉射死。

●唐太宗李世民画像

就在这场惊心动魄的血腥政变上演之际，李渊还浑然不觉地在宫中等待，直到尉迟敬德手持长矛冲上殿来，他才如梦初醒。面对几个儿子的夺位之战，他只有后悔自己当初犹疑不定了。面对既成事实，李渊也只有顺应时事，将此事以太子谋反定论，并将李世民封为太子。两个月之后，高祖李渊退位，李世民即位，改元贞观，是为唐太宗。

英明的篡位者

说李世民是英明的篡位者有两层意思，一是说他很懂得安抚人心以及书写历史；二是说他虽然以阴谋上位，却以杰出的领导才能和治国方略赢得了历史的肯定与赞誉。

玄武门政变本来是一个阴谋篡位的事实，经他书写之后，却变成了不得已的正当防卫。而且他即位之后，就追封了李建成为息王、李元吉为海陵郡王，并下诏以王子之礼将他俩改葬，甚至亲自参加葬礼。

为了赢得之前太子党对自己的支持，他还有意重用李建成手下的一些官员，比如史上有名的魏徵，之前就是李建成手下的谋臣。玄武

●步辇图·唐·阎立本

《步辇图》以贞观十五年（641）吐蕃赞普松赞干布与文成公主联姻的历史事件为题材，描绘唐太宗接见来迎娶文成公主的吐蕃使臣禄东赞的情景。

门之变后，曾经有人向李世民告发，说李建成手下的一个官员魏徵曾经劝说李建成谋害李世民。李世民把魏徵找来，问道："你为什么要挑拨我们兄弟关系？"魏徵沉着地回答："我是太子手下谋士，食人之禄，便当为主分忧。只可惜太子没有早点听我的劝告，否则也不会惨死玄武门下。"魏徵这段话说得不卑不亢，很是有胆识，而李世民非但没有生气，反而敬佩他为人刚正不阿，事主忠心，便提升他为谏议大夫。

除此之外，李世民还多次在朝会上向大臣们征求治国良方，态度恳切，言辞谦恭，渐渐地俘获了很多人心，也发掘了很多人才。正是因为李世民善于纳谏，广开言路，礼贤下士，所以贞观一朝人才济济，文有房玄龄、杜如晦、魏徵等饱学之士；武有尉迟敬德、秦叔宝、程咬金等骁勇大将。君明臣贤，相得益彰，政治清明，国泰民安。

在李世民即位之初，由于先前战乱不断，唐朝人口损失很多，民生凋敝，生产落后。李世民即位之后，便大力改革府兵制度，击败了东突厥，让他们放回掳去的中原百姓。同时他还将后宫的三千宫女放回民间，鼓励她们多生子嗣，大大促进了人口的增长。

贞观之治

李世民深知"水能载舟，亦能覆舟"的道理，所以在位期间，他一直很注重民生，将经济发展作为执政的中心，积极调整统治政策，以缓和阶级矛盾，稳定社会秩序。

在政治上，他能够知人善任，首先为自己组建了一个高效能的领导班子，营造了一个清明的政治氛围。他一生从谏如流，在历史上传为佳话，据记载，光是魏徵就有两百多次直谏他的过失。对此，他不但没有恼怒，反而愈发谦虚，而且将魏徵视为明得失的一面镜子。为了巩固统治，他进一步完善了三省六部制，大大提高了政府的行政效率，而且大力发展科举制度，培养人才，扩大了政府的统治范围，巩固了中央集权。

在经济上，他深知农业是国民经济的根本，一上台就颁布了一系列轻徭薄赋、休养生息的政策，鼓励农业发展。而且他早年目睹隋炀帝的穷奢极欲，底层人民所遭受的压迫与奴役，决心爱惜民力，从不肯轻易征发徭役。即便是他患有气疾，不适合居住在潮湿的旧宫殿，他都始终不肯耗费民力去修筑新宫。这种严于律己、宽以待人的品质为他赢得了上下的爱戴与拥护，所以，贞观一朝在李世民的带领下，君臣和谐，上下一心，经济很快得到了好转。到了贞观八九年，百姓丰衣足食，夜不闭户，道不拾遗，出现了一片欣欣向荣的升平景象。

李世民一生致力于推行仁政，与此同时，他又十分注重法治，即便是在一个等级制度森严的封建社会，他也坚持维护法律的公正，以身作则推行法治。他曾经对臣下说："国家法律不是帝王一家之法，是天下都要共同遵守的法律，因此一切都要以法为准。"在贞观一朝，王子犯法与庶民同罪，执法严格，但在量刑的时候又非常慎重，因为李世民秉性仁厚，常对执法的官员说："人死不能复生，执法务必宽大。"在他的苦心经营下，贞观年间的法制情况很好，作奸犯科的事情大大减少，据史书记载，贞观三年，全国判死刑的人犯仅有二十九人，几乎达到了封建社会法制的最高标准——"刑措"即可以不罚。

李世民在位二十三年，唐朝社会生产力获得了巨大发展，经济空前繁荣，社会稳定，政治清明。唐朝成为当时世界上最强盛的帝国，而长安则是世界性的大都会，吸引了来自世界各地的商贩和求学者。唐王朝又是一个开放的国度，来自世界各地的外交使节、遣唐使在目睹了唐王朝的盛世之后，将唐朝高度发达的文化和技术带向了世界各地，为整个世界文明的发展做出了杰出贡献。因此，历史上将唐太宗李世民统治的时期称为"贞观之治"，它不仅是唐王朝最强盛的历史时期，也是中国封建王朝史上最璀璨辉煌的一段记忆。

权爱交织的女强人

唐朝女皇武则天

■ 武则天是中国历史上唯一一位临朝称制的女皇，她以知人善任著称，其统治时期号称"君子满朝"。在施政方面，武则天劝课农桑，轻徭薄赋，平定边患，促进了政治、经济、文化的全面发展，缔造了唐王朝的一代盛世。可是，这位看似刚毅冷酷的女皇终究是水做的骨肉，她的爱恨情仇更为她的传奇一生抹上了一层迷雾。

武家有女初长成

唐朝是个相当开放的时代，妇女与男子有着近乎平等的地位。而正是在这样的社会风气烘托熏陶下，走出了一个名震天下，统治权力中枢近半个世纪，并最终改唐易周的女皇帝武则天（624－705）。传说当年曾有一个善于看相的术士袁天罡，他曾对武则天的父亲武士彟说："这孩子（武则天）将来贵不可言。"武士彟便问："她能成为皇后吗？"袁天罡却答非所问地留下一句："岂止是皇后。"便转身离开了。虽然这只是传说，却也能看出人们对武则天的神化与尊崇。

武则天的父亲是唐初功臣，母亲杨氏则是武士彟的续妻，出身于陇右大士族。武则天是武士彟的次女，自幼聪慧，有才智。贞观九年(635)，武士彟患病身亡，这年武则天十二岁。这对杨氏和武则天来说应该是人生的一个转折点，因为武士彟在世时对杨氏和三个女儿百般呵护。但他一走，杨氏母女的日子就难过了。武士彟前妻所生的两个儿子武元庆、武元爽对后母及妹妹刻薄无礼。那段时光也一定给武则天幼小的心灵留下了深深的印记，可能这也是武则天第一次感觉到了人间的冷暖，也埋藏下自强自立的种子，至少为了自己也要做人上人，不再让人欺负。

不过这样的苦日子并不长，不久武则天就随母亲从荆州搬回长安居住，而她的命运也迎来了一次新的转折。贞观十一年（637），十四岁的武则天被李世民召入宫中，立为才人。临行时，杨氏痛哭不已，武则天却平静如常，对母亲说："朝见天子怎么知道不是福分？母亲不必流泪悲伤。"可见，小小年纪的武则天确实见识和气度不同常人。

太宗朝的武才人

入宫后，李世民初见到美丽妩媚的武则天时非常高兴，还赐号"武媚"。然而，武则天的美貌只是令皇帝惊艳一时。唐代后宫制度中，皇后以下有贵妃、淑妃、德妃、贤妃四妃，为夫人，正一品；昭仪、昭容、昭媛、修仪、修容、修媛、充仪、充容、充媛为九嫔，正二品；婕妤九人，正三品；美人九人，正四品；才人九人，正五品；宝林、御女、采女各二十七人，分别是正六品、正七品和正八品。可见，在后宫严密的等级中，才人不过是地位较低的一个品级。

武则天入宫十二年，品级徘徊于才人，始终不得提升，而且未能生育一儿半女，可见并不受宠，这极有可能与她的性格有关。武则天虽然姿容美丽，性情却很刚烈。据她晚年回忆，李世民有一匹名为"狮骢"的马，野性难驯。她入宫不久，便自请驯马。李世民颇为惊奇，问她驯马之术，她说："臣妾只需三物：铁鞭、铁杖和匕首。它不驯就用鞭子抽打它；鞭而不驯，就用铁杖猛击它的头；杖而不服，就用匕首割断它的咽喉！" 李世民见此气概，大为赞赏。虽然武则天表现出与众不同的个性，但是李世民喜欢的是柔顺且有才情的女子，因此武则天始终不得宠幸。

●戴面纱女骑俑·唐

虽不得恩宠，不过在服侍李世民的十二年间，武则天学到了许多为人君的处事谋略，也从钩心斗角的宫廷斗争中学会了权谋机变，更重要的是她从太子李治身上得到了一个登天的机会。

二进宫，封为昭仪

贞观二十三年（649），李世民驾崩，太子李治即位，即唐高宗。此时二十六岁的武则天同其他没有生育的后宫嫔妃们一起被送进了感业寺出家为尼。这虽然极不人道，但是从北朝时期开始，只要皇帝一死，所有嫔妃中只要是没有生育过的，哪怕是从未受到临幸的都要出家为尼。于是，正值青春年华的武则天便只能与青灯古佛相伴了。

武则天本想着此生就这样耗下去了，可是人间自是有情痴，李治便是一个。他当太子时，常去李世民宫中请安，受到武则

天的殷勤接待，两个人暗生情愫。即位之后，有一天，李治到感业寺上香，遇见武则天。武则天一见李治，当即泪流满面，哭得花容失色。李治念及旧情，也是唏嘘不已。

当时，王皇后正与萧淑妃争宠，探知李治与武则天的私情后，就暗中派人把武则天接进宫中，图谋使萧淑妃失宠。永徽三年（652）前后，武则天被接回了宫中。此时的武则天已近而立之年，心思更为缜密，城府也更深。对于王皇后的用意，她心知肚明，因此入宫后便千方百计取得王皇后的欢心。王皇后经常在李治面前称赞武则天的贤德，因此她进宫不久，就由才人晋升为昭仪。李治也对武则天宠爱有加，渐渐疏远了萧淑妃。

噬血皇后路

武则天并不满足，夺去萧淑妃的宠爱之后，她又开始设计取代王皇后的地位。她先是利用王皇后性格稳重而倨傲、对上不肯奉承、对下不体贴的弱点，曲意结交宫中的内监和女官以及对王皇后不满的人，让他们刺探王皇后和萧淑妃的言语行动，有过失立即上报。此后，她不惜掐死自己的亲生女儿来嫁祸王皇后，并且诬告王皇后和她的母亲在宫中行巫蛊之术，王皇后因此被废黜。接下来，她故技重施，又诬告萧淑妃谋行鸩毒，于是，两位妃子都被贬为庶人，住进了太极宫一个清冷的小院子里。

在朝中，她依靠李义府、许敬宗等人的帮助，不择手段地打击支持王皇后的朝中重臣，如长孙无忌、褚遂良、来济等许多元老大臣都被送上了断头台或以皇帝的名义被赐死。永徽六年（655）十一月，武则天终于登上了皇后的宝座。第二年，王皇后的儿子（即太子李忠）被废黜，武则天的长子李弘被册封为太子。

到此，武则天的斗争本该圆满结束了，王皇后和萧淑妃已经被关入不见天日的冷宫，再

无翻身之日；自己的亲生儿子又被立为太子，今后继承大统，她便可以安然做太后了。可是，李治的一个举动让她意识到了潜在的危险还未根除。

李治是一个多情的人，他虽然将王皇后和萧淑妃贬为庶人，打入冷宫，却还难以真正忘怀，毕竟是曾经深爱过的。有一天，他突发奇想去探视她们，看到曾经高贵无比的皇后和淑妃被囚禁在一间不见天日的密室中，只有一个小孔供通食器，便动了恻隐之心。王皇后和萧淑妃本来已经心如死灰，突然见到李治来访，便泣不成声地哀求李治带她们回宫。李治伤感之下，便满口答应说："朕即有处置！"

此事很快传到了武则天的耳中，她顿时想起自己当年在感业寺的时候不也是泣涕涟涟地乞求皇帝，然后就一步登天了吗？皇帝素来心软，肯定会将她们救出来的，到时候，自己就后患无穷了。于是，她先下手为强，偷偷派人将王皇后、萧淑妃各杖责一百，两个细皮嫩肉的女人当即被打得血肉模糊。这还不够，她还想效仿吕后，将二人的手脚剁去，扔进了酒瓮里，说："你们不是想回宫来吗？那就继续做你们的醉梦去吧！"

过了几天之后，两个人还没有死，武则天便到李治面前动之以情、晓之以理，逼他下旨处死王皇后和萧淑妃。可怜这两个苦命的女人，没有等来回宫的圣旨，反而听到了行刑的旨令。据《资治通鉴》记载，王皇后临死之前依旧不承认武则天的皇后之位，高傲地说："陛下万年，昭仪承

●簪花仕女图·唐·周昉

此图描绘了唐代贵族妇女在春夏之交赏花游园的情景，展示了这几位仕女在幽静而空旷的庭园中，以白鹤、蝴蝶取乐的闲适生活。

● 石淙会饮蜡像

河南嵩山东南部的玉女台下有一个石洞，因两岸石壁高耸，洞中有巨石，水击石响，淙淙有声，故名"石淙"。每逢九月九日重阳佳节，人们携带酒菜，到此游玩。女皇武则天就曾多次到石淙游乐，笙歌燕舞，大宴群臣，吟诗作赋，摩崖碑刻，史称"石淙会饮"。

恩，死吾分也！"而刚烈的萧淑妃则破口大骂："武氏狐媚，翻覆至此！我后为猫，使武氏为鼠，吾当扼其喉以报！"据说，从此之后，武则天都不敢在宫中养猫，生怕淑妃前来索命。

千古一女皇

此后的李治患有头痛症，无法正常处理朝政，每次上朝的时候，李治就与武则天并排坐在龙椅上，前面垂上一道帘子，隔着帘子听取下面百官所奏的各种政务，由武则天做出决断。当时各级官员上表，将他们二人并称为"二圣"，实际上此时的高宗李治已经完全成了一个傀儡。

上元元年（674），高宗李治称"天皇"，武则天借着这个机会把自己的名号进位为"天后"。病魔缠身的李治已经完全失去了理智，甚至准备下诏将帝位传给武则天，最后在大臣的劝阻下才作罢。

弘道元年（683），高宗李治病逝，传位给太子李显。李显与其父相比更加懦弱无能，所有政务都交由母亲武则天处理，自己则成了一个无用的傀儡，仅两个月时间就被武则天废为庐陵王，另立李旦为帝，此时李唐王朝的一切权力都已经落到了武则天的手中。

对武则天的行为，时人多有不服，李唐的宗室诸王与开国勋戚之后也都纷纷起兵反武，然而最终这些谋反者均被武则天镇压，只有"初唐四杰"之一的骆宾王写的一篇《讨武曌檄》为人传诵而流传千古。

天授元年（690），武则天向天下万民宣布改唐易周，六十七岁的她终于登上皇位，成为大周朝开国皇帝。一直到神龙元年（705）武则天去世为止，她共做了十五年皇帝，其间一共使用过光宅、垂拱、永昌、载初（前四个年号是没有易唐为周前使用的）、天授、如意、长寿、延载、证圣、天册万岁、万岁登封、万岁通天、神功、圣历、久视、大足、长安等十多个年号。

神龙元年（705）年初，宰相张柬之与大臣敬晖、桓彦范等人组织羽林军发动政变，杀死擅权的张昌宗、张易之兄弟，逼武则天将皇位重新传给李显，最终使李唐王朝复辟成功。同年底，被打入冷宫的武则天取消了帝号，改称为"则天大圣皇后"，没多久就去世了。死后的武则天以高宗皇后的身份与李治合葬于乾陵。

功过后人评

至此，历史的轨迹又重回到了李唐王朝一边，武则天所创立的大周朝已是烟消云散，只留下乾陵墓前的无字碑任由后人评说。

称帝后的武则天开始了一系列的改革措施，这些措施不光有力地维护着武周政权，也为唐朝的中兴打下了坚实基础。

武则天不计门第，一律量才用人。为招揽人才，她改革完善了隋以来的科举制度，允许自举为官并设立员外官；她鼓励并接受不论事实的告密，即使失实也不追究，而一旦发现不

称职者，轻则革免，重则杀戮，虽然在朝廷中弥漫着一股恐怖的气氛，却也有效防止了官员的贪污与腐败；她还首创殿试与武举制度，选拔出一批能臣干将，如狄仁杰、姚崇、张柬之等，都成了朝廷的重臣。

在内政方面，武则天重视农业生产，大力发展农业和手工业，抑制土地兼并，维护均田制。在她执政的年代，唐朝人口不断增加。她还组织编写了农书《兆人本业记》并在全国颁行。

在文化方面，武则天常常亲力亲为，倡导编撰《玄览》《古今内范》《青宫纪要》《少阳正范》《维城典训》《凤楼新诫》《孝子传》《列女传》《垂拱集》和《金轮集》等典籍。

唐朝时北方游牧民族常骚扰中原，武则天总结出了募兵、就地组织团兵等办法以解决困扰边境的兵源问题，她还大行屯田以确保兵粮充足。长寿元年（692），武则天利用吐蕃内乱，派大军进攻吐蕃，重建了安西四镇，又设置北庭都护府，巩固边防，重新打通了通向中亚的商路，促进了中外经济与文化交流。她还大胆地任用了一批少数民族将领，促进了各民族交流，巩固了国家政权。

当然武则天并非完人，在她掌权近半个世纪的漫长时间里也有很多过错，例如她重用酷吏、奖励告密者、刑讯逼供、滥杀无辜，使朝廷时刻处于一种恐怖的氛围之中。她晚年时好大喜功，生活奢靡。而她掌权期间又顺应历史潮流大力改革，上承贞观之治，下启开元盛世，对唐朝中兴做出了巨大的贡献，总的来说，这一切就如她陵前那块无字碑一样，是非功过只能由历史去做出客观的评论。

两次登基，三让天下

唐睿宗_{李旦}

■作为一个皇帝，唐睿宗李旦一生中竟然两次登基即位，而且三次分别将皇位拱手让给母亲、兄长和儿子，这种看似奇怪的举动实则是一种无奈的权谋，在那个宗亲倾轧的多事之秋，睿宗每每能够自保平安并得以善终，靠的就是恭俭退让。

傀儡皇帝

唐睿宗李旦一生中两次登基即位。第一次是在嗣圣元年（684）春二月七日，当时高宗李治已经驾崩一年，他的皇兄中宗李显被武则天废黜，所以他就被立为新君，成为唐朝第五任皇帝。

李旦即位不同于寻常的皇帝登基，他是被母亲武则天故意扶立的傀儡政权，因为当时武则天称帝的条件还不成熟，所以就故意将年幼的李旦拥立称帝。李旦虽然坐上了皇位，但却有名无实。身为皇帝，他不但不能在正宫上朝听政，而且只能住在别殿，这显然不符合礼制。但是当时武则天称帝之心已经昭然若揭，她虽然以太后身份临朝听政，但其实所有的国家政令都是出自她手。

在李旦即位的同一天，武则天将他的王妃刘氏立为皇后，将他的长子永平郡王成器立为皇太子，同时改元文明，大赦天下。

就在同一年，唐朝的著名将领徐敬业因事被贬为柳州（广西柳州）司马。他本来就不满武则天擅权专政，在赴任途经扬州时，便和一起遭贬的唐之奇、骆宾王、杜求仁，以及前盩厔（今陕西周至）尉魏思温、奉使到扬州的监察御史薛璋等谋划造反。他们先是贼喊捉贼，诬告扬州长史陈敬之谋反，让监察御史薛璋将他捕杀。然后徐敬业自称扬州司马，将扬州监狱里的犯人都放出来，又招募了一批民兵。然后，才子骆宾王撰写了一篇震撼人心的《讨武曌檄》，他们便以扶助中宗复位为名，开始造反。结果，武则天派左玉铃卫大将军李孝逸统兵镇压，起义失败，徐敬业弟兄被部下所杀，同党也大都被捕杀。

不久，宗室越王李贞等人也起兵造反，但都被武则天血腥镇压了。眼看着武则天的势力一步步壮大，仅仅垂帘听政已不能满足她对权力的欲望了，李旦便上演了第一幕让天下。

让天下于母亲

李旦即位本来就是武则天一手导演的，他从一开始就没有得到实权，所谓"让天下"只不过是让幕后真正的皇帝走出来而已。在以武力镇压了几次反叛之后，武则天的威望一步步树立了起来，但她还假惺惺地说要还政给李旦。李旦当然不敢接受，便坚决推辞，并请让天下于母亲，恳求母亲临朝称帝。于是，武则天便也不再掩饰，她先是将李旦的几个儿子都封为亲王，以保全李旦的皇帝颜面。然后，永昌元年（689），武则天开始使用周历，并改元为载初元年（689）。在这一年，武则天开始使用了自己的新名字——曌。

从此，中国历史迈入了新的一页，天授元年（690）九月，武则天在儿子李旦和群臣的拥戴下，改唐建周，成为中国历史上唯一的女皇帝。而此刻的李旦深知自己处境危险，唯有取得母亲的信任才能苟活。于是，他一面极力辞让天下，一面恳请武则天将自己赐姓武，以表忠心。于是，李旦就被降为皇嗣，赐姓武，徙居东宫。其具仪一比太子，但是不再有太子的名分，实际上也就是候补性质的皇位继承人。这就是李旦第一次让天下，通过这一让，李旦看似暂时摆脱了危险，但其实却危机四伏。

在让位后不久，作为皇嗣的李旦本来打算安安静静地过自己的生活，却不想被武则天宠信的户婢韦团儿看中，李旦自然不敢招惹，便断然决绝了她的情意。没想到韦团儿因爱生恨，就暗中在李旦的妃子刘氏和窦氏的住所

● **武后行从·唐·张萱**

图长159厘米，宽80.9厘米，描绘武则天在宫廷巡行的情景。武则天头戴宝珠凤冠，身穿深青交领宽袖衣，腰系杂佩，显得端庄而威严。女官们着男装，簇拥在她的周围。

埋了一个木头人，然后告发她们行巫蛊妖法，诅咒武则天。巫蛊之术历来是宫廷禁忌，一旦被举发往往满门获罪，汉武帝晚年的巫蛊之祸连太子一门都惨遭灭族。在长寿二年（693）正月初二，刘氏、窦氏被秘密召进宫中，并被武则天处死在嘉豫殿。对于两个妃子的离奇失踪，李旦大概也知道其中蹊跷，但是不敢发问，在武则天面前仍然装作泰然自若的样子，好像一切都没有发生过。由此也可看出李旦的"忍功"修炼的境界之高，否则在波谲云诡的宫廷斗争中是无法存活的。

让太子于兄长

李旦第二次让位不同于第一次，因为他此刻已经被贬为皇嗣，出让的便只能是太子的位置了。圣历元年（698）三月，武则天将废黜为庐陵王的中宗李显从房陵召回，显然有意让李显成为皇位的继承人。继第一次让皇位于武则天后，李旦已经退居太子之位了，为了避免和皇兄的政治斗争，他便故意称病不朝，肯请让太子之位于李显。

于是，武则天便成全了李旦让位的请求，名正言顺地封李显为太子，而李旦则被封为相王。这次让位，李旦再次聪明地避开了宫廷斗争，保全了自己，而且也赢得了李显一定程度的信任。

神龙元年（705），张柬之等发动政变，杀死二张（张昌宗、张易之）兄弟，逼武则天退位，拥立李显。李显即位之后，便封李旦为安国相王，拜太尉，让他以宰相身份参与国政。但是，一贯辞让的李旦连宰相也不愿做，还是坚决请辞。后来李显又想封他做皇太弟，继承自己的皇位，李旦也坚决推辞。正是由于李旦的谦让，在李显复辟以后的政治旋涡中，虽然他也屡屡遭受猜忌，但终究保得平安。

三让让出太平盛世

李显复辟之后，宫廷斗争不但没有停息，反而越来越诡秘。景龙四年（710）六月，韦皇后和女儿安乐公主毒杀了李显，另立少帝李重茂，改元唐隆。按照中宗遗诏，身为安国相王的李旦本该辅政治国。但是，李旦深知韦后想效仿武则天把持朝政，所以坚决辞让，不愿涉险。

后来，韦后由于倒行逆施被李旦的三子李隆基、妹妹太平公主等联合禁军诛杀，少帝李重茂也被废黜，李旦又被拥立登基。这便是李旦人生中第二次登基即位，时隔第一次已经有二十七年。

可是，在即位后第二个月，李旦就把诛韦有功的三郎李隆基立为皇太子，同时，改元景云。到延和元年（712）八月二十五日，在位二十六个月的李旦再次让位，把皇位传给了李隆基，自称"太上皇帝"。至此，李旦的第三次让位也宣告完成。

这一次让位使得唐朝历史迈入了一个新纪元。玄宗李隆基即位之后，开创了经济空前繁荣、政治清明稳定的开元盛世，使得唐王朝进入了鼎盛时期。所以，睿宗本人虽然一直没有真正操持过国政，但是他却将天下让给了一位英主，也算是有功于盛唐。

纵观睿宗一生，两度登基，三次让位，可谓传奇，但实质上是迫于诡谲的宫廷斗争，只有以退为进，方能自保。

● **五王醉归图·元·任仁发**

五王即唐睿宗的五个儿子，唐玄宗的五个兄弟，指李宪、李㧑、李范、李业、李隆悌，皆封王爵。玄宗对待兄弟友爱敦睦，出则同游，入则同宴，并尝制长枕大被，与诸弟抵足同眠。明初高启有诗："玉笛声残禁夜长，云屏月帐醉焚香。五王宴罢皆归院，大被空闲一夜凉。"《五王醉归》即表现宴罢五王各自归院的场景。

装疯卖傻为哪般

唐宣宗李忱

■唐宣宗李忱从小孤僻木讷，一直被宫人当作"傻子"嘲弄，出生三十六年来几乎从未享受过真正的亲王待遇。可谁也想不到的是，登基之后，唐宣宗突然爆发出前所未有的聪明睿智和英武果决，短短一年时间便消灭了为患帝国长达半个世纪的"牛李党争"，而且极大地遏制了一贯嚣张跋扈的藩镇势力和宦官势力，收复了沦陷于吐蕃人手里近百年的河、湟全境，缔造了唐朝中晚期的最后一抹辉煌。

从"傻"皇子到"傻"皇叔

元和五年（810）六月二十二日，唐宣宗李忱诞生在大明宫，是唐宪宗的第十三个儿子。按照皇位的继承顺序，李忱是永远也没有希望做皇帝的。而且，他的母亲郑氏出身卑微，只是一个名不见经传的宫女，所以李忱虽然是皇子，也享受不到其他皇子的待遇。因为自己的身份，他总是被其他皇子嘲笑讽刺。为了掩饰内心的自卑，他便将自己封闭起来，面对别人的冷嘲热讽，他只能报以沉默，于是，连父亲都觉得这个儿子可能有些痴呆。

长大后的李忱已被贴上了"智障"的标签，成为大家争相捉弄的对象。据史书记载，有一天，文宗李昂在十六宅宴请诸王。席上，众人把酒言欢，热闹喧腾，可是光王李忱依然不言不语，一个人坐在角落里发呆。

李昂看到了，便指着他说："谁能让光叔开口说话，朕重重有赏！"李昂本来是李忱的侄儿，可是在他眼里，李忱显然只是一个供人取乐的小丑而已。面对一哄而上的诸王，李忱依然保持着沉默，不管他们怎么戏弄他，他的面色丝毫不改，始终一副逆来顺受的样子。这让众人很得意，却让座中的亲王李炎起了疑心。李炎是李昂的弟弟，就是后来赫赫有名的唐武宗。面对始终不悲不喜的李忱，他开始怀疑此人是真的痴呆，还是隐忍

●鎏金银水碗·唐

不发。于是，在后来的日子里，他抓住一切时机对李忱进行试探。

"傻子"的奇遇

武宗李炎即位后，一个冬日的午后，大雪纷飞，李忱和诸王一起随皇帝外出踏雪。众人兴尽而归时，已是日薄西山，加上中途休息时设宴畅饮，一行人都有些醉意了。这个时候，谁也没有注意到，那个傻乎乎的李忱已从马上坠落，掉在了冰天雪地中。虽然据记载这是一次"意外"，但是李炎在位期间，李忱经历的意外也太多了，隔三岔五就要坠马，平地走路都会跌跤，实在是令人难以置信。这次被丢在冰天雪地之中，李炎料定光叔不会再回来了。可是没想到，第二天一早侍卫来报，李忱又出现在了十六宅中。

由此，李炎更是认定了李忱有蹊跷，于是决定直接了结了他，以绝后患。几天后，可怜的李忱就被突然闯入宅邸的宦官抓进了永巷。永巷从汉代开始就是幽禁宫女、嫔妃的地方，相当于中国最早的监狱，关押在内的大都是些政治斗争的牺牲品。李忱被关入永巷几天后，又被人捆成肉粽一样扔进了宫厕。当时，李炎身边有一个宦官叫仇公武，他对李炎说，这种"傻子"留着也没用，干脆一刀解决了。李炎同意了。可是，这个仇公武并没有真的杀了李忱，而是偷偷将他运出宫藏了起来，以备日后之用。

从此之后，这个一度供人取乐的"傻子"皇叔就从宫廷消失了。有史记载说他逃到浙江盐官（浙江海宁）的安国寺落发为僧了，也有人

说他被仇公武软禁了起来，总之，他暂时远离了纷繁复杂的宫廷。

登上皇位

会昌六年（846）春，李炎病危，由于他的儿子都年幼，尚未立太子，所以，朝野上下人心浮动。那时，宦官势力如日中天，一等到武宗宾天，宦官仇公武、马元贽等人便拿出了自己的秘密武器——三朝皇叔李忱。虽然李忱一直被众人视为智障，但是他是唐敬宗、唐文宗、唐武宗的叔叔，论资历绝对够老，而且有宦官力挺，朝臣也不敢反对。于是，已经被人忘却的李忱又回来了，并且坐上了唐帝国第一把交椅。

会昌六年（846），李忱登基即位，是为宣宗。以仇公武为首的众宦官们以为他们找到了一个最顺服的"傻子"皇帝，正妄想要如何

● 三彩白马·唐

●**张议潮统军出行图**

《张议潮统军出行图》是一幅位于敦煌莫高窟第 156 窟的壁画。整幅壁画的场面非常繁复宏大，卷前为文武仪仗行列，中部是张议潮着红袍跨白马，后有军队随从。本图为前面的仪仗部分。

操控天下大权时，却被李忱的一系列大动作吓傻了眼。

他非但没有像众人想象的那样不知所措，反而对处理政务非常熟稔，好像是久经磨炼的储君一样。众人方才如梦初醒，原来之前的一切都是演戏。这位隐忍了整整三十六年的皇帝终于等到了这一天，他迫不及待地开始了大刀阔斧的改革。执政第二天，他便罢免了武宗时的丞相李德裕，并在接下来的短短一年内，彻底对政府班子进行了换血，将李党成员尽数贬出了朝廷，重新组建了自己的一套行政班子。从唐宪宗开始争斗四十多年的"牛李党争"至此结束，中央政权的统一得到了巩固。

收复吐蕃

自从"安史之乱"以来，唐王朝的河、湟地区（今甘肃及青海东部）就被吐蕃占据了，到宣宗李忱手里已将近一个世纪了。虽然期间的历任皇帝都有收复故土的志向，但是大多有心无力，国内藩镇总是作乱，朝廷又党争不断，宦官屡屡擅权，所以根本无暇对外用兵。

可是，武宗会昌年间（841－846），吐蕃爆发了大规模的内乱，为唐王朝收复失地提供了天机。所以，李忱即位后，便开始积极备战，准备收复失地。这个时候，身处沦陷区的豪强张议潮也在招兵买马，准备驱逐吐蕃侵略者，回归大唐故土。

张议潮出生在沦陷后的沙州，自幼忍受着吐蕃统治者的残暴压迫，所以立志要驱逐鞑虏。他自小便苦学兵法，练习武艺，并不惜变卖家业秘密招募义军，对他们进行训练。等到吐蕃内乱之后，张议潮知道自己苦等的机会终于来了，便举旗造反，于大中二年（848）率众收复瓜州、沙州等地，并遣使者高进达等表函前往长安。

接到张议潮的捷报，朝野上下更是士气大涨。大中四年（850），张议潮的义军又收复了西州，并在次年一举攻下沙州（敦煌）、瓜州（安西）、伊州（哈密）、西州（吐鲁番）、河州（临夏）、甘州（张掖）、肃州（酒泉）、兰州、鄯州（青海乐都）、廓州（青海化隆）、岷州（甘肃岷县）等十一州。当张议潮的哥哥张议谭将版图户籍进献给李忱时，李忱心中终于落下了一块大石，遂赐诏张议潮为沙州防御使，从此，大唐的版图重归完整，李忱的文治武功也向世人昭示了昔日的"傻子"已经不再，取而代之的是一个年轻有为的英主。

勤政爱民，严于律己

李忱在位期间非常勤政，而且能够举贤任能，从谏如流。他很仰慕开创了贞观之治的唐太宗，便命人将《贞观政要》写在屋内的屏风上，以便时刻鞭策自己。此外，他还命翰林学士令狐绹每天朗读太宗所撰的《金镜》给他听，凡是听到重要的地方，便会让令狐绹停下来，说："若欲天下太平，当以此言为首要。"

为了熟悉朝中大小官员的姓名和官秩，李忱还专门让令狐绹编了五卷本的《具员御览》，放在案头时时翻阅。不仅如此，他连宫中负责洒扫的那些杂役的名字和职能都记得清楚，经常能够随口点名让某人去做某事，而且从不出错，这种强大的记忆力常常让宫人咋舌。

因为李忱当年曾经流落民间，所以深知民间疾苦，对老百姓尤其同情。有一次，他去北苑打猎，遇到了一个樵夫，便问他的县籍，樵夫说是泾阳（陕西泾阳）人，又问他县官是谁，樵夫说是李行言。李忱便想顺带了解一下李行言的政绩，便又问："他政事治理得如何？"樵夫说："此人不善通融，甚为固执。他曾经抓了几个强盗，这些强盗跟北司的禁军有些交情，北司就点名要他放人，李行言不但不放，还把这几个人杀了。"一个月后，李行言恰好要升任海州（今江苏连云港）刺史，当他入朝谢恩的时候，李忱就赐他金鱼袋和紫衣。金鱼袋是三品以上的朝廷大员才能佩戴的，紫衣也是品秩的象征，李行言受宠若惊。这时，李忱对他说："我早已知道你的名字了，以后还要一如既往地刚正严明，不要辜负朕对你的期望。"

在这样一位兢兢业业、勤政爱民的皇帝统治下，唐王朝出现了最后一次大治之世，历史上有人将其称为"小贞观"，将宣宗李忱比之为"小太宗"。可惜这位英明神武的君主晚年依然走上了求仙问药的老路，最终因服食金丹过量而亡。

从和尚到皇帝

明太祖 朱元璋

■ 和尚素来是不关心天下俗世的，怎么就做了皇帝呢？原来朱元璋做和尚只是迫于生存的自保之举，等到他羽翼丰满之后，便毅然起身反抗，推翻元朝暴政，由昔日的小沙弥摇身一变成为明朝的开国皇帝。

从小沙弥到游方僧

朱元璋原名叫朱重八，因为他在家族兄弟之中排行第八，"朱元璋"是参加起义军之后另取的名字，意思是要诛灭元朝暴政。朱元璋出生在濠州（安徽省凤阳县东）一个赤贫的农民家，自幼生活非常贫苦。在他16岁的时候，一场瘟疫夺去了父母和长兄的性命，孤苦无依的朱元璋只得被送到临近的皇觉寺里当了小沙弥，做一些苦役来养活自己。

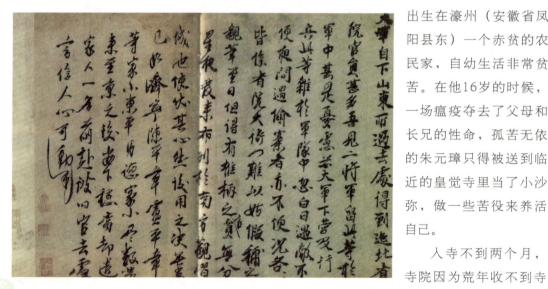

● 大将军帖·明·朱元璋

入寺不到两个月，寺院因为荒年收不到寺租，也不得不遣散众僧。失去了最后的庇护所，朱元璋只得背井离乡，做起了游方僧，实际上形同乞丐。

他从濠州向南到了合肥，又折向西进入河南，到了固始、信阳，又往北走到汝州、陈州等地，东经鹿邑、亳州，于至正八年（1348）又回到了皇觉寺。经历了三年风餐露宿的日子，朱元璋已不再是当年软弱无助的小沙弥了，他见识了人世间诸多尔虞我诈，积累了丰富的社会经验。

在流浪途中，他亲眼看到了各地农民起义的高涨势头，知道天下即将陷入大乱。于是，小小年纪的他开始期待着改变命运的时机。回到皇觉寺之后，朱元璋开始发奋学习，而且广结朋友，积攒人脉，为日后做准备。

从士兵到元帅

终于，期待已久的机会来了。至正十一年（1351），白莲教首领韩山童、刘福通在颍州（安徽阜阳）发动起义，并推韩山童为明王。同年八月，彭莹玉、徐寿辉在蕲水（湖北浠水）发动起义。就是史上有名的红巾军。至正十二年（1352），郭子兴和孙德崖在濠州（安徽凤阳）发动起义。朱元璋听说之后心中蠢蠢欲动，这时正好收到儿时伙伴汤和的信，也邀请他参加郭子兴的义军。于是，二十五岁的朱元璋放下钵盂，毅然投奔起义军。

●明太祖朱元璋坐像

加入起义军之后，朱元璋因为勇敢善战，而且粗通文墨，很快得到首领郭子兴的赏识，被直接调到麾下当差，并被任命为亲兵九夫长。朱元璋事无巨细都处理得十分停当，而且毫不贪功，所以在军中颇有威望。当时，郭子兴为了进一步笼络他，便将自己的养女马氏许配给了朱元璋，便是后来史上有名的大脚马皇后。

娶了大帅的养女，朱元璋在军中的地位自然和普通军官不同了。于是，他也改掉了之前的小名朱重八，取名朱元璋，立誓诛灭元朝。当时，起义军内部派系重重，矛盾也越来越尖锐。濠州城内的红巾军除了郭子兴一派之外，还有孙德崖和其他三个元帅一派，内部纷争不断。

朱元璋深知其不能成事，便决定自立门户。至正十三年（1353）六月，朱元璋亲自回家乡募兵。他的同乡好友徐达、周德兴等人听说旧友做了红巾军的头目，便欣然前来投靠，并且带动了邻村的一些青年。很快，朱元璋就招募了七百多名士兵。当朱元璋率领招募来的部队来到濠州时，

郭子兴又惊又喜，便封朱元璋做了镇抚。

朱元璋看到这帮起义军除了内讧之外一直没有大的动作，便自己主动出击，带领徐达、汤和等心腹率兵离开濠州，向南进攻定远。他们先是在途中招抚了张家堡驴牌寨民兵三千人，队伍不断壮大。后来，朱元璋向东进发夜袭元军大营，迫使元帅缪大亨投降，整编了元军的队伍，并继续南下滁州（安徽滁州），一路所向披靡，势如破竹。

在南下途中，朱元璋还不忘寻访谋士，定远有一个叫作李善长的名士毛遂自荐，主动来到朱元璋帐前，并以汉高祖刘邦为例，向他说明了重用人才、礼贤下士的重要性。朱元璋听后很受启发，便留下了李善长，让他做了幕府的书记，为自己出谋划策。

在朱元璋攻下滁州不久，受到孙德崖排挤的郭子兴也来到了滁州。朱元璋依然奉行不贪功的原则，将三万人的军队拱手相让。郭子兴大为感动。

至正十五年（1355），朱元璋用计巧夺和州，被郭子兴任命为总兵官，镇守和州。朱元璋严整军纪，申明纪律，不许军队扰民滋事，深得民心。在郭子兴死后，他的儿子郭天叙继任都元帅，朱元璋为左副元帅。实际上，这支军队是由朱元璋亲手组建起来的，唯朱元璋的号令是从，所以朱元璋已经成为真正的统帅。

"高筑墙、广积粮"

所谓"高筑墙、广积粮"是由朱元璋手下的谋士朱升提出的，还有后半句是"缓称王，多送礼"。所谓"高筑墙"无非是强调军事戒备的巩固和加强；"广积粮"则是强调经济实力，必须储备粮食以备将来大战之用。后两条则是指在当时的局势下，贸然称帝只会招致天下共讨，树敌太多，所以要等待时机。这几条建议对于朱元璋的称帝事业起到了非常重要的指导作用。

当时有几万大军驻守和州，粮食供应不上，而与和州相对的太平（安徽当涂）、芜湖则是盛产

● 碧玉镂雕龙纹嵌件·明

稻米的地方。于是朱元璋借助巢湖水军，东渡长江，夺得了大量粮食，解了燃眉之急。接着一鼓作气，攻克了太平。进入太平之后，朱元璋严禁军队滋事扰民，如有犯禁者格杀勿论。当地百姓看到朱元璋治军严明，对他非常拥护。

有了充裕的粮草，朱元璋便可以放心地打仗了。至正十六年（1356）三月，他趁张士诚进攻江南之际，亲自率领水陆大军进攻南京，攻破了陈兆先军营，俘虏三万六千多人。为了打消降军的疑虑和不安，他不惜以身犯险，在夜里由五百名降军充当自己的守卫。如此的信赖让降军感动不已，纷纷誓死效忠。于是，朱元璋的势力迅猛增长，不久便攻下了南京，改为应天府。

到此为止，朱元璋手中已经握有十万强兵，势力如日中天，但是他的四面依然强敌林立。东面和南面有蒙古兵，东南方是张士诚，西面是徐寿辉，虽然后两个同是反元武装，却互相敌视。于是，朱元璋奉行"缓称王"的原则，一面整饬军纪，以应天府为据点，缓慢向外扩张；一面大力开展军队屯田，兴修水利，减轻农民负担，储备军粮。除此之外，他还广纳人才，修建礼贤馆来招待贤才。

先陈后张，统一全国

这时候，长江上游的陈友谅和长江下游张士诚企图联手夹击应天府，平分朱元璋的领地。

面对危险的局势，谋士刘基提出了"先陈后张"的策略。当时，朱元璋手下有一个将领康茂才和陈友谅是老朋友，便写了一封信给陈友谅，假装要给他做内应。陈友谅听信了康茂才之说，便率主力赶到应天郊外的江东桥，结果正中朱元璋的埋伏。受了重创的陈友谅逃往九江，并在至正二十三年（1363）七月重整旗鼓和朱元璋展开了一场长达三十六天的鄱阳湖大决战。朱元璋的军队充分发挥小船灵活的长处，火攻陈军，最终取胜，陈友谅被乱箭射死。

在吞并了陈友谅的势力后，朱元璋便集中火力向张士诚发动了进攻。张士诚性格多变，待人苛刻，而且贪图逸乐，眼看平江就要失守，张士诚的弟弟还坐在城头的银椅上饮酒，结果一炮打来当场脑浆迸裂。张士诚还是不愿投降，最终弹尽粮绝，只能以老鼠为食，以屋瓦为弹。直到至正二十七年（1367）九月朱元璋率军攻入平江城，张士诚还企图展开巷战，结果被俘，被乱棍打死。

在围攻平江的同时，朱元璋派廖永忠去滁州接小明王韩林儿到应天来，但在瓜州渡江时悄悄将船底凿漏，小明王淹死江底。接着，朱元璋宣布不再以龙凤纪年，称至正二十七年（1367）为吴元年，为称帝做好了最后的准备。

东吴一灭，朱元璋的大敌都消除了，而且占据了全国最富庶、人口最稠密的地区，此后，他进行了一系列大规模的南征北伐，最终在洪武元年（1368）八月攻克元大都（北京），将统治中原长达九十九年的蒙古人赶出了中原。

洪武元年（1368）正月，40岁的朱元璋祭拜天地，在应天南郊登基，建国号大明，改元洪武，以应天为南京。至此，朱元璋终于实现了诛灭元朝的理想，由一个出生低贱的小沙弥一跃成为明朝的开国皇帝。

趙雲截江奪阿斗

我的人生是悲剧

汉惠帝刘盈

■汉惠帝刘盈一生都活在母亲吕后的阴影之下，在位七年，有名无实。生性软弱的他自从目睹母亲对戚夫人的残忍迫害之后，便终日惶惶，只能以饮酒作乐麻痹自己，年仅二十四岁就郁郁而终，可谓悲剧一生。

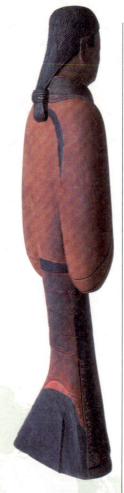

●梳堕马髻的妇女
木俑·西汉

太子废立风波

汉惠帝刘盈是汉高祖刘邦的皇后吕雉所生，他并没有继承其父刘邦的豪放不羁，而是生性软弱、优柔寡断。刘盈七岁便被立为太子，但是随着他日渐长大，刘邦觉得太子的性格不适合做皇帝，便想废掉他。

当时，刘邦有一个宠妃戚夫人，她擅长跳"翘袖折腰"之舞，从出土的汉画石像来看，其舞姿优美，两只彩袖凌空飞旋，花样繁复，需要很高的技巧。除此之外，她还长于鼓瑟，节奏分明，情感饱满，常常和刘邦一起你弹我唱，所以深得刘邦宠爱。

戚夫人也为刘邦生有一子，名叫刘如意，被封为赵王。刘如意和刘盈截然不同，他自小聪明过人，而且英武果敢，性格和行为方式都颇似刘邦。加上刘邦对戚夫人的宠爱远远胜过吕后，刘邦便想将刘盈废掉，另立刘如意为太子。

吕雉是刘邦的糟糠之妻，她二十多岁时便嫁给了大自己一倍的刘邦，一心一意地辅助他，忍受了很多常人所不能想象的屈辱才得到了如今的地位，自然不肯放弃对权力的争夺。于是，她找到了足智多谋的张良，张良建议她去找"商山四皓"。商山四皓，指的是秦末汉初的四位著名学者（秦博士），分别是东园公、角里先生、绮里季和夏黄公。他们不愿为官，长期隐居在商

山（今陕西丹凤境内），出山时都已经八十多岁，须发皆白，因此被称为"商山四皓"。于是，吕后费尽周折，找来了隐居于商山的四位博士，将他们安置在太子府邸，充当太子的老师。刘邦早就听说"商山四皓"的名望，曾经亲自请他们出山辅政，却被婉言拒绝了。

此后，在吕后的精心导演下，"商山四皓"作为太子的老师突然出现在宴会上，看到儿子身后四位银须老人，刘邦大为惊讶，忙问来历。得知是有名的"商山四皓"之后，刘邦更觉震惊，忙问："多年来我一再寻找诸位高人，你们都避而不见，为何现在追随我的儿子呢？"四皓答道："您一向轻慢高士，我等不愿自取其辱，如今听说太子仁厚孝顺，恭敬爱士，天下之人无不向往，所以我等自愿前来效力。"刘邦不知这是吕雉安排好的台词，信以为真，便嘱托四皓好好辅佐太子，从此断绝了废黜太子的念头。

汉高祖十二年（前195）四月，刘邦在平定英布的战争中受伤而亡，17岁的刘盈继承了皇位，是为汉惠帝。

短暂的执政生涯

刘盈十七岁即位，二十四岁驾崩，在位只有短短七年，生性善良的他本想奉行仁政，可是处处受到母亲的掣肘，加上他本来就缺乏决断力，所以收效不大。

在即位之初，他提拔贤人曹参为丞相，在曹参的辅佐下，进行了一些改革。比如减轻赋税，下诏恢复"十五税一"的政策，推行与民休息的政

●**商山四皓图（局部）**

策。为了鼓励人口增长，他还下令督促民间女子及早出嫁。而且在重农抑商的封建社会，他能够放松对商人的政策，促进了商业的发展，增加了国家收入。这些措施缓缓地推动着西汉初年的经济发展。

在文化方面，他废除了自秦始皇以来的"挟书律"，允许民间藏书，使得长期受到压抑的儒家思想和其他诸子百家都开始活跃起来，促进了文化的繁荣。

而且他还完成了长安城的全面整修，整修后的长安城气势恢宏，世界上仅有罗马城可与之媲美。

这些改革举措虽然算不上大刀阔斧，但是也对促进西汉初年经济、政治、文化的发展起到了一定作用，如果刘盈能够摆脱母亲的控制，说不定也能够做一个好皇帝。

残忍报复埋下阴影

刘盈24岁便夭亡了，史上一般认为他是目睹母亲对戚夫人的残忍报复之后，精神失常，换上了抑郁症，加上酒色伤身，才早早病死的。

说到吕后对戚夫人的迫害，其实也不是没有理由的。刘邦出生贫贱，吕雉当年嫁给他算是鲜花插在了牛粪上，可是她以一个传统女性的坚忍默默追随着他，支持着他，即使被他连累下狱、扣为人质都毫无怨言。俗话说"糟糠之妻不下堂"，刘邦当了皇帝之后，却渐渐地疏远了吕后，一心宠爱戚夫人。吕后对戚夫人的嫉妒完全是出于一个女人的正常心理，她也知道自己年老色衰，于是只想通过手中的权力来寻求心理上的平衡。可是戚夫人恃宠而骄，屡次在刘邦面前诋毁太子，企图说服刘邦除掉刘盈，另立自己的儿子刘如意为太子。这样一来自然加深了吕后对她的怨恨，为了巩固自己的地位，吕后不惜请来了"商山四皓"，终于维护了太子的地位。

一旦太子即位之后，吕后便名正言顺地成了握有实权的太后，而戚夫人则失去了刘邦的庇护，沦为刀俎上的鱼肉。吕后先是让戚夫人去春米，并没有杀害她的意思。可是，戚夫人情商太低，不但不懂得隐忍收敛，反而终日歌唱"子为王，母为虏，终日春薄幕，常与死为伍！相离三千里，当谁使告女？"一片逆反之心昭然若揭。这样一来，吕后便动

● **云纹漆钫·西汉**
1972年湖南长沙马王堆西汉墓出土的云纹漆钫，共四件，此为其中一件。器表髹黑漆，内里红漆。

了杀心，加上戚夫人得势之时曾经费尽心机想要撺掇刘邦废掉刘盈，吕后越想越气，便将戚夫人斩断四肢，挖去眼睛，熏聋双耳，灌药使她变成了哑巴，最后扔到了茅房，叫作"人彘"。当刘盈看到血肉模糊的戚夫人时吓得大惊失色，他不敢相信自己的母亲会做出如此灭绝人性的事情，从此一蹶不振，再也不过问朝政，只能天天借酒消愁。

迫害完戚夫人之后，吕后怕刘如意长大后前来报仇，便想将他召回京斩草除根。刘如意当时只有十五岁，刘邦死时将他托付给国相周昌。所以，吕后征召了刘如意三次，都被知道底细的周昌回绝了。最后，吕后只好先召周昌，再召刘如意。刘如意不敢拒绝，果然来到长安。刘盈目睹了戚夫人变成"人彘"的惨剧，便想方设法想要保全弟弟的性命。于是，自从刘如意踏进长安的一刻起，刘盈便寸步不离，和刘如意同食同寝，使吕后无从下手。但刘盈每天有早起练习射箭的习惯，年幼娇气的刘如意起不来，刘盈一时大意，觉得一时半刻也不会出事，便一个人出去了。可是，一会儿回来后便发现弟弟七窍流血躺在床上。这次打击更是让刘盈难以承受，从此之后他便不敢再靠近母亲，每天抑郁不安，只能不断用酗酒来麻痹自己的神经。

婚姻的悲剧

刘盈不但目睹了戚夫人和刘如意的悲惨遭遇，而且无法阻止这种悲剧降临在自己身上。登基之后，他不但没有实权，而且连婚姻也要听凭太后做主。当时，吕后选了惠帝的亲外甥女张氏为皇后，这在今天看来无疑是近亲结婚的乱伦行为，但是，当时很流行这种所谓的"亲上加亲"式婚姻。

可是张氏不能生育，吕后便命张氏对外宣称自己已经怀孕，然后将宫中另一个美人所生的儿子抢来立为太子，为了掩人耳目，吕后残忍地将知情人全部处死。面对吕后为了权力不择一切的手段，刘盈渐渐对人生失去了信心，变得越来越消沉，最终在本该意气风发的年龄猝然撒手人寰，可悲可叹。

●鎏金铜马·西汉

从"扶不起的阿斗"到"乐不思蜀"

蜀汉后主刘禅

■ 《三国演义》将刘禅塑造成了一个"扶不起的阿斗",不但软弱无能,而且贪图逸乐。其实真实的后主刘禅并非如此,史书中的他不但聪明机智,而且善于韬晦,所谓的"乐不思蜀"只不过是为了保全大局不得已上演的一出戏。

襁褓之中遭大劫

看过《三国演义》的读者肯定对赵云单骑救主的故事记忆深刻,那时候的刘禅还是尚在襁褓之中的婴儿。当时刘备被曹操击败,狼狈逃遁,妻儿就落入了曹军手中。为了夺回幼主,刘备麾下的名将赵云就孤身杀入曹军大营,硬是将阿斗给救了出来。后来据说刘备曾怒摔阿斗以报赵云之恩。这段传奇故事自然有小说家的渲染夸张成分,不过据《三国志》记载,刘禅自小确实历经磨难。

据《三国志》记载,刘备是一个命中克妻之人,所以当年在老家的时候"数丧嫡室"。等到起兵之后,刘备在沛城娶了一个姓甘的女子为妾,这个甘夫人就是刘禅的生母。至于阿斗的小名,也是因为甘夫人夜梦仰吞北斗而孕,所以才取了这样一个名字。

据记载,刘禅童年的时候曾经被人拐卖到汉中,直到建安十六年(212),有一个扶风人刘括因避乱来到汉中,刘禅又被卖到他家。刘括问他的身世,知道他是正经人家的孩子,就把他收为养子,并且给他娶了妻,生了孩子。后来,有一个姓简的人是刘备麾下的将军,他听刘禅说自己的生父字玄德,便告诉了刘备。刘备这才派人前去验证,发现果然是自己失散的孩子,才将他接到了益州(四川),立为太子。

除此之外,《三国演义》中还有一个"截江夺阿斗"的精彩故事,主角也是赵云,不过这次还有张飞协助。当时刘备率兵入川,荆州政事暂由诸葛亮代为处理。这时候,吴国的君主孙权贪图荆州,便想趁刘备不在夺取荆州。但是，孙权的妹妹孙尚香尚在荆州，他怕作战时妹妹被扣做人质，便以老夫人病了为由将其先行骗回，并企图将刘备唯一的骨肉刘禅也带回去，将来可以做人质威胁刘备。不过，正待孙尚香登船之际，赵云便追了过来，夺回了刘禅。当时情况危急，幸好有张飞赶来断后，截住了东吴的船只，才使得赵云顺利脱身。

这几个故事的真伪现在已无从考证了，但都说明了刘禅的童年确实过得很不顺利，可以说自幼便经受了很多劫难。

年少登基智量大

《三国演义》中的刘禅是一个蠢笨的昏君，但据《三国志》记载，在刘禅还是太子的时候，诸葛亮曾对射君称赞刘禅。射君将此事告诉了刘备，刘备甚为欣慰，说："丞相叹卿智量，甚大增修，过于所望，审能如此，吾复何忧？勉之，勉之。"就是说，连诸葛亮都认为刘禅智量很大，比想象中还要聪明，那我还担忧什么呢？

223年，刘禅登基，他牢记刘备死前的遗诏"汝与丞相从事，事之如父"，不管大事小事，都要征求诸葛亮的意见之后才做决定。这也许是陈

● 赵云截江夺阿斗

寿在《三国志》中批判刘禅没有主见，"素丝无常，唯所染之"的原因，却也显示了年少的刘禅颇有容人之量。他深知君臣失和的危险后果，所以对诸葛亮尤为尊敬和倚重。即便是诸葛亮功高震主，而且颇为专横，他都始终隐忍不发。

刘禅即位的时候年仅十七岁，执掌国政稍显稚嫩，这时候辅佐他的大任便落到托孤大臣诸葛亮身上。但随着他一天天成长和历练，已经有了处理朝政的能力，这时候，诸葛亮本应该还政与刘禅，但他不放心，还是一个人总揽全局。即便是他带兵出征的时候，还要派心腹董允率亲卫兵监管刘禅，生怕他出什么差错。这样严格的监护自然会让已经渐渐成熟的刘禅不满，但是他始终没有爆发，而是一如以往的谦卑恭顺，谨守着父亲的遗命。直到诸葛亮去世之后，他才一举废除了丞相制度，设立了尚书令、大将军和大司马三职互相制衡，将军政事务分开。不独对诸葛亮如此宽宏，刘禅对待其他大臣也是非常宽厚仁爱的。当时魏延因叛乱被杀，刘禅还是念及魏延先前所立功劳，下旨将其厚葬。

●诸葛亮塑像

对于诸葛亮穷兵黩武的政策导致的国力衰退，刘禅虽然有心反对，但是鉴于刘备生前订立的北伐方针和诸葛亮在汉室的名望，刘禅还是忍了。直到诸葛亮死后，他亲领国事，才改变了连年北伐的方略，提出了休养生息的政策。但由于他对军队并没有绝对的控制权，不敢对急于北伐的将领过分施压，最终这一政策实施不彻，导致了施政方针混乱。

"乐不思蜀"背后的无奈

乐不思蜀可能是后主刘禅最受人诟病的地方了，作为一个亡国之君，他不但不知羞耻，苟且偷生，还贪图逸乐，丝毫不以故国为念，可谓昏聩至极。但其实，这背后其实隐藏着很多不得已的原因。

当时，曹魏的大军已经包围成都，即便誓死抵抗，也很难挽回败局，而且一旦破城之后，蜀国的百姓肯定惨遭屠戮。为了保全自己的子民，刘禅不得已开门投降，一个人承担了卖国的骂名，却保住了百姓的生命和财产。所以，在当时的形势下，刘禅的投降并非为了一己私利、卖国求荣，而是一件造福苍生的明智之举。

投降之后，刘禅作为亡国之君向曹魏称臣，被封为安乐公。北上洛阳之后，他明白自己的表现直接关乎蜀国百姓的命运。所以，他为了博取司马昭的信任，不得不韬光养晦，处处装疯卖傻，以减轻司马昭的疑心。

但是，多疑的司马昭始终没有真正放心，他总是找机会试探刘禅是否还有叛逆之心。有一次，他设宴招待蜀国君臣，故意让人奏起蜀地音乐。这时候，满座君臣哪个没有故国之思？一个个尽显悲戚之容。可是刘禅不敢暴露自己的情感，因为他知道自己的一举一动意味着

什么，如果他也流露出忧思，不但自己生命难保，而且很可能为百姓招致大祸。所以，他不得不强忍悲痛，故意傻笑，摆出一副毫无心肝的样子。这时候，司马昭反而大惊，虽然一直以来看到刘禅都傻乎乎的，可人怎么能够这么无耻？便问他："你难道不想念蜀国吗？"刘禅马上说："此间乐，不思蜀。"于是，司马昭哈哈大笑起来，从此认定此人没有反意，可以放心了。但是，很多人却揪住这一句话不放，把一个"扶不起的阿斗"死死扣在他头上，丝毫不考虑当时的情景。假设刘禅像后主李煜那样，早就被司马昭赐死了。

刘禅从223年登基到263年降魏一共称帝四十一年，是三国时期所有国君中在位时间最长的。如果说有诸葛亮的辅佐，那也只是前十一年，后来的三十年全靠他自己亲政。当时蜀国实力最弱，能够坚持这么久，没有真才实干肯定是不行的，所以仅从"乐不思蜀"一事便将其归为昏君，实在是有违史实。

●诏班师后主信谗

此图描述了后主刘禅听信黄皓的谗言，召姜维班师回朝的故事。

青衣行酒皆是恨

晋愍帝 司马邺

■ 晋愍帝一生只活了短短十八年，在他被群臣拥立为皇帝的时候，西晋王朝已经名存实亡，皇室世族早都逃到了江南。11岁的司马邺赤露肩背，口含玉璧，出城前往刘汉军营求降。投降之后，司马邺受尽屈辱，在刘聪出猎时手执长戟为他开路，宴会上身着青衣替人斟酒，连围观百姓都痛心悲哭。即便如此，为了防止晋人造反，司马邺最终还是被刘聪残忍地杀死了。

永嘉之乱

西晋（265－316）是魏晋南北朝史上短暂的大一统王朝，共有四代皇帝，司马邺是亡国之君，谥号晋愍帝，"愍"指的就是他一生所经历的苦难忧患。

司马邺的前任皇帝晋怀帝司马炽就是在"八王之乱"中被扶上皇位的傀儡皇帝。他在位也只有短短八年，而且朝政一直被司马越把持。当时，因为"八王之乱"兵灾连年，加上天灾，百姓们流离失所，流民起义不断，也为少数民族内迁提供了绝佳时机。

永嘉五年（311）六月，气势汹汹的匈奴人攻陷了西晋的首都洛阳，将晋怀帝掳了去，这就是历史上有名的"永嘉之乱"。晋怀帝被掳走的途中，太子司马诠也被杀害。年仅十一岁的司马邺被雍州刺史贾疋护送返回长安，封为太子，以备不测。果然，很快便传来晋怀帝被杀的消息，司马邺便被群臣拥立为新的君主，即为晋愍帝。

被俘的晋怀帝被押往平阳，匈奴汉王刘聪将其囚禁起来，并故意加以侮辱，命他在正月的朝会上做斟酒的仆人。在座的一些晋朝旧臣看不下去，失声痛哭，这让刘聪很反感，不久就下令用毒酒将晋怀帝毒死了。晋怀帝的悲惨遭遇似乎是晋愍帝一生的预演，只不过，相比之下，晋愍帝的遭遇更为凄惨。

青衣行酒皆是恨

永嘉之乱，晋怀帝被掳走，司马邺在这个危难之际被扶立为帝。但是，此时的西晋早已经名存实亡了，朝廷既没有可以作战的军队，也没有多少可用的粮草物资。公元316年八月份，匈奴刘曜又率兵围攻长安，长安军民依靠城池之险，苦苦固守了三个月，最后，城内粮尽，除了等死之外，唯有投降了。

为了城内幸存的军民考虑，司马邺唯有忍辱屈服，对刘汉称臣了。当时，大家都知道匈奴人素来仇恨汉人，即便是投降，也很难存活，便央求皇帝不要投降，免得再受欺辱。司马邺虽然年幼，但也明大义，他自己可以一人殉国，但是毕竟城里还有无辜百姓，如果自己投降可以让他们免受屠城之苦，也算是自己能为他们所尽的绵薄之力了。

于是，司马邺脱去了龙袍，赤露肩背，口含玉璧，乘坐羊车，出城前往刘汉军营投降。一路上，百姓们看到年少的皇帝如此凄凉，纷纷围住号哭，有的人爬上羊车拉着他不放，不愿看到他遭受匈奴人的虐待和侮辱。司马邺心中凄苦，却又无可奈何，只能用力推开众人，驱车来到了刘汉军营前。

看到狼狈的司马邺，匈奴人肆意取笑，极为嚣张。被押送到平阳之后，司马邺被废封为光禄大夫，西晋王朝至此灭亡。

对于这个年幼的亡国之君，刘聪百般羞辱，先是像对待晋怀帝一样命他青衣行酒。堂堂西晋的皇帝，不得不穿上贱役的青布衣服，在匈奴人开怀畅饮的时候奴颜婢膝地为他们斟酒，稍有差池还要被呵斥辱骂。更可悲的是，在座的还有一同被俘虏的西晋旧臣。这些臣子看到自己的皇帝如此屈辱，悲痛不已，忍不住偷偷啜泣。看到这些，刘聪更加高兴，对司马邺越来越放肆，简直连一个杂役的待遇都不如。

匈奴是游牧民族，喜欢打猎。在每次出猎的时候，刘聪便故意带上司马邺，并让他全身披挂，穿着笨重的铠甲，手执长戟，为自己执鞭开路。一旦有野兽出没，刘聪便和部下指着受惊的司马邺哈哈大笑。路上的晋朝百姓看到这一幕，都不禁失声痛哭。刘聪一方面享受着虐人的快感，一方面又担心长久下去会激起晋人的反抗之心，便派人杀死了司马邺。可怜司马邺被处死的时候刚刚18岁，本来正是年少轻狂的时候，却受尽屈辱和折磨，含恨而死。

● 对书俑·西晋

女皇的丈夫很无奈

唐高宗 李治

■ 唐高宗李治是一个气场很弱的老好人，却爱上了史上最强势的女人武则天，也许正是性格反差产生的引力，或者是当年的武媚娘还未曾蜕变成后来的武则天。总之，作为中国历史上唯一的女皇的丈夫，李治一生都很无奈，若非他的软弱善良，步步忍让，历史上或许也不会出现一代女皇武则天了。

永徽之治

因为李治本性善良，又有些优柔寡断，所以并不是一个适合做皇帝的人，因此一生也没有什么大的作为。幸好他的父亲唐太宗为他留下了丰厚的基业，又有长孙无忌、褚遂良等得力忠臣辅佐，才在即位初期维持住了唐太宗留下的局面，使得朝野上下呈现出一片治世的光景，因为高宗在位前六年年号为"永徽"，所以也称其为"永徽之治"。

唐太宗是一位非常具有开拓精神的英主，在位时期创建了各种制度，完善了唐王朝的官僚体制，而李治虽然才能远不及其父，却并不是暴虐无道之君，虽然见识不高，做一个守成的君主倒也能够胜任。

● 唐高宗李治画像

即位之初，高宗李治和那一班臣子谨守太宗遗训，继续执行太宗制定的各项政治、经济制度，并且牢记"水能载舟，亦能覆舟"的道理，关心民间疾苦，广开言路，在即位时便对群臣宣布："事有不便于百姓者，悉宜陈，不尽者更封奏。"每天，高宗都要接见刺史，向他询问百姓的生活状况，以便及时调整政策，并且以身作则，崇尚简朴。高宗一生没有什么特别的癖好，既不经常外出围猎，也不到处搜罗珍奇异宝，酒池肉林更是与他无缘。为了防止手下官员进献宝物，他还特意下令："自京官及外州有献鹰隼及犬马者罪之。"所以，李治统治初期，天下一直太平无事，百姓安居乐业，据史书记载，人口从贞观年间的不满三百万户增加到了三百八十万户。

唐高宗在位时期，朝鲜半岛上三国鼎立，分别是：高句丽、百济和新罗。高句丽与百济联军攻打新罗，新罗便派人向唐高宗乞援。于是，唐高宗先后两次发兵出击高句丽和百济。到了龙朔三年（663），唐朝的大将刘仁轨在白江口打败了高句丽和百济的联军，并且一举灭了百济国，迫使百济的国王逃向高句丽。总章元年（668），唐军又攻占平壤，彻底灭亡了高句丽。朝鲜半岛至此全部臣服于唐王朝。

除此之外，在高宗即位不久，西突厥阿史那贺鲁破乙毗射匮可汗，自号沙钵罗可汗。永徽六年（656），唐太宗派大将程知节西击沙钵罗可汗，开始向西域用兵。直至显庆二年（657），唐大将苏定方等大破西突厥，沙钵罗本想逃往石国（今乌兹别克斯坦首都塔什干一带），结果在途中被擒，西突厥灭亡。唐高宗遂在当地设置了昆陵、蒙池二都护府。次年，徙安西都护府于龟兹（今新疆库车）。所以，唐代的版图，在高宗统治期间达到了最大，东起朝鲜半岛，西邻咸海，北包贝加尔湖，南至越南横山，一直维持了三十二年。所以，如果说唐高宗一生都了无作为，也是不公正的，只不过高宗统治后期的局面，大都是靠武则天主持的。

爱上一个不该爱的人

唐高宗李治和武则天之间的爱情，严格意义上讲是违背伦理道德的，因为武则天原本是唐太宗的妃子，比李治要长一辈。那么，李治怎么会爱上父亲的妃子呢？这就要从唐太宗生病说起。

武则天十四岁进宫，在整个太宗时期，一直不受宠，只是个小小的才人。在唐太宗晚年病重的时候，孝顺的李治经常到父皇宫中请安，偶然的机会结识

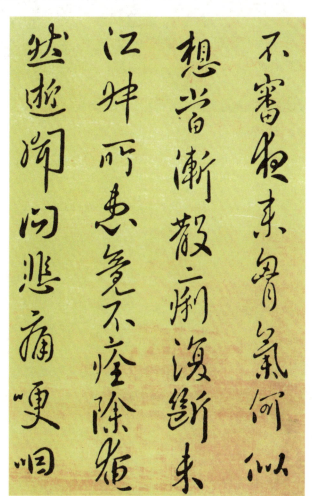

●孛江叙帖·唐·李治

●弈棋仕女图·唐

了武则天，并且一见钟情，不能忘怀。武则天本来想着没有出头之日了，无意邂逅太子李治，看到他眉目之间流露出的温情，便意识到这是一个绝处逢生的机会。两个人正值情窦初开的时节，一来二往，便摩擦出了火花。但是，唐太宗驾崩之后，按照规定，武则天没有生子，就要被遣送到感业寺做尼姑。高宗即位后，一次去感业寺上香时偶遇武则天。武则天拉着他的衣袖哭得梨花带雨，甚惹人怜。但是要将先帝的遗孀娶回家，这可是违反祖制的，肯定会招来一片反对声。

正在李治为此苦恼的时候，王皇后知道了这件事。她当时正与萧淑妃争宠争得不可开交，便主动提出将武则天接回宫，以此来对付萧淑妃，自己坐山观虎斗，等到她俩两败俱伤之际，坐收渔翁之利。可是她太低估了武则天的手腕，反而引火烧身。武则天回到后宫之后，很快就博得了高宗李治的专宠，并且不惜掐死自己的亲生女儿来构陷王皇后，加上巫蛊之术的罪名，将王皇后和萧淑妃都送进了冷宫。后来，武则天又将这两个千金之躯的弱女子活活折磨而死。此事之后，高宗对于武则天的阴毒也有些忌惮了，想起当初那个楚楚可怜的武媚娘，高宗只能感叹自己识人不明了。

剪除了后宫中的两大强敌之后，武则天顺利登上了后位，但是，后宫的天地已经不能满足她的野心了。武则天从小被当男孩子养大，饱读诗书，博通经史，对于朝政非常关心。起初她常向高宗提出一些施政建议，高宗觉得这个女子颇有见识，还很乐意听取她的意见。渐渐地，他发现这个女人野心十足，回想起父亲在世时那个谣言，他有些害怕了，便一度产生了废后的念头。

武则天本来就不受关陇贵族集团喜欢，宰相上官仪便帮助高宗一起拟订废后的旨意，结果还没等写完，消息灵通的武则天便闻讯赶来，阻止了他们的计划，并且设计将上官仪一族灭门。这件事后，高宗更加知道了武则天的手段狠毒，便不敢再压制她。因为他素来有眼疾，不便长期批阅奏章，就将此事交给了热衷政治的武则天。看到武则天将政事处理得井井有条，高宗也颇为满意，干脆就让武则天处理朝政，他也乐得清闲。

被架空的皇帝

对于高宗的忍让包容，武则天则是得寸进尺，野心进一步膨胀了。她不满足于当个能干的贤内助，而是希望像真正的皇帝一样君临天下，让整个唐朝臣服于她，承认她的能力。不过，当时她还没有公然称帝之心，便撺掇高宗和自己一起封禅泰山，借机给百官赐爵加阶，笼络人心。当时，因为武则天经常陪伴高宗一起处理政务，朝廷官员便将二人并称为"二圣"。

后来，高宗得了头风病，常常头晕目眩，不能外出接见官员，眼疾也进一步加重，几近失明。鉴于自己的身体状况实在难以操持政务，高宗便有了让武则天摄政的想法。武则天早就等这句话了，可是宰相郝处俊坚决反对，并向高宗进谏道："陛下奈何以高祖、太宗之天下，不传之子孙而委之天后乎！"意思就是说，你这个不肖子孙，难道要把祖宗基业拱手让与别人吗？这迎头棒喝似乎让高宗清醒了不少，便收回了这个念头。

武则天得知此事后，对这个碍手碍脚的宰相恨得咬牙切齿，便召集了一些"文学之士"撰《列女传》《臣轨》《百僚新戒》、《乐书》等千余卷，并且密令参决百官疏奏，以分宰相的权力。不久，高宗下诏："朕方欲传位皇太子，而疾速不起，它申往命，加以等名，可兹为孝敬皇帝。"并且诏谕天下，由武后摄政。于是，在上元三年（676）十二月，武则天正式统领国政，改元仪凤，布施大赦天下。由此直至高宗驾崩，朝政一直掌握在武则天手中。而唐高宗只是空有皇帝之名，虽然在位三十多年，但后来的朝政都是由武则天代为主持的。作为一个女性，武则天在治国中表现出来的才能并不亚于男人，甚至比很多男人更为英明。

在高宗驾崩之后，武则天对于自己的几个亲生儿子都不甚满意，便干脆自己当起了皇帝。最终，她用自己的文治武功和一代盛世证明了女人也是可以做皇帝，而且比很多男人要更圣明，在中国历史上创下了前无古人、后无来者的奇迹。但是，作为一个妻子，她的强势和对家庭亲情的漠视，则让丈夫李治非常不满而又无可奈何。

显赫的身世，悲情的人生

唐中宗李显

■唐中宗李显一生庸弱无能，被几个女人玩弄于股掌之间。第一次即位才两个月，便被母后武则天废黜为庐陵王，软禁在均州、房州十四年，尝尽了人世艰险。武则天死后，李显再次即位，韦皇后却与人私通，并干预朝政，野心勃勃的安乐公主一心想效仿武则天做皇太女，软弱糊涂的李显就被这母女俩密谋毒死了。

皇帝被贬庐陵王

武则天一生给高宗李治生了四个儿子，长子李弘，次子李贤，三子李显，四子李旦。长子李弘在永徽六年（655）被封为代王，次年，原太子李忠被废黜，李弘就成了皇太子。可是这个李弘二十三岁就英年早逝了，他的弟弟李贤便接替了太子之位。李贤是高宗四个儿子中最聪慧的，据《唐书》记载，他小时候读书便能过目不忘，而且举止端庄，很受高宗喜爱。他当太子之后，便召集了一批学者为《后汉书》作注释，史称"章怀注"，因此，李贤也被人称为"章怀太子"。但后来，在他的府邸搜出了三百余副甲胄。于是，太子李贤便以谋反罪被捕入狱，后被废为庶人，流放到了巴州。

长子夭折，二子又贬为庶人，三儿子李显便被立为太子。弘道元年（683），病恹恹的李治终于驾崩了，太子李显便继承了皇位。他身上遗传了父亲的善良和软弱，所以即位之后，很多事情都要请示母后才能做出决断，朝政实际上依然被武则天把持。

后来，李显渐渐不满于充当母后手中的操线木偶，便试图利用外戚的势力，组建自己的势力集团，来和武则天对抗。当时，裴炎受高宗遗诏辅政，李显觉得他处处掣肘，便准备提拔韦皇后的父亲、自己的岳丈韦元贞当侍中。裴炎坚决反对，李显大怒，便冲着裴炎吼道："我是皇帝，我要把天下给韦元贞都行，更别说一个小小的侍中了！"裴炎无言

以对，便将此话原封不动地转述给了武则天。武则天看到李显如此愚蠢，还气焰嚣张，便将他贬为庐陵王，赶出了长安，从此，李显便开始了漫长的软禁生涯。

漫长的软禁生涯

当了短短两个月的皇帝，李显便因得罪武后被废黜，先后被软禁在均州（今湖北省丹江口市）、房州（今湖北省房县）长达十四年之久。

在这十四年软禁生涯中，李显的身边只有妃子韦氏相伴，两人相依为命，艰难度日。这个韦氏在李显当太子的时候被立为太子妃，中宗即位的次年，加封皇后。在李显被废黜软禁期间，韦氏始终与他患难与共，为他排忧解烦，经常鼓励他想开一点，要耐心等待命运的转机。对此，李显非常感动，曾经对韦氏许诺："有朝一日我要能重登皇位，一定帮你实现一切愿望。"没想到，他真的等到了这一天，在经历了无数担惊受怕的夜晚之后，李显又迎来了新的黎明。

神龙元年（705）正月，张柬之、桓彦范、崔玄、敬晖等人联合右羽林大将军李多祚发动政变，杀死了横行朝野的二张兄弟，逼武则天退位，迎中宗李显复位，改年号为"神龙"，次月复国号为唐。李显再次登上了皇位。

●三彩马·唐

复位之后

中宗是个重感情、重承诺的人，他即位之后，立刻兑现了当时对韦氏的诺言，将她册封为皇后，并且不顾大臣的反对，破格追封韦后之父为王。非但如此，中宗竟然忘了眼前武则天的教训，让韦后参与朝政，但对扶立自己的功臣张柬之等人却不加以重用。这样一来，不但令朝野上下寒心，而且让韦后心中的权力欲肆无忌惮地膨胀起来。

韦后与中宗生有一女，名叫安乐公主，被武则天嫁给了武三思的儿子武崇训。而韦后和武三思之间关系非常暧昧，于是便连同女儿，和自己的

●舞伎图·唐

此图出土于唐代张礼臣墓，为随葬六扇"舞乐图屏"之一。舞伎面庞丰腴，身材颀长，细腰，体现出唐代仕女的审美风尚。设色鲜丽浓艳，面部运用细腻的晕染技法，表现出人物娇嫩的肤色，反映出初唐仕女画细密绚丽的风格特点。

亲家、女婿结成了一股强大的政治势力，左右着朝政。对于这个背叛自己的女人，中宗表现出了难以置信的宽容，也许是感念当年的恩德，当他亲眼看到韦后和武三思在床上衣衫不整地赌钱，不但没有勃然大怒，反而帮他们数筹码。

张柬之等人看到韦后的势力一步步膨胀，担心武则天的历史又将重演，便极力劝谏中宗，务必除掉武三思，以防后患。但是，昏庸软弱的中宗对这些忠言充耳不闻。后来，武三思和韦后反而诬告张柬之等人图谋不轨，不断怂恿中宗将张柬之等册封为王，调离京城。然后在路上埋伏杀手，将他们纷纷除掉。眼看着一帮功臣惨死在昏君之手，太子李重俊便和左羽林大将军李多祚发动政变，杀死了武三思父子，然后攻入宫中，想除掉惑乱朝政的韦后和安乐公主。结果三千羽林军因众寡悬殊而失败，太子李重俊和左羽林大将军李多祚双双被杀。韦后乘机诬陷宰相魏元忠与太子勾结谋反，将其贬出京城，独揽了大权。

惨死在妻女手中

除掉了心腹大患之后，韦后的权力已经无人可比，此时的中宗在她眼中已经形同废人。因为太子谋反时杀掉了韦后的情夫武三思，她便与女儿的情夫武延秀勾搭成奸。这个武延秀是一个风度翩翩的美男子，素来在宫中偷香窃玉，很受安乐公主的宠爱。在这次政变中，安乐公主的驸马也被杀死了，所以安乐公主便乐得与武延秀共叙幽欢，公然如夫妇一般同起同卧。中宗得知后，不但没有约束女儿的行为，反而将安乐公主许配给了武延秀。

这个安乐公主是中宗在贬谪房州途中所生。当时没有襁褓，中宗脱下自己的衣服包裹婴儿，因此安乐公主小名裹儿。可能是出于对女儿的歉疚，中宗对安乐公主极其宠溺。可是安乐公主生活奢靡，作风放荡，而且利欲熏心。为了牟取暴利，她竟然开府置官，公然卖官鬻爵。各种官爵都被她自己标上了价格，来人只要出得起钱，不管是屠夫酒肆之徒，还是山野草寇，都可以做官。官员的任免要皇帝签字，安乐公主常常自拟诏书，一手掩住诏书上的文字，一手捉住了中宗的手在诏书上署名。一时间，安乐公主所授官职竟然有五六千人之多，宰相以下的官员多出其门，权倾朝野。

因为安乐公主从小跟随武则天长大，受到这位女皇的很大影响，便也想着效仿她，自己做皇太女。中宗总觉得安乐公主是一个被惯坏的小孩子，只是说说，便逗她说："等你母后做了女皇，再立你为皇太女也不迟。"结果安乐公主却当真了，极力怂恿韦氏临朝听政。这正中了韦氏的下怀，她便以中宗体弱多病为由，效仿武则天当年的做法，一步步干预朝政，甚至乾纲独断，丝毫不把中宗放在眼里。

后来，有一个许州参军燕钦融上书声讨韦后和安乐公主，说"皇后淫乱，干预国政，安乐公主武延秀及宗楚客等，朋比为奸，谋危社稷，应亟加严惩，以防不测"。唐中宗岂是不知，只不过一直忍隐不发而已，事到如今，他

已经无力管束这母女俩了，便默然颓坐，良久不语。正在此时，韦后闻讯赶来，竟命令手下宗楚客将正直的燕钦融摔死在殿庭石上。这样一来，中宗颜面无存，顿时大怒，便对韦后的手下说："你们眼里还有朕吗？"宗楚客回去之后便向韦后告状，还加油添醋地说皇帝已经觉醒，可能会有废后之举。韦后做了很多过分的事情，心里本来就有隐忧，便信以为真，召来安乐公主。二人密谋良久，准备毒杀中宗。

这对心狠手辣的母女根本不感激中宗对她们的宠爱之情，亲自做毒饼毒杀了毫无防备的中宗。中宗一死，韦氏便再也无须顾虑什么了。她任用韦氏子弟统领南北衙军队，开始临朝听政，并准备除掉相王李旦，以断绝李家的后路。可是还没等她动手，李旦的儿子李隆基抢先发动政变，带领羽林军夜入玄武门，肃清宫掖，尽杀韦姓诸人。最终，韦后的女皇梦也没能如愿，而中宗李显一生遭遇坎坷，不得善终，悲情至极。

●银莲花·唐

39年皇子，30天皇帝

明光宗朱常洛

■明光宗朱常洛可谓中国古代最悲哀的皇帝之一，他自小就不受父亲赏识，战战兢兢地做了39年皇子，好不容易熬到当皇帝的一天，还未来得及施展抱负，就在即位第30天清晨莫名其妙地撒手西去了。

轰轰烈烈的国本之争

明光宗朱常洛的悲剧人生从呱呱坠地开始就已经拉开了序幕，他的出生仅是因为明神宗一夜风流。朱常洛的生母是一个宫女，偶然的机会受到临幸，没想到竟为神宗诞下了一个长子朱常洛。面对这个未曾料想到的儿子，明神宗也很纠结。一方面，他想到了自己的身世，明神宗也是父亲一夜风流的种子，生下来一直不受父亲待见，在宫中受尽了冷眼，所以，他肯定不想同样的悲剧重演。但是，朱常洛已经出生，这就是既成事实了，明光宗尽量担负起了父亲的责任。

朱常洛的母亲出身卑微。明神宗虽然一时兴起临幸了这个可怜的宫女，却并非真的喜欢她，所以她从始至终也没得到过皇帝的宠幸。当时，后宫中最受明神宗宠爱的女人是

●人物纹盘·明

郑贵妃。郑贵妃后来也生下了一个儿子，被明神宗封为福王。同是皇子，明神宗对福王朱常洵宠爱有加，视为掌上明珠，而对朱常洛却连正眼也懒得看。但是，按照中国古代皇子继承制，素来有"有嫡立嫡，无嫡立长"的原则，所以，皇长子朱常洛理应继承皇位。郑贵妃恃宠而骄，一步步地谋划着夺取皇后之位，便夜夜在神宗的耳边吹枕头风。于是明神宗的心中也渐渐有了废长立幼的想法。不过，立太子事关祖宗基业，明神宗虽然有想法，却很难过群臣这一关。

可是郑贵妃是个非常有心计的女人，为了夺取皇后的宝座，她可谓费尽了心机，想把朱常洛从太子的位置上拉下来。在朱常洛还咿呀学语的时

候，她便屡次在明神宗耳边唠叨，说朱常洛资质愚钝，根本没有做皇帝的天赋。明神宗的心早已被郑贵妃俘获，当然对朱常洛有了偏见。到了该上学的年纪，郑贵妃更是唆使明神宗对朱常洛实施放羊式管理，迟迟不让他入学接受教育。

但这并不是长远之计，后来，郑贵妃又想出一招，让明神宗将皇长子朱常洛、皇三子朱常洵和另一个皇子朱常浩都封为王，这样一来，既可以提高自己儿子的地位，又可以掩盖自己的目的，暗中削弱皇长子的地位。这个迂回的伎俩就是所谓的"三王并封"。不过，群臣也不是傻瓜，一眼就看穿了郑贵妃的阴谋，便竭力反对，所以郑贵妃最后也没能得逞。后来，围绕着该立谁为太子的问题，还爆发了一场轰轰烈烈的"国本之争"。明神宗非常郁闷，他虽然很喜欢郑贵妃的儿子朱常洵，但无奈群臣拥立朱常洛，所以他试图舌战群儒，最终还是败下阵来，朱常洛终于历尽艰难当上了太子。

举国震惊的梃击案

"梃击案"是明末著名的三大案之一，发生在万历四十三年（1615）五月初四，这个惊天大案的被害人就是倒霉的太子朱常洛。二十岁的朱常洛在群臣的力挺之下好不容易当上了太子，却并没有摆脱危险，郑贵妃这条毒蛇一直在背后向他吐着芯子。眼看着自己苦心设计多年的计划落空，郑贵妃心中愤恨不已，决定拼个鱼死网破。

万历四十三年（1615）五月初四的中午，一个三十多岁的刺客公然挥舞着大棍冲进了太子朱常洛家中，打伤了守门太监，企图刺杀太子。幸好，当时有一个勇武过人的内侍韩本用及时赶来，在前殿制服了这个疯狂的刺客，救了太子朱常洛一命。惊魂甫定的朱常洛怎么也想不通，竟然有人胆敢如此堂而皇之地冲入太子府中杀人。想到自己从小受到的委屈，他的心里不仅有些凄凉。

这次刺杀太子的大案自然在朝廷引起了轩然大波，虽然没有得逞，但是歹徒气焰之嚣张让众臣瞠目结舌，于是，大家渐渐将怀疑的目光投向了

● **仕女吹箫图·明·唐寅**

唐寅的人物画多描写古代仕女生活和历史故事。此图描绘仕女手抚玉箫吹奏的情景。仕女面容姣好，姿态优雅，神情忧郁，吹不尽无尽的忧愁。

●十三陵神道上的
文臣石刻

太子的宿敌郑贵妃。后来，明神宗便将此案交给了御史刘廷元审理。刘廷元将那个歹徒带上堂来，经过询问，发现这个人只是一个普通的农民，名叫张差，而且说话颠三倒四。不过，如此一个近似疯癫的村民竟然敢行刺太子，背后肯定有指使者。

　　后来，在刑部提牢主王之寀的威逼利诱下，张差终于供出了幕后主谋，果然是郑贵妃。原来，这个张差是一个靠砍柴和打猎为生的庄稼户。在此事发生的一个月前，张差去集市上卖货，挣了钱一时手痒，便去赌博，结果输了个精光。正在他懊恼的时候，一个老太监交给他一桩"生意"。张差便跟着老太监进了京，好吃好喝待了几天之后，接过了太监的木棍，按照指示来到了朱常洛住的慈庆宫。据他说，老太监告诉他，只要见人就打，尤其是一个穿黄袍子的人，打死之后重重有赏。根据张差的供词，王之寀最终揪出了背后指使的太监，就是郑贵妃手下的庞保和刘成。

惊天阴谋一旦传开，朝野上下顿时议论纷纷，有朝臣进言，要求明神宗治郑贵妃谋害太子之罪，并举证郑氏一门外戚专权。郑贵妃听了之后吓得惶惶不可终日，赶紧跑去向明神宗哭诉。明神宗看这次犯了众怒，也不知如何是好。

朱常洛看到父亲生气，只得主动站出来化解这场危机，提出只要张差一人来承担罪责即可。明神宗于是就坡下驴，高兴地说："还是太子识大体，就这样办吧。"于是，这桩举国哗然的惊天大案最终就这样不了了之了。不过，经过这次大案之后，郑氏一门也渐渐衰微了，天子朱常洛反而赢得了更多人的同情和支持，地位进一步巩固了。

壮志未酬身先死

万历四十八年（1620），受尽磨难的朱常洛总算是登上了皇位，等到主宰自己命运的一天。登基之后，朱常洛马上进行了一系列大刀阔斧的改革。他主动发内帑犒劳边关将士，虽然杯水车薪，却是万历朝罕见的恩泽。他还废除了万历年间的矿税，大大减轻了贫苦百姓的负担，一定程度上缓和了阶级矛盾。而且朱常洛还是一位颇能识人的明主，他不但给那些因直言进谏遭罢免的言官平了反，将他们重新启用，还提拔了一批新的官吏，弥补了万历中后期朝廷官员不足的情况。

正当朝野上下呈现出一片欣欣向荣的气象时，这位正值壮年的皇帝突然大病不起了。罪魁祸首还是郑贵妃。原来，她看准了朱常洛好色的弱点，向他大批地进献美女。俗话说，英雄难过美人关，面对倾国倾城的美女，朱常洛也丧失了警惕性。加上即位之初百废待兴，朱常洛每天光是处理政务就已经非常辛劳了，回到后宫还夜夜笙歌，纵欲过度，终于一病不起了。

但这种病并非什么急症，历代皇帝多有此病，只要多休息，吃些药调养一下就没有大碍了。可是，掌管御药房的太监竟然受人指使，将原本的补药换成了泻药。明光宗本来就虚弱，吃了此药之后狂泻不止，再也起不了床了。

接着，鸿胪寺丞李可灼自称有仙丹两颗，能使人起死回生，吃后立马见效，并且延年益寿。明光宗估计是病急乱投医，便服用了一粒，结果病情果然稍见好转。于是，他便更加相信，很快又服下了第二粒。这一粒下去，他便觉头越来越重，沉沉地睡了过去。这一睡，就再也没能醒来。第二天清晨，宫中传来皇帝驾崩的消息，群臣再次哗然，这个红丸到底是何成分？为什么李可灼要进献红丸？这些都随着明光宗的死成为历史迷雾。最终，这个苦命的皇帝仅仅在位三十天就不明不白地死了。而且他一生命运坎坷，死后连陵寝也是采用当年景泰帝的废陵，命运对帝王竟也如此捉弄。

可怜薄命做君王

光绪帝 载湉

■四岁的载湉本来是醇亲王的儿子，因为同治帝没有子嗣，意外地继承了帝位。命运的这个转机给了他至高无上的皇位，也将他抛入了悲剧的深渊。终其一生，他都是一个受制于人的傀儡皇帝，无法作为，而且还受尽磨难，不得善终。

●光绪帝读书图

悲剧的命运分岔口

同治十三年（1874）农历十二月初五日，年仅十九岁的同治帝因患天花不治身亡，结婚刚刚一年的他没有留下一息子嗣。慈禧太后于是环视四周，发现一个最佳人选，便是自己的亲妹妹所生，醇亲王奕譞的儿子载湉。当时的载湉只有4岁，还是个不谙世事的顽童，正好便于控制。于是，这个本来与皇位无缘的孩子就突然被命运带进了一个复杂的政治旋涡中，注定了一生都是悲剧。

四岁的载湉在熟睡中被悄悄地抱进了皇宫。光绪元年（1875）正月二十日，载湉正式在太和殿即位，从此，便开始了他的傀儡生涯。在这个新的环境中，没有朋友，没有亲情，只有学不完的繁文缛节，还有慈禧太后严厉的训斥。小小的载湉每天都活得很辛苦，担惊受怕，抑郁孤独，经常生病。因为营养不良和疏于照顾，载湉的身体发育迟缓，体质羸弱，十岁的时候看上去还和五六岁的幼童一样。

按照清朝皇室的规定，皇子六岁要开始读书。光绪二年（1876），载湉也开始在毓庆宫读书。当时慈禧太后给光绪帝选派了几个老师，内阁学士翁同龢主要负责教他识字和读四书，侍郎夏同善则教他书法，还有一个御前大臣教他蒙古文、满文和骑射。面对沉重的学业压力，小小的载湉经常会感到厌烦，便开始哭闹。慈禧太后没办法，只有将他的父亲醇亲王召入宫中来伴读。见到自己的父亲，载湉心中稍有些安慰，便肯安心学习了，写诗作文都有了很大长进。

●慈禧太后与外国公使夫人合影

渐渐地，光绪帝一天天长大了，已经十七岁了，慈禧太后霸占了大权十几年，也应该还政了。但是对权力的野心让她对还政一事一拖再拖，直到不能再拖的时候，她便又想出一计，将自己的内侄女都统桂祥之女叶赫那拉氏嫁给了光绪帝做皇后，就是后来的隆裕皇后。这是光绪帝人生第二个悲剧，他根本就不喜欢这个叶赫那拉氏。据史书记载，此女相貌丑陋，而且说白了就是慈禧太后安插在光绪帝身边的密探。光绪帝一生在事业上无法施展手脚，家庭亲情从四岁就被剥夺了，现在连婚姻都变成了一场政治阴谋，实在是可怜至极。

百日维新

在大婚之后，光绪帝名义上接管了国家大权，但遇到真正的大事情，还是得向慈禧太后请示，并没有多少决定权。不过这些都无法抑制少年皇帝参政的热情。他求知若渴，迫切地想要了解外面的世界。光绪十六年（1890），驻美公使张荫桓回国了，光绪帝迫不及待地召见了他，向他询问国外的情况。后来，他又通过阅读黄遵宪的《日本国志》了解了东洋的情况，对日本的明治维新留下了深刻的印象，萌发了变法强国的志向。

光绪二十年（1894）甲午中日海战爆发之后，光绪帝毅然站在了主

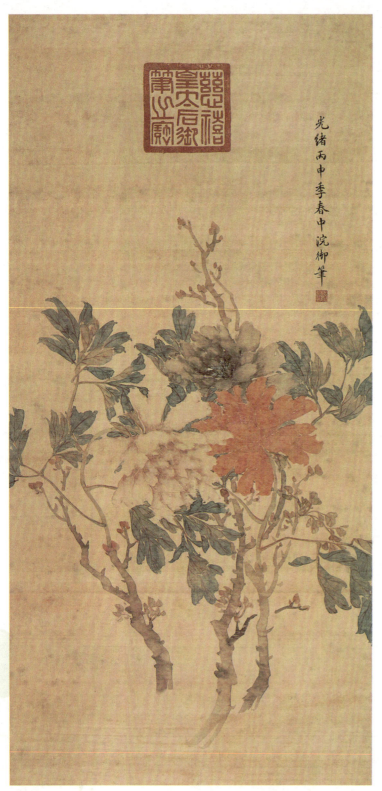

光绪丙申季春中浣御笔

战派一边，他迫切地希望建功立业，希望看到国家在自己的手中变得强大。但是，当时的军费都被慈禧太后挪用，修颐和园去了，而且军中主帅李鸿章也对光绪帝的旨意漫不经心。最终，甲午中日战争以中国惨败告终，光绪帝不得已签下丧权辱国的《马关条约》。在批准条约时，他用朱笔写下了一段话，要求全军上下戮力一心，痛除积弊，兴革自强，可见他振兴国家的决心。

随着民族危机的进一步加重，康有为、梁启超为首的一些有志之士在光绪二十一年（1895）四月二十二日联合十八省举人联名上书，提出拒和、迁都、练兵、变法要求，史称"公车上书"。公车上书一举激发了光绪帝的爱国热情，他更加坚定了变法的决心，准备启用康、梁等维新派人士，效仿日本的明治维新，实行变法，富国强兵。

● 牡丹图·清·慈禧太后

《牡丹图》是慈禧太后御笔，为设色绢本立轴，长125厘米，横61厘米，落款御题"光绪壬辰夏清和月御笔"，画上方正中钤有印章，为"慈禧皇太后之宝"。

戊戌年二十四年（1898）四月十三日，御史杨深秀奏请定国事，二十三日，在取得慈禧太后同意后，光绪帝颁布"明定国事诏"，在政治、经济、军事、文教诸方面实行变法，旨在挽救中国危亡。他对维新派主要人物做了恰当的人事安排，允许康有为专折奏事，并任命他在总理衙门章京上行走，以让他们上奏，提出变法方案。在短短的103天里，光绪帝颁布了100多条新政上谕。

但最终这些法令在执行的时候受到了重重阻碍，尤其是以慈禧太后为首的顽固势力的抵抗，很难落实下去。慈禧太后并没有将光绪帝的变法放在眼里，一旦光绪帝的旨令威胁到了她的利益，她立刻发出懿旨迫使光绪帝将变法的中坚人物翁同龢革职查办。光绪帝也不甘示弱，将守旧派的怀塔布、许应骙等六名礼部堂官革职了，重新换上了七名新堂官，其中有四名都是维新派人士。这一来彻底激怒了慈禧太后，她偷偷召来荣禄，准备血腥镇压维新变法，并企图借天津阅兵之际，胁迫光绪帝退位。

听到了密报之后，光绪帝在7月30日密诏杨锐，告诉他当前的危险，让他和林旭、刘光第、谭嗣同等速议对策。谭嗣同本来寄希望于天津训练新军的袁世凯，企图通过他除掉荣禄，营救光绪帝。没想到，袁世凯口头上答应，暗地里却密报了荣禄。八月六日，震惊中外的戊戌政变发生，光绪帝被囚于瀛台，慈禧太后第三次训政。康有为、梁启超逃往国外，张荫桓戍边，徐致靖永禁，杨深秀、杨锐、林旭、刘光第、谭嗣同、康广仁（康有为之弟）六人被处斩，史称"戊戌六君子"。

一场轰轰烈烈的维新运动就这样惨淡地落下了帷幕，那些颁布的新举措，除京师大学堂外，全部废除，戊戌变法以失败告终。不过，作为中国历史上第一次资产阶级改良运动，这场运动虽然因条件不成熟而失败，却不失为一次伟大的尝试。

凄凉的晚景，死亡的迷局

在百日维新失败之后，光绪帝也看清了自己的力量是多么不堪一击，他彻底丧失了参政的热情，开始了无望的囚徒生活。在光绪皇帝人生最后一个阶段中，他经受了身体到精神的巨大痛苦，饱受病痛的折磨。

光绪二十六年（1900），八国联军进攻中国，慈禧太后不顾实力悬殊，感情用事，草率决定对列强宣战，结果惨败，被迫签下了丧权辱国的《辛丑条约》。此后，光绪帝对政治越来越漠视，对人生也丧失了热情，每日郁郁寡欢，不言不语，终于在38岁时郁郁而终了。

关于他的死因，历史上一直众说纷纭，莫衷一是。现代的专业技术手段已经确证：光绪帝突然暴病而亡是因为急性胃肠性砒霜中毒所致。而砒霜是从何而来呢？有人认为是慈禧太后为了独霸权力所为，也有人说戊戌变法时袁世凯出卖光绪帝，怕慈禧太后死后遭光绪帝报复，于是贿赂太监下毒。还有人说是太监李莲英下的毒，因为他得悉光绪帝日记中说慈禧太后死后将诛杀袁世凯和他。到底下毒之人是谁，现在也已经成了一段历史公案。但不管凶手是谁，对于受害者光绪帝来说，他的悲剧人生就这样草草收场了，留给历史的只是一个苍凉的背影而已。

励精图治的亡国之君

崇祯帝 朱由检

■在封建君主专制时期，君明臣贤是最理想也最难得一见的局面，崇祯帝就遇到了一帮令他无奈的臣子。在他费尽心力铲除了气焰嚣张的阉党之后，那帮臣子不思中兴，反而为了门户之争互相倾轧。无奈之下，一心想要中兴明朝的崇祯帝只有事必躬亲。可偌大一个国家，又遇上多事之秋，外有后金步步紧逼，内有农民起义愈燃愈炽，崇祯注定无法挽回狂澜，只有含恨自缢。

铲除阉党，朋党又来

明朝中后期的阉党之祸非常严重，到了明熹宗的时候，宦官魏忠贤权势遮天，一手操控朝廷，形成了明代最大的阉党集团。

天启七年（1627）八月，明熹宗病故，其弟朱由检便受命即位，次年改年号"崇祯"，是为明思宗，也就是历史上有名的崇祯帝。崇祯帝即位之后，第一件事情就是铲除阉党势力。即位之初，这个16岁的少年皇帝雷厉风行地铲除了魏忠贤的羽翼，使他处于孤立无援的境地。之后，他趁热打铁，一纸诏书便将魏忠贤贬到凤阳守陵，一步步逼得魏忠贤自缢。除掉了这个大宦官之后，阉党便树倒猢狲散了。崇祯帝便将二百六十余名阉党或处死，或遣戍，或禁锢终身，一举除掉了这个危害朝野多年的团伙。

但是，又一个棘手的问题摆在了崇祯帝面前。在铲除阉党的时候，崇祯帝主要倚重曾经饱受阉党压迫的文官集团，但是阉党一除，这帮庞大的官僚马上势力膨胀起来，闹起了内讧。

明朝末年，朝廷班子中很大部分官员都是来自

●镀金铜佛塔·明

江南的文人，他们结成一个官僚集团，称号"东林党"。除此之外，还有一些以籍贯命名的"浙党""齐党""宣党"等。

阉党被铲除后，东林党人和其他一些位高权重的党派之间便出现了很大的矛盾，斗争越来越激烈，夹在其中的崇祯帝最为苦恼，眼看着一大群臣子分庭对抗，却难寻能用之人。而且，文官集团的势力太强大，皇帝的权力就受到了很大限制，做什么决断都要召开讨论会，各党派之间往往意见不一，大大降低了行政效率。崇祯在位的十七年，除了镇压农民军以及抵抗后金外，大部分心力都用于削弱文官集团的势力。

后金崛起

除了阉党之乱和朋党之争外，崇祯皇帝还面临着内忧外患的战争。明万历四十四年（1616），明朝北方的女真人势力逐渐壮大，他们的首领努尔哈赤在赫图阿拉（今辽宁新宾县）称汗，建立了后金政权，企图与明朝分庭抗礼，后来公然举旗反明。

面对这一来自北方的强敌，崇祯启用了主战派将领袁崇焕。此人虽然是文官出身，却很熟悉兵法，而且有胆识，曾经让后金军队闻风丧胆。天启六年（1626）正月十四日，后金兵渡辽河，二十三日，努尔哈赤御驾亲征，率军攻打宁远。当时袁崇焕负责守卫宁远。努尔哈赤号称"自二十五岁起兵以来，征讨诸处，战无不捷，攻无不克"，最终兵败宁远，并于同年七月病逝。

崇祯元年（1628）四月，崇祯帝任命袁崇焕为兵部尚书兼右副都御史，督师蓟、辽，兼督登、莱、天津军务。七月，崇祯帝召见了袁崇焕。崇祯帝为了打消袁崇焕的顾虑，不惜赐给他尚方宝剑，由此可见他的决心。

●白玉龙鱼式花插·明

努尔哈赤死后，他的儿子皇太极即位，继续对明朝发动猛烈进攻。他知道袁崇焕是明朝的不倒长城，宁锦防线太难突破，便设计绕道蒙古，避开守卫森严的山海关，进攻北京。袁崇焕早已料到这一举，便两次上书崇祯帝，可惜都没有引起他的足够重视。最终，这一令人恐怖的后果果然被袁崇焕言中了。

崇祯二年（1629）十月二十六日，后金的八旗军兵分两路，分别进攻长城关隘龙井关、大安口等。当时，镇守蓟镇的军队军纪废弛，城墙年久失修，根本无法阻止后金军的进攻。三十日，后金的军队就已经打到了遵化城下，距离京师只有三百里。明王朝到了生死存亡之际。

这时，明朝君臣没有反思自己的问题所在，反而听信朝廷内阉党余孽的诬陷和皇太极的反间计，将大将袁崇焕以通敌叛国的罪名逮捕入狱。在囚禁审讯半年后，崇祯三年（1630）八月，将袁崇焕残忍地分尸处死。可怜这位曾立下汗马功劳的大将最终未能马革裹尸，含恨而亡。

农民起义的烽火

与此同时，李自成的农民起义军声势日渐浩大，成为明王朝灭亡的定时炸弹。李自成原名鸿基，世居陕西米脂李继迁寨，曾为银川驿卒。他在崇祯二年（1629）揭竿造反，后来因为勇猛而有谋略，成为闯王高迎祥部下的闯将。后来，李自成在起义军中提出了一些有效的战略方针，名望渐高，在高迎祥死后，便做了新一任闯王。

当时，农民们饥寒交迫，而李自成打出"均田免赋"的口号，赢得了民心，部队很快发展到百万人之多。崇祯十年（1637），明朝的大将杨嗣昌会兵十万，增饷二百八十万，提出"四正六隅，十面张网"的策略，主张限制起义军的流动性，将他们各个击破，最后歼灭。这一策略很快便有了效果，张献忠兵败降明，李自成在渭南潼关南原遭遇洪承畴、孙传庭的埋伏被击溃，带着刘宗敏等残部十七人躲到陕西东南的商洛山中。

可是，内忧外患相伴而生，眼看着李自成的起义军已经几近灭亡，崇祯十一年（1638）八月，皇太极的清兵又从青口山（今河北迁安东北）、墙子岭（今北京密云东北）两路毁墙入关了。这个关键时刻，到底是攘外，还是安内，朝廷内部又出现了政策的摇摆。当时，杨嗣昌坚持"安内方可攘外"，力主与清议和，但以宣大总督卢象升为代表的另一派则坚决反对。对于两派的意见，崇祯帝也是犹豫不决，最终急调洪承畴等人东去勤王，所以李自成便幸运地逃过一劫。

崇祯十六年（1643），李自成在襄阳称王，同年在河南临汝歼灭了陕西总督孙传庭的主力，乘胜占据了西安。次年正月，李自成建立大顺政权，正式称帝，年号永昌。

无力回天，饮恨煤山

面对步步紧逼的清兵和农民起义军，明朝的军队已经屡屡挫败，完全丧失了士气和战斗力。崇祯十七年（1644）三月十七日，闯王的军队围攻北京，无力回天的崇祯帝只有逃离皇宫了。十八日的晚上，他带着贴身太监王承恩登上了煤山(今北京景山)，面对连天战火下满目疮痍的明王朝，他不禁流下了伤感的眼泪。当时的崇祯帝只有三十四岁，因为宵衣旰食，朝乾夕惕，据史书记载，他二十多岁的时候就已经头发全白，皱纹满面，可怜这样一位勤政的皇帝，最终也难挽回明王朝的败局。

在生命中的最后一刻，崇祯帝只有哀叹，叹自己壮志未酬身先死，叹自己忙碌一生竟于事无补。带着绝望的心情回到宫中后，他写下了遗命诏书，命成国公朱纯臣统领诸军和辅助太子朱慈良。然后，他命人招来了自己的嫔妃和儿女，匆匆嘱咐了儿子几句后，便命人将三个儿子送往外戚家避难。看着身边哭成泪人的后妃和女儿，他心中一酸，无奈地对周皇后说："你是国母，理应殉国。"周皇后也是个刚烈的女子，立刻解带自缢了。袁贵妃也哭着拜别，随皇后自缢而死。接下来是十五岁的长公主，看着正值花季的女儿，崇祯帝流着泪说："你为什么要降生到帝王家来啊！"说完左袖遮脸，忍痛砍死了自己的女儿。

料理完后事，崇祯帝本该主动殉国而死，可求生的欲望刺激着他。于是，他换上便服，混在太监中，试图出城。可走到朝阳门，守门的人请天亮时验明再出。此计不成，他又派人到负责城守的戚国公朱纯臣家，结果朱家人说朱纯臣赴宴未归。崇祯又赶到安定门，无奈门闸太沉重，无法打开。求生的路被彻底截断了。第二天天刚蒙蒙亮，起义军就浩浩荡荡地开进了北京城。得知这个消息后，崇祯帝彻底崩溃了，便脱下皇袍，在衣襟上愤然留下了这样的血书："朕凉德藐躬，上干天咎，致逆贼直逼京师，皆诸臣误朕。朕死，无面目见祖宗，自去冠冕，以发覆面。任贼分裂，无伤百姓一人。"然后与太监王承恩在煤山相对而缢。

两天后，人们才发现这个僵死的国君。四月初，由大顺政权派人将崇祯帝与周皇后草草葬入昌平县田贵妃的墓穴（思陵）之中。可怜这个曾有中兴之志的年轻皇帝，最终还是无奈地做了亡国之君。

● 天坛祈年殿

天坛始建于明永乐十八年（1420），因为当时是天地合祀，故名天地坛。嘉靖九年（1530），朝廷制定了四郊分祭制度。四年之后，祭地挪到了新建的地坛进行，这里于是成为帝王祭天、祈谷、祈雨之所，从此改称天坛。此图为天坛祈年殿，每年正月上辛日，皇帝要到此举行祈谷礼，祈求上天保佑五谷丰登。

末代皇帝的错位人生

宣统帝 溥仪

■ 爱新觉罗·溥仪是清朝最后一位皇帝，也是中国历代皇帝里面经历最复杂，人生最跌宕起伏的皇帝。他一生见证了几千年封建王朝的覆灭，又亲历了中国近代史上最重大的几次战役，出任过伪满洲国的傀儡皇帝，也当过新中国的公民，可谓是传奇一生。

封建王朝的最后一位皇帝

爱新觉罗·溥仪是清朝的第十二位君主，也是中国的末代皇帝，因其在位期间年号为宣统，也被称为宣统帝。溥仪是道光帝的曾孙，光绪帝胞弟载沣的长子。光绪三十四年（1908）十月，清王朝的幕后掌权者慈禧太后和光绪帝先后病逝。慈禧太后一生贪恋权力，即便是临死，依然做着掌权的美梦，因此，在她的坚持下，三岁的小溥仪被立为新一任皇帝。

皇帝的问题解决了，慈禧太后便一命呜呼了。半个月后，按照遗命，溥仪在太和殿正式登基称帝，由光绪皇后隆裕和他的父亲载沣共同辅佐他管理朝政。等到溥仪大婚之后，摄政大臣应该还政于溥仪。

可是，没等到溥仪长大，反帝反封建的辛亥革命就爆发了。宣统三年（1911），在反对封建君主专制的强烈呼声下，隆裕太后被迫代溥仪颁布了《退位诏书》。从此，延续了两千多年的封建君主专制制度在中国彻底消亡。清王朝灭亡了，溥仪这个清朝的末代皇帝便也不再拥有真正的权位了。

● 溥仪与摄政王载沣

根据退位前谈好的优待条件，溥仪虽然退位，却依然保有"皇帝"的尊号，依旧生活在紫禁城。对于这个六岁的儿童来说，生活依然同以前大同小异，对于什么革命、战争、皇权他还是一无所知。年幼时的他每天只知道玩骆驼、喂蚂蚁、养蚯蚓，除此之外便跟随大学士陆润庠和侍郎陈宝琛学习汉文，在都统伊克坦教导下学习满文，在庄士敦指导下学习英文。

溥仪曾经写下一部自传《我的前半生》，他曾回忆自己在紫禁城度过的与世隔绝的童年生活，"我在童年，有许多古怪的嗜好，除了看狗打架之外，更大的乐趣是恶作剧"。其实，对他来说，外面世界中正爆发的革命热潮，根本没有波及他的生活，他首先是一个孩子，不管是不是皇帝，都不影响他过着无忧无虑的童年。

1917年7月1日，张勋发动兵变，又将12岁的溥仪推上了皇位。可这次复辟的闹剧没有持续两周就仓皇落幕了。7月12日，溥仪再次宣布退位。

可怜的傀儡皇帝

1931年"九·一八"事变爆发，日本发动侵华战争，末代皇帝溥仪也被侵华日军将领土肥原贤二挟持到了沦陷区东北。日本为了巩固对东北沦陷区的统治，在1932年3月1日建立了傀儡政权伪满洲国，并且将溥仪扶立为傀儡政权的皇帝，建年号为"大同"。

此时的溥仪已经不是那个不谙世事的孩子了，他开始明白发生在自己身上的巨大变故，开始向往恢复本应属于自己的至高无上的权力。在日本人建立的伪满洲国里，他虽然被尊为皇帝，但其实并没有什么真正的权力。即便如此，他还是抓住现有的一切机会，尽情地享受着末日的狂欢。他喜欢玩具，热衷于各种新式的运动，高尔夫球、网球、台球、弓箭乃至马术都是他的拿手好戏。看着这个大孩子一样的皇帝，日本人很满意，他们需要的就是一个傀儡。直至1945年8月15日，日本宣布投降，溥仪也被迫颁布退位诏书，这已经

●溥仪戎装像

是他人生中第三次宣告退位了。之后他企图潜逃到日本，却在沈阳机场被苏联红军抓获，并在苏联被监禁了五年。从末代皇帝到民族罪人，他的人生总是充满巨大的变数。

新中国的公民

在苏联被关押了五年之后，溥仪于1950年8月初被押解回国，在抚顺的战犯管理所接受思想改造。直到1959年年底，溥仪接到了新中国的领导人毛主席的特赦令，重获自由，成了中华人民共和国的公民。

获得特赦之后，溥仪欣喜地看到自己的家人再度团聚，并且都走上了新的生活轨道。二妹已经创办了一个街道托儿所，二妹夫担任邮电部门的工程师；三妹夫妇正在区政协参加学习；四妹在故宫档案部门工作；六妹夫妇是一对画家；七妹夫妇是教育工作者；四弟是小学教师。但溥仪毕竟是个封建皇帝，又经历了很多常人无法想象的事情，经过了一段漫长的适应过程，他终于开始尝试着以一个普通人的视角去生活了。

●溥仪和婉容合影

1960年3月，溥仪被分配到中科院北京植物园工作。1964年被调到全国政协文史资料研究委员会任资料专员，并担任全国政协第四届委员会委员。他一生独特的经历，经常被改编成影视作品，比如曾获1988年奥斯卡金像奖的《末代皇帝》（The Last Emperor）。他的自传《我的前半生》也于1964年4月由群众出版社出版。

1967年，溥仪因患尿毒症病倒。周恩来总理闻讯，亲自打电话指示政协工作人员，将他安排到首都医院进行中西医会诊。1967年10月17日凌晨2时30分，经医治无效的溥仪与世长辞，终年62岁。他的遗体火化后安放在北京八宝山革命公墓。

末代皇帝的五位妻子

末代皇帝溥仪一生一共有五位妻子，其中包括两位有真正皇室名分的后妃婉容和文绣，两位在伪满洲国时册立的伪贵人谭玉玲和李玉琴，以及特赦后和他相恋结婚的妻子李淑贤。这五个女人出现在他一生的不同时期，却共同分享了他一生中翻天覆地的历史剧变。

婉容和文绣是溥仪真正意义上的妃子，那时候溥仪还没有退位。在选妃时，年幼的溥仪面对四个候选人的照片，只觉得"每位都有个像纸糊的筒子似的身段……实在也分不出俊丑来"。后来，两个出身名门望族的淑女婉容和文绣成功入选。婉容喜欢猜忌，进宫后排挤文绣，顺利当上皇后，却让溥仪心生反感。后来她与下人私通，并诞下一女。溥仪极为恼怒，盛怒之下将女婴填进锅炉烧化。最终，这个末代皇后因吸毒病弱不堪，于1946年病死在延吉。文绣最终历经艰难，与溥仪离婚，成为中国封建宫廷中第一位"休夫"的女子。

谭玉玲和李玉琴是溥仪在出任伪满洲国傀儡皇帝时册封的贵人，起初，溥仪因为嫉恨文绣，便将新贵人谭玉玲"像一只鸟似的养在宫里"。后来，谭玉玲天真率直的个性赢得了溥仪的喜爱，不过，最后这个女人还是神秘地死亡了。有学者认为她是被关东军所害，也有人提出是病死，至今依然还是个谜。而福贵人李玉琴曾经在关东军大溃败时与溥仪一起逃亡，算是患难夫妻了。后来溥仪在抚顺战犯管理所期间，李玉琴曾多次探望溥仪，通了许多信件。不过，最后两个人还是离了婚。

这几位妃子都算是出身高贵的名媛了，不过并没有和溥仪产生真正的爱情。比之这四个女子，溥仪真正喜欢的是他最后一个妻子，那个普普通通的护士李淑贤。溥仪和李淑贤是经人介绍相识的，当时五十多岁的溥仪已经经过了新中国的思想改造，基本没有了封建皇帝的思想。于是，很多人主动张罗着给他介绍对象。溥仪去相了几次亲后，便对此事渐渐失去了兴趣。因为他发现，很多姑娘都是前清遗留下的贵族之后，她们看中的还是"宣统皇帝"的身份，并非他自己这个人。

直到有一天，一位同事给溥仪介绍了一个普通的护士。据李淑贤回忆，她当时得知自己的相亲对象竟然是传说中的宣统皇帝时吓了一跳，本来都不愿意去见面的。可是当两个人怀着忐忑的心情见面之后，很快对对方产生了好感，并开始了频繁的约会。结婚之后，两个人的生活过得平淡而幸福。据当时的邻居回忆说，溥仪是个体贴的丈夫，每天都站在汽车站接李淑贤回家。两个人还像时兴的青年情侣一般挽着手去看电影，非常浪漫。

这段黄昏恋让溥仪在人生的最后一段时光里静静享受了家庭的温馨和甜蜜。对于这个善良率真的妻子，溥仪一直非常感激。这段婚姻一直延续到他辞世，也缔造了中国历史上一段传奇的爱情佳话。

金屋藏娇

汉武帝刘彻

■ "金屋藏娇"是《汉武故事》中一个美好的爱情童话，讲的是汉武帝刘彻和陈阿娇青梅竹马的故事。据说汉武帝小的时候就许诺要修一座金房子给心仪的阿娇住，所以有了金屋藏娇的典故。但这毕竟只是小说家之言，实际上两个人的结合只是一桩政治联姻，汉武帝并没有给陈皇后修建金屋，反而将她幽禁在长门宫内，孤独终老。

美好的爱情童话

青梅竹马、两小无猜向来是人们所憧憬的一种爱情童话，而金屋藏娇讲的就是一个类似的故事。在这个故事中，男主人公刘彻从小就是一个痴情的种子，他四岁的时候就喜欢上了自己的表姐陈阿娇。一天，他去表姐家串门，陈阿娇的母亲馆陶长公主开玩笑似的问他："彻儿长大之后要娶谁做新娘呀？"刘彻操着稚嫩的童音说："我要阿娇姐姐做我的新娘，我还要给她修一座金房子。"众人看着信誓旦旦的刘彻都笑了，这便是"金屋藏娇"典故的由来。

原来金屋藏娇只不过是一个稚子许下的空头诺言，虽然人们知道这不过是稗官野史所说，根本没有史实可以查证，千百年来却依然传为佳话，也许正反映了普通百姓对宫廷浪漫爱情的想象。

● 组玉佩·西汉

这组玉佩出土于南越王墓的东侧室中，从下至上由一件连体双龙玉佩、两件玉环、一件三凤涡汶玉佩和五件玉璜组成。这组玉佩雕工精细，华美异常，为研究西汉贵族的服饰文化，提供了珍贵的实物资料。

真实的政治联姻

金屋藏娇虽然只是一个美好的爱情童话，但故事的原型陈阿娇确实是刘彻的第一任皇后，他们之间的婚姻没有传说中动人的爱情为基础，只是一场政治联姻而已。

陈氏是西汉皇室贵胄，陈阿娇的母亲是汉景帝刘启唯一的姐姐，朝廷中举足轻重的长公主，而她的父亲是世袭堂邑侯陈午，汉朝的开国元勋。陈阿娇从小就很受祖母窦太后的宠爱，身份非常显赫。长公主原本打算将自己的宝贝女儿许配给太子刘荣，以后做皇后，没想到刘荣的生母栗姬竟然不知好歹地拒绝了。长公主觉得非常羞辱，自己主动将女儿许配给刘荣，已经是屈尊俯就了，刘荣虽然是太子，却并非皇后所生，如此不可一世，让长公主萌生了废黜太子的想法。

这时候的刘彻还只是胶东王，他的生母王娡也只是区区一个"美人"，地位卑微，但她非常聪明，很有政治眼光。她知道陈阿娇的家世显赫，便想给儿子攀一门美亲，以后依靠娘家的势力平步青云，所以她总是找机会讨好长公主。

而长公主正好被栗姬所辱，想另外扶植一个皇子取代刘荣做太子。看到聪明机灵的刘彻，长公主决定全力扶植他夺得太子之位。于是，在长公主的操纵之下，朝廷局势大变，刘荣很快被贬为临江王，傲慢的栗姬也被打入冷宫，忧愤而死。七岁的刘彻被立为太子，母以子贵，王娡也由美人跃升为皇后。这一变化仰仗的就是陈家的势力，可惜栗姬太愚钝，白白断送了原本属于自己的美好前程，成就了刘彻母子。

按照互惠互利的约定，陈家帮刘彻夺得了太子之位，刘彻也应该履行

● **汉武帝刘彻蜡像**

自己的诺言娶陈阿娇为妻。所以，所谓的金屋藏娇背后其实只是一笔交易而已，历史真相总是如此残酷。

喜得歌女卫子夫

历史上关于陈阿娇的故事并非只有金屋藏娇，还有一句有名的诗"君不见咫尺长门闭阿娇，人生失意无南北"。这句诗出自北宋著名文学家王安石之手，提到了两个苦命的女人，一个是远出塞外的王昭君，一个就是幽居长门宫的陈阿娇。

景帝后元三年（前141）正月，汉景帝驾崩，十六岁的刘彻即位，是为汉武帝。汉武帝一生雄才大略、文治武功都赫赫有名，开创了西汉王朝鼎盛繁荣的时期，也使中国成为当时世界上最强大的国家，堪称一代雄主。可在感情问题上，他却远没有那么执着和专一。

刘彻即位之后，陈阿娇理所应当地被封为皇后。开始，汉武帝对陈阿娇也颇为宠爱，但日子久了就渐渐丧失了新鲜感，所以陈阿娇虽然贵为皇后，却总是觉得生活不如意。其实这本来就是宫中女子的宿命，皇帝身边美女如云，想要一直被专宠几乎难于上青天。

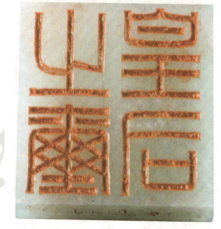
●皇后印玺·西汉

建元二年（前139），三月初三，又是一年上巳节。按照习俗，在这一天，人们要洗濯、祓除身上的晦气和病痛。《论语》中"暮春者，春服既成，冠者五六人，童子六七人，浴乎沂，风乎舞雩，咏而归"，描写的就是这一天人们外出洗濯的情景。在这一天，汉武帝刘彻也外出郊游，去平阳公主家做客。这个平阳公主也是王娡所生，是刘彻的亲姐姐。为了讨弟弟欢喜，她特意挑选了许多美女进献给汉武帝，可汉武帝都看不上眼。直到观看歌舞表演的时候，汉武帝突然对一个身姿窈窕、嗓音清亮的歌女一见钟情，那个歌女叫卫子夫，也就是后来有名的大将军卫青的姐姐。

既然汉武帝喜欢，平阳公主于是高兴地将卫子夫送给弟弟，所以汉武帝当天就带着卫子夫进宫了。她本来梦想着进宫之后可以出人头地，与汉武帝长相厮守，没想到只做了个普通宫女，一年多连汉武帝的面也见不上。稚嫩的她还不明白宫闱斗争的残酷，根本不知道自己已经遭到陈皇后的嫉妒和打压。

卫子夫伤心失望之余，只有以泪洗面，祈求奇迹出现，让汉武帝可以再度想起那个让他动情的歌女。一年后，汉武帝准备在后宫之中进行一次遴选，将一批宫女放回民间去。借此机会，卫子夫终于见到了日思夜想的汉武帝，她哭泣着乞求武帝放她离开这座孤寂的牢笼。汉武帝心中的柔情又被唤醒了，于是再度宠幸了她。不久，卫子夫就有了身孕，这代表着她有了在后宫中立足的资本。

咫尺长门闭阿娇

看着这个出身低贱的歌女受宠，陈阿娇心里很不是滋味。她从小养尊处优，自恃陈家当年扶立武帝之功，向来对其他嫔妃不屑一顾。武帝虽不喜欢她，却也拿她没办法，就睁只眼闭只眼，任她在后宫作威作福。

眼看着卫子夫一步步得势，陈阿娇心理严重失衡，因为她一直没有身孕，要是卫子夫诞下一子，她的皇后之位必然要受到威胁。于是，陈阿娇每天都缠着汉武帝哭闹，诬陷卫子夫。如此一来，不但没有改变汉武帝对卫子夫的宠爱，反而让汉武帝更加讨厌她。于是，愚蠢的陈阿娇决定冒天下之大不韪，下狠招要除掉卫子夫。她偷偷找来一帮女巫，试图通过巫蛊之术来咒死卫子夫。结果，卫子夫不但没事，还平安诞下一子。而陈阿娇则被人举报，白白丢掉了皇后之位，被幽禁在了长门宫中。这就是机关算尽太聪明，反误了卿卿性命。

●拂袖女舞俑·西汉

在陈阿娇被废黜后的几年内，她的父亲陈午和长公主也相继去世，陈家势力也渐渐衰微，而卫子夫的弟弟卫青却由侍卫逐渐升为大司马大将军，卫氏一门渐渐显赫起来。卫子夫因为诞下了皇子刘据，被封为皇后。可好景不长，这位荣宠一时的卫皇后最后也死于巫蛊之祸，可见后宫女人的悲惨命运大抵是相同的。

娶妻当娶阴丽华

汉光武帝刘秀与阴皇后

■ "仕宦当作执金吾，娶妻当得阴丽华"是汉光武帝刘秀年轻时的人生目标。当时的刘秀还是一介布衣，而阴丽华则是南阳出了名的美女，大家都讥笑他癞蛤蟆想吃天鹅肉。后来，刘秀还是凭借自己的努力抱得美人归，这才发现阴丽华不仅长得美，品行更是端方。她一生恭俭仁厚，事上谨慎柔顺，处下矜惜慈爱，更能约束家人，从不干预朝政，被时人称为贤后。

●汉光武帝刘秀像

经过长达 12 年的统一战争,刘秀先后平灭了关东、陇右、巴蜀等地的割据政权，结束了自新莽末年以来长达近二十年的军阀混战与割据局面。刘秀在位 33 年，兴儒学、崇气节，其统治时期被后世史家推崇为中国历史上的盛世时代。

窈窕淑女，君子好逑

阴丽华出生在南阳新野，据说阴家先世是辅佐齐桓公"九合诸侯，一匡天下"的管仲一脉，传到第七代管修，以医术闻名于世，后来管修从齐国迁居楚国，被封为阴大夫，以后便以"阴"为姓。阴丽华从小就长得漂亮，是南阳首屈一指的美女。而刘秀虽然是汉高祖的九世孙，却是远支旁庶的一脉。据《汉书·平帝纪》记载："宗室子，汉元至今，十有余万人。"可见，在西汉后期，刘氏皇族的子孙已经遍布天下，刘秀这一支族人生活在南阳，基本上就等同于平民百姓了。

所谓"窈窕淑女，君子好逑"，南阳地区想娶阴丽华的青年才俊多得是，其中不乏名门之后、商贾巨子，而刘秀一介布衣，想要抱得美人归显然是妄想。刘秀当时虽然无钱无势，却很有抱负，他常对身边的人说自己有两大心愿，一个就是做执金吾，一个就是娶阴丽华。执金吾主要负责巡视皇宫的工作，常常能够随驾出行，地位相当显赫。在当时的刘秀看来，要是能够像执金吾那样常伴皇

●汉光武赐封襄德·清·陈书

光武帝即位后，礼贤下士，求贤若渴。当时有一个南阳宛城人卓茂，精通《诗》《书》《历法》等，待人宽厚，深受众人敬仰。刘秀于是派人访求这位大名鼎鼎的名士，并且任命七十多岁的卓茂为太傅，封襄德侯。几年之后，卓茂寿终，光武帝驾车素服，亲自送葬。本图表现的是光武帝加封卓茂的情景。

帝身边，每年享有二千石的俸禄，再有阴丽华这样的佳人相伴，人生就完美了。身边的人听了之后都讥笑刘秀，认为他这只不过是痴人说梦而已。

新莽末年，因为王莽改制失败，国家陷入更深的混乱之中，各地豪强纷纷揭竿而起。刘秀兄弟和南阳宗室子弟也趁机在南阳郡的春陵乡起兵，希望在末世中逐鹿中原，建立一番伟业。当时刘秀的队伍虽然兵少将寡，装备很差，但刘秀依然凭着过人的胆识和智谋取得了不少胜利。后来，昆阳一战，刘秀率领绿林军将士以少胜多，彻底瓦解了新莽政权，一战成名。这时候的刘秀已经不是当年那个名不见经传的小人物了，他开始崭露头角，博得了更始帝刘玄的倚重和青睐，被委以重任。

于是，刘秀便风风光光地将自己梦寐以求的阴丽华娶回了家。更始元年（23）六月的一天，宛城的当成里高朋满座，喜气盈门。在人

们的祝福声中，这对新人幸福地拜了天地。刘秀时年二十八岁，阴丽华十九岁，英雄美女，珠联璧合。

不愿做皇后的女人

刘秀娶了阴丽华之后，便继续奉命南下远征，所以一对新婚夫妻被迫分离。刘秀在外面捷报频频，渐渐地功高震主，让更始帝很不安。但是聪明的他一直韬光养晦，竭力向更始帝表明自己的忠心，并偷偷地招兵买马，壮大自己的势力。阴丽华独守空闺，怀着对丈夫的思念日日祈祷，希望能够早日团圆。

更始元年年底，刘秀占领洛阳。他派出一支卫队，由侍中傅俊率领，把阴丽华从渭阳接到了洛阳。本来久别的夫妻团聚，应该是最幸福的时刻。可是见面之后，阴丽华发现丈夫身边已有了新的女人，心底肯定有过怅惘，但是她是一个知书达理的女人，知道隐忍自己的情绪，竭力表现了宽容和大度的一面。而刘秀之所以娶了郭圣通，是为了争取真定王刘扬的支持。所以这次政治联姻并没有冲淡刘秀对阴丽华的感情。

更始三年（25）六月，已经"跨州据土，带甲百万"的刘秀在众将拥戴下，于河北鄗城的千秋亭即位称帝，是为汉光武帝。称帝之后，刘秀便将自己的发妻阴丽华封为贵人，和郭圣通的地位持平，丝毫没有因为郭圣通的出身显赫就有所偏倚。

东汉建国之后，刘秀为了统一天下，还得常常御驾亲征，而阴丽华则一直随军出征，悉心照料丈夫的生活起居。所以，在立皇后的时候，刘秀自然属意自己的知己阴丽华。但让光武帝意外的是，阴丽华竟然坚决辞让，不愿做皇后。她说，郭贵人出身显贵，自己身份卑微，而且郭贵人已经替皇上生下龙种，自己因与夫君长期阔别，未能生育，实在是不敢当皇后。这样一来，光武帝更加敬重阴丽华了，但是为了尊重她的意见，他就封了郭圣通为皇后，并将郭圣通所生的儿子刘强立为了太子。

恭俭仁厚的贤内助

因为阴丽华的执意辞让，光武帝立了郭贵人为皇后，为了弥补自己心中对阴丽华的亏欠，他便想将阴丽华的弟弟阴兴封为列侯。阴兴当年跟随刘秀东征西讨，鞍前马后，也是立下汗马功劳的开国功臣。所以，他被封侯也不仅仅是靠姐姐的裙带关系。但是，阴家家风甚严，姐弟俩对于功名都很淡薄，而且为人谦让。面对皇帝赐予他的列侯印绶，阴兴固辞不受，光武帝无奈，只能随他去了。

在册封郭皇后的同一年，宫中突然传来了一条谶文："赤九之后，瘿扬为主。"据史书记载，这是郭皇后的叔叔真定王刘扬为自己造势所编。汉为火德，所以称赤，自汉高祖至今，已有九代，而刘扬的脖子上恰巧长有瘿瘤，这句话的意思无疑是说，只有刘扬才是真命天子。刘秀于是派人征召刘扬，但此时刘扬拥兵自重，竟然闭门不见。光武帝知道刘扬是下定决心要谋反了，于是派将军耿纯以行赦幽冀、劳慰王侯的名义前往真定，伺机解决刘扬。刘扬自恃强兵在手，丝毫不把耿纯一行放在眼里。等他来到驿站之后，耿纯来了招关门打狗，轻而易举地就把刘扬灭了。

刘扬一死，这桩政治联姻就失去了本来的意义，加上郭皇后为人骄矜自傲，刘秀便想废掉她，另立阴丽华为后。但是，善良的阴丽华总是以大义劝谏光武帝，说郭皇后并无失德之事，自己也无心争夺后位，就不要轻易废后了。面对如此谦让温顺的妻子，刘秀更加坚信自己当年的判断"娶妻当娶阴丽华"，对她越来越信赖和敬重。所以阴丽华虽然默默地做了十六年的贵人，却一直很受光武帝的宠爱，先后为光武帝生下了五个儿子。

废后另立

因为阴丽华的一再谦让，光武帝未能封她为后，却给了她更多的爱。而郭圣通虽然贵为皇后，看到光武帝和阴丽华之间情意浓浓，心中妒火中烧，便将阴丽华视为眼中钉，处处与她为难。阴丽华则处处忍让，息事宁人。光武帝把一切看在眼里，对谦卑忍让的阴丽华越发垂怜，废掉郭皇后的想法越来越强烈。

建武九年（33），突然天降大祸，阴丽华的母亲邓氏和弟弟阴欣被强盗杀害了。这桩消息传来，阴丽华受到了沉重的打击。她七岁丧父，由慈母辛勤地抚养长大，跟随光武帝之后，也没有时间侍奉母亲。现在母亲竟然死于非命，阴丽华心中悲恸不已。而目睹此景的刘秀也想起自己幼年失怙的经历，心中甚为感伤，便令大司空前往阴家慰问家属。为了抚慰亡灵，他还追封了阴丽华已故父亲阴陆和她的兄弟阴欣，由阴丽华的弟弟阴就继嗣宣恩侯。

但这些追封的功名换不回已逝的亲人，阴丽华很长时间都落落寡合。刘秀在政务之余也尽量抽出时间来陪伴妻子，安抚她受伤的心灵。而这时候，郭皇后依然以一副盛气凌人的样子处处与阴丽华较劲。忍无可忍的光武帝最终还是下诏废黜了郭皇后，在建武十七年（41）十月，另立阴丽华为后。这一年，阴丽华已经三十七岁了，岁月的沧桑让她变得越发从容和淡薄，对苍生的悲悯和宽容让她很快就赢得了朝野上下的敬重。

●铜辇车·东汉

在这样一位贤淑的皇后主持之下，光武帝的后宫一直安宁清净，使得他能够专心理政，不受干扰。从新野相知到垂暮之年，刘秀与阴丽华携手相伴三十多年，始终相敬如宾，相亲相爱。比起历代帝后，他们更像是一对普通的夫妻，在平平淡淡中相互扶持，相互包容，直至生命的尽头。

千古第一痴情子

北魏孝文帝宠信冯润

■■■人间自是有情痴，皇帝也不例外。北魏孝文帝拓跋弘的一生对推进鲜卑族的汉化做出了不可估量的贡献，不啻为一代英主。无奈遇人不淑，栽在了一个水性杨花的女人手中。冯润是孝文帝的皇后，她不但私通内侍，淫乱后宫，还用巫蛊之术诅咒孝文帝。即便如此，痴情的孝文帝仍不忍心废后，最终这位痴情子为情所苦，年仅33岁便在失意苦闷中早逝了。

初入宫廷惨遭毁容

冯润小名妙莲，就像这个美丽脱俗的名字一般，她自幼就生得清丽动人，眼波流转间透出一股摄人的魅力。而且，她是冯太后的侄女，而这位冯太后在孝文帝成人之前一直是北魏政权的实际掌权人，是一位雄心勃勃的女强人。她将自己的侄女送进了宫。冯润进宫后不久就俘获了孝文帝的心，加上有冯太后做靠山，本来可以一劳永逸稳坐皇后之位。可是，天妒红颜，倒霉的冯润进宫不久就得了一种类似牛皮癣之类的皮肤病，只得被隔离诊治，无奈地住进了尼姑庵。这一场突如其来的病祸让冯润心如死灰，皇帝身边本来就佳丽如云，自己这一走，随时都可能被他人取代。而且，在当时的医疗条件下，即便是治好了，也可能就此花容全毁，再也无缘伴君了。当时，受打击的不仅是冯润一个，冯太后也很失望，自己看好的一颗棋子就这样毁掉了。

无奈，她只有重新扶植一个了。于是，冯太后又将冯润的妹妹冯媛送进了宫，企图作为冯家势力的新代言人。可冯太后还没来得及扶她登上后位，便一命呜呼了。不过，冯媛最终不负所望，在孝文帝为冯太后守丧满之后，便被立为了新皇后。可是这个冯媛和姐姐冯润不同，虽然也是才貌双全的佳人，却性格执拗固执，不懂得变通。这对善于开拓创新的孝文帝

● 供养人像·北魏

来说简直是冤家对头。

孝文帝虽是鲜卑族人，却一直崇尚汉族文化。他亲政之后，便大刀阔斧地推行了一系列汉化政策，极大地提高了鲜卑人的文化水准，推动了少数民族和中原汉族的融合。不过，在这些政策的推行过程中，必然受到很多因循守旧势力的阻挠，这其中就有很多鲜卑的贵族，包括这位年轻倔强的皇后冯媛。

为了国家的长远发展，孝文帝颁行了一系列改革措施。例如要求鲜卑贵族作为表率改穿汉服，而且要说汉语。消息传到后宫，皇后冯媛一听便生气了，她素来不过问政治，改革什么的她并不关心，但这次连她的穿衣打扮都要受到限制，还要说汉语，她一时觉得很屈辱，而且有些莫名其妙。她本来觉得自己贵为皇后，如果抵死不答应，也许会得到特许，可是她低估了孝文帝的决心。在励精图治的孝文帝眼里，改革势在必行，而且必须从贵族开始。再加上冯润已经病愈了，她看准了冯媛和孝文帝之间的嫌隙，所以积极地筹备二进宫，夺回皇后之位。

再次进宫夺回皇后之位

正当孝文帝和冯媛感情出现裂隙的时候，冯润就托人向孝文帝捎口信说自己已经病愈，而且极力地铺陈自己对孝文帝的思念之情，希望唤起孝文帝的回忆。孝文帝本来就是个痴情种子，当年冯润的突然离宫让他黯然神伤了好久，思念之情一直没有断绝过。现在又遇到了一个倔强任性的冯媛，自然让他更加怀念温柔体贴的冯润了。于是，孝文帝便打发了几个大臣去探视冯润。这些人一去自然就被冯润贿赂了，回来都是满口好话，说冯润不但身体健康，而且大病之后更添了几分姿色。于是，孝文帝更加迫切地

● 嵌宝石金猪带饰·北魏

带饰长 10.8 厘米，宽 5 厘米，高 5.6 厘米。以嵌宝石的半浮雕金猪作主体图案。金猪形象生动逼真，纹饰精美。

想要见到冯润，很快就将她接进了宫中。

再次进宫之后的冯润比当年更加成熟了，于是便使出了浑身解数讨好孝文帝。据说，她曾想出一个妙招，就是将麝香粉末撒进肚脐眼里，于是通体散发出一股香味。当时还没有香水一说，孝文帝觉得很神奇，冯润就骗他说自己大病之后便开始有了奇妙的体香。孝文帝信以为真，越发宠爱冯润了。冯润进宫后不久便被封为左昭仪，地位仅次于皇后冯媛，但是，她并不满足于此。她仗着孝文帝对自己的宠爱根本不将冯媛放在眼里，还处处在孝文帝面前说皇后的坏话。孝文帝本来就因为改革的事情对皇后不满，加上冯润的枕边风，更是对冯媛日渐疏远了。

●柱础·北魏

有一天，孝文帝在皇宫举行家宴，可是发现皇后竟然没到场，便派人去催。最后，皇后气冲冲来了，众嫔妃起身跪迎，可冯润却只是欠了欠身就自己坐了回去。大家都知道这是有违规矩的，但是也不敢作声。因为皇后之所以不愿前来，就是不想见到姐姐冯润，现在冯润竟然公开挑衅，更让皇后丢尽了面子。孝文帝看情形不对，便出来打圆场，赔着笑脸请皇后入座。没想到冯媛不懂得见好就收，反而要将事情闹大，故意说："我不愿意和骚狐狸同坐。"这是故意讽刺冯润用体香来迷惑皇帝。冯润也不甘示弱，当场就诘问皇后所指是谁。

眼看着两个女人的战争一触即发，孝文帝夹在中间很是尴尬，赶紧喝止皇后。皇后一听，孝文帝竟然偏袒冯润，更加生气，也不顾场合，就冲着孝文帝声讨起来。看着皇后如此不知轻重，当众人面数落自己，孝文帝颜面无存。加上当晚一阵枕边风，孝文帝第二天就下旨废掉了皇后冯媛。于是，冯媛只得削发为尼，在瑶光寺里伴着古佛青灯过完了寂寥的后半生。而这场后宫之战的胜利者冯润又重新坐上了皇后的宝座。

痴情总被薄情负

虽然成功地夺得了皇后之位，冯润的生活却并不如之前幸福。因为在太和二十一年（497），雄心勃勃的孝文帝准备领兵出征，向齐国宣战，进一步向南扩张领土。而这一去，不知道什么时候才能班师回朝。冯润正值青春年少，难耐深宫寂寞，便斗胆将自己的情人，就是那个曾为自己治过病的高菩萨秘密接进了宫，假充宦官，在内廷给他安排了个差事。从此，两个人便在宫中肆意淫乐，而在外征战的孝文帝一直都一无所知。

直到后来发生了一件事，才使得这一丑闻最终传到了皇帝耳中。当时，冯润有个弟弟叫冯夙，喜欢上了孝文帝的小妹妹彭城公主。可是冯家的人一向得势，在朝野横行妄为，彭城公主并不愿意嫁入冯家。前去提亲的冯润碰了个钉子之后并没有罢休，还自作主张，定下婚期，想要强迫彭城公主下嫁冯夙。可怜的彭城公主走投无路，只能赶去汝南找哥哥做主。当时，孝文帝因为征战积劳成疾，又听到远程赶来的小妹哭诉苦衷，才得知自己走后后宫发生的诸多事情。起初他还不相信，以为是小妹因为私怨而编造的假话。

冯润得知彭城公主赶去军中告密后，便写信前去试探，甚至请巫师在后宫诅咒病中的孝文帝早死，丝毫不顾念夫妻之情。孝文帝回到洛阳后很快便证实了皇后的罪行，伤心绝望的他处死了奸夫，但是想起往日的恩爱，他还是不忍心处死冯润。尽管身边的人一直劝他早点处死这个水性杨花、不守妇道的女人，可痴情的孝文帝总是顾及旧情，连废掉皇后都不忍。直到临死时，他才对自己的弟弟彭城王和北海王说："皇后失德，但我不忍杀之，恐怕我死后她会干预朝政，所以等我死后，就让她自尽，还是以皇后之礼厚葬吧。"

所以，孝文帝直到死也没有处死冯润，尽管她背叛了他，让他成为世人的笑柄，他始终念及旧情，即便是失望、悔恨，始终难以消除心底那份眷恋。直到孝文帝死后，冯润才被北

海王赐毒酒自尽，尽管她根本没有做到母仪天下，还是被按照皇后的礼节葬在了长陵。

● **马头鹿角金冠饰·北魏**
这种冠饰是鲜卑贵族妇女戴的步摇冠，当头部摇动时，叶片随之颤动。

小怜玉体横陈夜

北齐后主高纬与冯小怜

■冯小怜是北齐后主高纬的皇后，也常被认为是招致北齐灭亡的红颜祸水。高纬对冯小怜的宠爱已经到了疯狂的程度，不但"坐则同席，出则并马"，还发誓说"愿得生死一处"。不过，这位暴虐无道的昏君最终还是失了江山又失了美人。

从宫女到淑妃

北齐后主高纬是历史上有名的荒唐皇帝，整日过着声色犬马的逸乐生活，丝毫不关心国家大事，还自称"无忧天子"。在他眼里，什么江山社稷都如同浮云，只有醇酒妇人，才是他最珍惜的宝贝。

在冯小怜出现之前，高纬身边早已美女如云，他的皇后穆邪利就是一个国色天香的佳人。但高纬并没有钟情于这位美丽的穆皇后，而是迷上了一对善弹琵琶的曹氏姐妹。这对曹氏姐妹虽然从小形影不离，脾气禀性却大相径庭。姐姐大曹成熟端庄，不喜欢谄媚，不久便因得罪了高纬被残忍地剥去面皮，撵出宫去了。而妹妹小曹则千娇百媚，风情万种，更得高纬欢心，很快被封为昭仪。为了金屋藏娇，高纬还专门耗巨资给她修建了一座富丽堂皇的隆基堂，雕梁画栋，极尽奢华。

眼看着曹昭仪步步青云，恩宠远远胜过其他妃子，穆皇后心中妒火中烧，于是设计诬陷曹昭仪行厌蛊术。这可是宫廷中最忌讳的，于是，三尺白绫便结束了曹昭仪的春秋大梦。

穆皇后除掉了曹昭仪，本想着高纬会回到自己身边。可是，她没料到，高纬早已对她厌倦，很快又迷上了另一位董昭仪。眼看着自己辛苦经营，却为他人做了嫁衣，穆皇后心中不甘，但又无可奈何，只能天天以泪洗面。这时候，穆皇后身边的一个侍婢站了出来，她就是冯小怜。

据野史记载，这个冯小怜可谓是人间尤物，冰肌玉骨，呵气如兰，千

● 黄釉绿彩四系瓷罐·北齐

娇百媚，明艳动人。她不但长得美，而且聪明机灵，又精通乐器，善于舞蹈。看到自己的主子失宠伤心，她挺身而出，甘愿以身为饵，离间诸美。可悲的穆皇后完全低估了这个小丫头的狼子野心，竟然主动将她送到了高纬的身边。

高纬一见到冯小怜，从此便再也离不开她了。为了与美人日夜厮守，高纬和冯小怜"坐则同席，出则并马，食则同桌，寝则同床"，简直像撕不开的双面胶。为了博得美人一笑，高纬对冯小怜有求必应。她身上的衣服、首饰动辄花费千金，常常穿过一次就扔了。因为高纬喜欢音乐，冯小怜又擅长弹琵琶，于是两个人常常一唱一和，通宵达旦地纵情欢娱。

为了表达对冯小怜的爱意，高纬几次提出要废掉穆皇后，立小怜为后。好在冯小怜顾念昔日穆皇后对自己的恩情，没有答应，高纬便封她为淑妃，地位仅次于皇后。但其实，此时的穆皇后早已被高纬抛到了脑后，冯小怜才是集万千宠爱于一身的后宫新主。

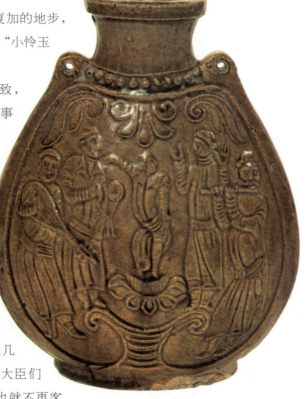

● 乐舞纹黄釉陶扁壶·北齐

此壶出土于河南安阳北齐骠骑大将军、开府仪同三司、凉州刺史范粹墓中，壶身中间纹有一人在莲花台上翩翩起舞，圆台两侧各站立两个乐师。

小怜玉体横陈夜

高纬对冯小怜的宠爱虽然到了无以复加的地步，却很难称得上真正的爱情，否则就不会有"小怜玉体横陈夜"这样的荒唐事了。

因为高纬对小怜的痴迷已经达到极致，根本不能忍受片刻的分离，即使与大臣议事的时候，他都要将小怜搂在怀里，抱在膝上，两个人旁若无人地卿卿我我。这种赤裸裸地挑逗常常让一班大臣们颇感尴尬，不知如何。按理说，皇帝们一般不喜欢自己的宠妃常常抛头露面，可是高纬却有一种类似炫富的变态心理。他看着大臣们眼角眉梢的艳羡之情，便想出一个荒唐的主意来。

于是，在庄严肃穆的议事大厅，高纬竟然让自己的宠妃冯小怜裸体横卧案几之上，并故意摆出各种风骚的姿态，供大臣们观赏。既然皇帝如此"大度"，大臣们也就不再客气，一个个排起队来观摩，还要时不时地赋诗赞美，让高纬心中越发飘飘然了。正在这帮君臣荒淫无度地纵欲时，北周的军队已经来到了不远处，可惜震天响的战鼓也敲不醒这位昏君的头脑。

周师入晋阳，小怜成"主帅"

隆化元年（576）冬天，平阳城已被北周武帝的军队团团包围，告急的文书像雪片似的飞来。消息传来时，高纬正在陪冯小怜在晋阳（太原）附近打猎，为了不扫美人的雅兴，他置军情于不顾，依然优哉游哉地围猎，直到小怜心满意足了，平阳也已经陷落了。

后来在冯小怜的怂恿下，高纬又带着她御驾亲征，一切行军进程都要符合小怜的生活作息习惯。北齐大军压城，加上皇帝亲征，士气大振，本来很快就可以一举夺回平阳。眼看着北周守将渐渐不敌，北齐马上可以趁机攻入、收复失地的时候，高纬突然传令停止攻城，原因是冯小怜要出来观战，但还未梳妆打扮好。等到冯小怜收拾停当，北周的守兵已经修好了坍塌的城墙缺口。这时候，冯小怜看着天色已晚，便对高纬说："天色已晚，若是现在攻城的话就什么也看不清了，还是等明天白天再攻吧。"于是白白给了北周一个喘息休整的机会。等到第二天，天降大雪，冯小怜又要求等天气好了之后再攻城。于是，本来一场收复失地的战争，却变成了一场供冯小怜取乐的闹剧。等到北周武帝亲率大军前来驰援，一切都晚了。

失去平阳之后，高纬便带着冯小怜逃回了晋阳。晋阳城是北齐的政治中心，城中粮谷器械充裕，是一座易守难攻的重镇。于是，高纬

打定了主意死守晋阳，逼北周军队撤离。这本来是个上上之策，可是冯小怜却哭闹着要离开晋阳，回到邺城。在这关键时刻，高纬依然听从了冯小怜的无理要求，趁夜带领少数宠臣从五龙门斩关而出，逃往邺城。

无奈之下，北齐将士只好拥戴安德王高延宗即位来应对危机。高延宗杀死留在晋阳的那些高纬的宠臣内侍，将王府中的珍宝美女尽数赏赐给将士，并亲自执手慰问士卒，鼓舞士气。北齐军队士气大振，上下一心，大败北周军队。取胜之后，北齐士兵欣喜若狂，涌入街坊之中喝酒庆祝，没想到北周武帝却重新集结军队，趁他们放松之际攻破了晋阳。

倾国红颜多薄命

晋阳虽破，高纬在邺城还有精兵十万，尚可与北周的八万军队决一胜负。可是，高纬早

已经被北周军队吓破了胆，竟然将皇帝的位子禅让给太子高恒，以此来逃避责任。最终，邺城也被北周军队顺利攻下，高纬再次带着冯小怜仓皇出逃。这次，没跑多远，高纬一行就被周军擒获了，北齐至此灭亡。

亡国之后，高纬和冯小怜都被俘押往北周的都城长安。高纬被封为温国公，惊魂甫定，他便向北周武帝提出自己唯一的愿望，便是"乞还小怜"。

之后，高纬因为被人诬陷造反，连同宗室诸王百余口人尽数被赐死。而他一生宠爱的冯小怜也被周武帝赏赐给了他的弟弟代王宇文达。这个宇文达最后也难敌小怜的魅惑，做了她的裙下之臣。可是好景不长，宇文达被篡位的杨坚杀死，小怜再次易主，被送给了宇文达妻子李氏的亲哥哥李询。这下冤家路窄，小怜当年被宇文达宠幸，让李氏受尽了冷落，如今来到李家，自然备

受折磨。李询的母亲为了给女儿报仇，让小怜荆钗布裙，每日和下人一样舂米、劈柴，稍有不满即鞭打叱责。冯小怜金玉之质，哪里经得起如此折磨，很快便香消玉殒了。

唐代李商隐有感于高纬与小怜的爱情悲欢和北齐的兴亡，曾写下两首咏史诗，讽刺高纬因宠幸冯淑妃而亡国的史实，其中一句是"小怜玉体横陈夜，已报周师入晋阳"。其实，北齐的灭亡与否岂是一个冯小怜能够左右的？北齐历代皇帝无不好色残暴，昏庸无能，即便是没有冯小怜，北齐被北周所灭，也是早晚的事情。

● **校书图（局部）·北齐**

画中描绘的是北齐天保七年(556)文宣帝高洋命樊逊等人刊校五经诸史的故事。居中坐在榻上的是四位士大夫，或展卷沉思，或执笔疾书，或欲离席，或伸手挽留，神情生动，细致入微。旁边站立服侍的女侍也表现得各具情致。

史上最著名的"妻管严"

隋文帝杨坚

■ "怕老婆"似乎是男人们最不愿意承认的弱点了，但其实连"万圣至尊"也不乏惧内的，隋文帝杨坚就是史上有名的"妻管严"。他的老婆独孤皇后是一个非常激进的"女权主义者"，一生致力于维护一夫一妻制，使得隋文帝空有后宫，却亲近不得其他女人，只能常常嗟叹"吾贵为天子，而不得自由"。

成功男人背后的强势女人

俗话说，每一个成功的男人背后，都有一个为他默默奉献的女人。而隋文帝杨坚背后的这个女人确实为他奉献了一生，却不是默默地，而是始终很强势。独孤皇后是蒙古人，后周大司马独孤信的女儿，从小被家人宠着，所以养成了强势的个性。但她并非恃宠而骄，仗势欺人，而是独立自主，处事果决。

独孤氏十四岁嫁给杨坚，这时候的她虽然年龄尚小，却颇为早慧。史书记载，独孤氏好读书，通古达今，对时事常有一些独到而深刻的见解，因此颇得杨坚的敬重。婚后不久，两个年轻人便培养出了深厚的感情，从经史子集到诗词歌赋，有说不完的话。对于杨坚来说，得此一女，既是妻子，又是知己，简直是捡到了大宝贝，便每天形影不离。文帝杨坚登基后，立独孤氏为后。每天文帝上朝的时候，独孤皇后都和他同辇而进，至阁乃止。隋文帝朝会百官期间，她就在外面守候，等退朝之后又一起回宫，一起吃饭，像普通夫妻那样对坐聊聊天，生活非常甜蜜。

隋文帝每天上朝都会面对大小问题，回来之后总要和独孤皇后唠叨唠叨。独孤皇后素来有见识，便也会引经据典，给隋文帝一些建议，常令隋文帝灵光一闪，大受启发。但是，独孤皇后也很懂得把握分寸，深知

●嵌玛瑙蓝晶金项链·隋

女人干政是很危险的，便很巧妙地谨守着原则，每次总是谦虚地点到一些意见，并不直接教唆隋文帝采纳什么主张。所以，隋文帝愈发珍视和她交谈的机会，敬重她的人品。

所以，我们今天说独孤皇后强势，并不等同于武则天那种强势，她对朝政从不干涉，只是做到一个妻子应尽的本分，在丈夫做出一些不妥的举措时加以劝诫而已。据史书记载，有一次，隋朝和突厥做生意，发现了一盒价值连城的明珠，幽州总管殷

●历代帝王图之隋文帝画像

寿本来想借机讨好皇后，知道女人都喜欢珠宝首饰，便要为她买下来。结果独孤皇后婉言拒绝道："如今戎狄屡次侵犯，将士征战疲劳，这明珠既然价值八百万，不如奖赏有功之士为佳。"此举传开之后，百官交口称赞，隋文帝脸上也颇有光彩。

还有一次，独孤皇后的表兄大都督崔长仁触犯王法，按律应当处以斩刑，隋文帝本来准备睁只眼闭只眼，赦免他的罪过。可是，没想到独孤皇

后竟然主动对隋文帝说："国家之事岂可顾私。"可见其深明大义之处。

独孤皇后的谦恭仁厚，聪慧明智不仅赢得了文帝的喜爱和尊重，也获得了朝臣的敬仰和爱戴。从十四岁的少女到寿终五十岁的隋朝开国国母，独孤皇后与隋文帝同甘苦，共进退，执手度过了三十六个春秋。期间，独孤皇后以自己的温柔恭顺为丈夫撑起了一片宁静的避风港，也用自己的聪明才智为文帝化解了很多忧愁和纷扰。即便是她对于隋文帝的后宫生活加以限制，也是出于一个女人维护自己爱情和家庭的责任，以今天的视角看来根本无可厚非，可在当时却常被冠以"妒妇"的名号。

一夫一妻制的坚决维护者

在中国古代封建社会，男人们有三妻四妾是很正常的，而女人则如同附属品，是传宗接代的工具，根本无权要求丈夫对自己忠贞。独孤皇后偏偏不这样认为，坚决维护一夫一妻制，即使她要面对的阻力大得离谱。

独孤皇后十四岁嫁给隋文帝杨坚，婚后两人生活幸福，彼此相爱，也许下了很多海枯石烂的美好誓言。因此，虽然周围情敌环伺，她也坚信隋文帝不会真的爱上别人。不过，随着年龄的增长，少女对爱情的单纯幻想很快被现实打破。有一次，她看到隋文帝对尉迟炯的美丽孙女垂涎三尺，并偷偷在仁寿宫临幸了她。这件事本来很正常，却让一贯重情的独孤皇后大受刺激，倔强的她无法接受，便拿出曾经的誓言，逼得隋文帝立下誓言：此生只爱她一人，绝不跟别的女人生子。

这一举动看似蛮横，却也从一个侧面表现出了隋文帝对独孤皇后的用情之深。试想一下，隋文帝贵为天子，如果他不是自愿立下誓言，独孤皇后即便再妒忌，能有什么能力逼他就范？隋文帝尽可以以妒妇的罪名将她打入冷宫，然后肆意纵欲。但是他没有，而是为她立下誓言，足见隋文帝对独孤皇后的宠溺之情。

最为有趣的是，独孤皇后不仅努力维护自己的爱情和家庭，不许隋文帝纳妾，还要将一夫一妻制推广开来，不许朝中大臣们娶小老婆。当然，大臣们还是偷偷纳妾，只不过此举旷古未有，很多人不理解。清朝的史学家赵翼便在书中说道"独孤皇后善妒，殃及臣子"。据《隋书》记载，隋文帝一生恪守自己的誓言，只和独孤皇后生了五个儿子。

太子的废立

隋文帝的五个儿子都是独孤皇后所生，按理说应该免了皇位之争，不管哪个儿子都是自己的亲骨肉，可是独孤皇后还是一手废掉了长子杨勇的太子之位，原因也是这个儿子的行为严重违背了她这个女权主义者的原则。

隋文帝和独孤皇后一共生下五个儿子，大儿子杨勇被封为太子。他其实也没有大的毛病，就是比较好色，喜欢过浮华奢侈的生活。据史书记载，杨勇有四个姬妾，一个个都美如天仙，艳冠群芳，四个美人轮流当夕，太子妃元妃自然只能独守空闺了。这件事传到了独孤皇后耳中，顿时惹来了大祸。元妃是独孤皇后亲自把关选定并册立的，人品端正，温柔贤淑，知书达理，太子不知珍惜，反而成天和一群"狐媚子"打得火热，让独孤皇后非常失望和愤慨。

于是，独孤皇后便将此事告诉隋文帝，隋文帝也觉得很生气，自己都坚持奉行一夫一妻制，这小子却艳福不浅，所以也颇为不满。

不过这事说到底也是太子的私生活，独孤皇后虽然不满，但是也只能发发牢骚，并不会因此便废掉太子。后来，又发生了一件事情，让她对太子的印象更加坏了。

一年冬至，百官纷纷去太子宫中称贺。这本来是循例而行，但是太子贪婪，竟趁机大收贿赂，被人告发到了皇后那里。独孤皇后听后很生气，她和隋文帝都奉行节俭的生活，素来不贪恋奢华的享受，太子却逾例索贿。她便将此事告诉隋文帝，并让他拿出父亲的权威来，好好劝诫儿子一番。隋文帝对太子也渐渐有了意见。

后来，年轻的太子妃患病死去，独孤皇后怀疑太子纵容手下宠妾谋害嫡妃，心中越发讨厌他，便派人观察太子的言行，如再有其他过失，便决定废黜他。

这一举动被晋王杨广得知后，便萌生了夺取太子之位的想法。于是，杨广便趁隋文帝和独孤皇后驾临晋王府的时候，刻意将自己的美姬都藏了起来，只留下几个又老又丑的宫女充当侍役，身上所穿全是粗布衣服。他自己和萧妃也穿着做旧的衣服，连屋里的陈设都极其简陋。隋文帝和独孤皇后没想到这个儿子这么简朴克制，欣喜之余便对他另眼看待了。

●彩绘陶女俑·隋

之后，独孤皇后常常派遣亲信来晋王府邸探视他，实际上是为了进一步考察他。杨广自然明白她的用意，便竭力迎合，装出一副老实勤俭的样子，并用重金结交了权臣杨素。杨素和隋文帝是称兄道弟的生死至交，所说的话自然分量很重，有了他敲边鼓，隋文帝对杨广的信任更是一步步提升。

最终，杨广苦心经营，夺取了太子之位，在隋文帝百年之后登上帝位，成为史上有名的隋炀帝。

生要同衾，死要同椁

明英宗与钱皇后

■宫廷之中，很难有真正天荒地老的爱情，更多的总是权力驱使下的虚与委蛇，尔虞我诈。可是，在六百年前的明朝，痴情的钱皇后为了赎回被俘的丈夫英宗不惜变卖私产，哭瞎眼睛，夜夜跪在堂前祈祷，甚至因寒气侵骨而致残。英宗弥留之际也曾留下遗言，要与妻子"生同衾，死同穴"。最终，生死不离的誓言被妒妇周贵妃作梗破坏，却为中国古代宫廷留下了一段缠绵悱恻的爱情故事。

●青玉合卺杯·明

玉质青色，杯柄作凤形，杯身凸雕双螭。刻诗人祝允明题诗，玉器名匠陆子刚题诗和名款。此杯是皇帝结婚时的贡品。

伉俪情深

明英宗迎娶钱皇后的时候只有十五岁，那时的他风华正茂，意气风发，而钱皇后则是出水芙蓉，清丽婉约。在太皇太后的操持下，他们的婚礼办得极为隆重，因为这是明朝史上第一次皇帝的初婚仪式。

以往的皇帝在登基即位之前，一般已经有了太子妃，登基之后，太子妃被册立为皇后，只是一次仪式而已。而明英宗即位比较早，还未来得及立太子妃，所以这次婚礼让他迈入了一个全新的人生阶段，从此之后，他的身边多了一位温柔贤淑的钱皇后，而此时的他并不知道这个女人将在日后的生活中带给他多少感动与惊喜。

钱皇后的出身并不十分显赫，她的曾祖父钱整当年是明成祖朱棣的部下，祖父和父亲都继承武职，虽然战功累累，但并没有高官厚禄。祖母张太皇太后之所以为英宗选择了这样一位出身普通的皇后，就是看中了她的人品和节操，希望她能够充当英宗的贤内助。

婚后，明英宗和钱皇后感情一直很好。鉴于钱皇后的家世低微，英宗便决定为丈人和小舅子加官晋爵。这本来是无可厚非的事情。钱皇后深知丈夫对自己的良苦用心，但是耿直的秉性让她坚决拒绝自己的家族无功受禄。钱皇后的谦逊正直让明英宗开始对这位看似柔弱的女子多了一份敬重。

尽管明英宗对钱皇后感情很深，但是身在帝王家，明英宗免不了要纳妃。看着自己的身边多了一个又一个美艳的女子，钱皇后并没有因嫉妒而心理失衡，因为她深知自己的职责。身为皇后，她必须协助丈夫管理好后宫，让英宗可以安心地处理朝政。所以，她从不干涉英宗和其他嫔妃之间的感情，更没有利用后位打压他人的举动。看着宫中嫔妃一个个诞下皇子或公主，钱皇后总是温和地前去慰问，善意地表示关切。而明英宗虽然子嗣众多，却一直虚设太子之位，就是期待着钱皇后能够诞下皇子，可见二人感情之深。

钱皇后的贤淑温柔赢得了宫中上下的敬重和爱戴，更是让明英宗倍感安慰和幸福。她本想着就此平和地生活下去，与世无争地度过余生，可是，没想到突然发生了一件意想不到的祸事，从此，一切都变了。

患难夫妻情更真

正统十四年（1449），"土木堡之变"爆发，致使明朝的命运一度陷入危机之中。

瓦剌人是明朝北方边境上的蒙古部族，虽然力量比较强大，但决不至能与明王朝抗衡的地步。那么，堂堂明英宗怎么会被瓦剌人俘虏呢？这就要提到一个太监王振了。这次瓦剌人之所以突然来攻，就是因为王振不肯多给赏赐，并减去马价的五分之四，激化了双方之间的贸易摩擦。本来，朝廷已经派出四万人前去增援，很快就可以将这场叛乱扑灭。可是，王振为了建立奇功，竟然劝明英宗御驾亲征。最终，年轻的明英宗经不起

蛊惑，便带着临时拼凑起来的二十万大军浩浩荡荡地前往大同讨伐瓦剌了。这次亲征没有任何作战方略，没有后勤准备，甚至连敌情都不清楚，后果可想而知。

后来，明英宗被瓦剌人俘虏，负责监国的郕王朱祁钰匆忙即位，即明景帝。因为这场战争最开始的原因是贸易摩擦，所以群臣决定以钱帛等财物赎回皇帝。钱皇后听说之后，生怕赎金不够，赶紧把自己的私财都尽数奉上，只想着尽快赎回英宗。可是，贪婪的瓦剌人看到了这么多财物，更加觉得英宗奇货可居，迟迟不愿意放回人质。

本来一心想着赎回丈夫的钱皇后听说对方竟然背弃约定，顿时心急如焚，便恳求临危即位的明景帝速速设法迎回英宗。明景帝临危受命，意外地当上了皇帝，便不想再下来了。无计可施的情况下，这个可怜的女人唯有将最后的希望寄托在神灵之上，希望自己的虔诚之心能够感动天地，让奇迹出现，天佑英宗。她不分白天黑夜地祷告，累了就在冰冷的地上蜷缩而睡，饿了就勉强吃些粗疏之物……抱着唯一的信念重复着这些没有意义的举动。

景泰元年（1450）八月初三，二十二岁的明英宗由漠北返回了北京城。当他看到眼前这个憔悴而苍老的妇人时，简直不敢相信这就是他魂牵梦萦的钱皇后。这时钱皇后的明眸因为日夜以泪洗面而近瞎，双腿因为日夜跪在冰冷的地面上祈祷已残疾了。

生死相依

明英宗回到北京之后，便被明景帝以"太上皇"的名号架空，并幽禁在了南宫之

● **宫中图·明·杜堇**

图中描绘了后宫之中嫔妃们的日常生活。她们或自弹自唱，或听乐人演奏，或由画师对人写照，或以蹴鞠、槌球为乐，全卷人物众多，场面宏大，堪称巨制。

中。从此，明英宗便和钱皇后相依为命，过着朝不保夕的囚徒生活。势力的太监和宫人眼看英宗没有翻身的机会了，便处处落井下石，克扣他的衣食，态度极为倨傲。面对这些，贤惠的钱皇后则总是宽慰丈夫，并强撑病体做些女工来补贴家用。生活虽然艰辛困苦，夫妻之间的感情却在重重考验之下更加深厚。在彼此的慰藉和依靠中，漫长的七年过去了。没想到，否极泰来，命运再次奇迹般地发生了转折。

景泰八年（1457）正月，景帝的病情一步步加重。于是，趁他病重之机，武清侯石亨、御史徐有贞、都督张轨、太监曹吉祥等人于当月七日凌晨时分冲入南宫，拥英宗复辟，史称"奇门之变"。

登基之后，英宗要重新册立皇后。可是，这时候的钱皇后已经残疾，病痛已经剥夺了她的生育能力。因为皇后没有生子，庶长子朱见深被立为太子。太子的生母周贵妃于是唆使一个叫蒋冕的太监前去向太后进言，希望立自己为后。明英宗听说之后勃然大怒，立刻将蒋冕贬斥，宣布后妃之位依然如旧，钱皇后永远是皇后。

天顺七年（1463）十二月，年仅三十六岁的明英宗患了病，病情很快加重，到正月初六的时候已经无法上朝理政。他生怕周贵妃会在他死后报复钱皇后，所以在口授遗诏之后，还特意对太子说："皇后名位素定，当尽孝以终天年。"此后他怕儿子最终会偏向生母，临死之际还拉着大学士、顾命大臣李贤的手，反复叮咛："钱皇后千秋万岁后，与朕同葬。"如此拳拳深情让李贤感动不已，他流着眼泪将这句话添在了遗诏册上。

生要同衾，死要同椁

最后，明英宗担心的事还是发生了。在他死后，周贵妃费尽心思要废掉钱皇后，但在辅臣们的一致反对下未能得逞。而钱皇后心如死灰，只求早点与明英宗在黄泉再见，根本无心名利之争。最后，机关算尽的周贵妃竟然不惜对死后的钱皇后下毒手，想逼迫儿子给钱皇后另寻墓穴，以泄心中之愤。幸好群臣殊死相抗，终于保住了英宗的遗愿，将钱皇后的遗体和明英宗合葬了。

然而，心有不甘的周太后最终还是使了阴招。因为当初为英宗建陵时没有预留与皇后合葬的位置，所以合葬的时候必须重新营建下葬墓穴，再从地下打通通向英宗墓室的隧道。于是，周太后便趁机贿赂了经办此事的太监，故意将钱太后墓穴的那条隧道挖错，致使她和英宗的墓室方向错开几米远，而且在中途就把隧道堵住。而留给周太后的墓穴则刚好相反，有一道宽敞且直通英宗墓室的隧道。

这个秘密最终被半个世纪之后的明孝宗意外发现，他曾想成全这一对有情人，为钱太后重新打通通往明英宗的隧道。可惜，时隔已久，钦天监和阴阳师都认为贸然开穴会影响风水，此事最终不得不作罢了。可怜这一对生死相依的恋人最终也未能实现"生同衾，死同穴"的心愿，不过这一段至死不渝的爱情故事却成了流传千古的佳话。

● 《历代帝王像》之明英宗·清·姚文瀚

明英宗朱祁镇（1427-1464），明宣宗朱瞻基长子，明朝第六位皇帝。

旷世忘年恋

明宪宗与万贵妃

■ 明宪宗爱上了比自己大十九岁的万贞儿，这段旷世忘年恋在史上被称之为"成化畸恋"。本来年龄大些也无可厚非，可这位万贞儿为了维护自己在后宫中的地位，不惜对众多怀孕宫人广施毒手，害得宪宗膝下荒凉。可怜宪宗的一片痴情，却成了万贞儿争权夺利的工具。

土木堡之变

●鸡翅木琵琶·明

"土木堡之变"后，因为当时英宗的太子朱见深还小，所以在孙太后的授意下，朱祁钰便登上了帝位。他即位之后先是惩治了王振的党羽，又打退了瓦剌的进攻，使得朝廷局势暂时稳定下来。可是贪恋皇位的他最后虽然将英宗接回来了，但明显没有交还皇位的意思。他不但将英宗软禁起来了，还希望自己的儿子朱见济能够取代英宗的太子朱见深（原名朱见浚）成为皇位的合法继承人。为此，他不惜动用重金去贿赂群臣，最后果然成功地废掉了太子，将自己的儿子立为了太子。

英宗被俘的时候，朱见深只有两岁。孙太后便将自己贴身的宫女，一个叫作万贞儿的宫女送到了小太子的宫中，让她去照料保护这个可怜的幼童。这个宫女正是后来让宪宗迷恋不已的万贵妃。所以，宪宗初次见到万贞儿的时候，还是个乳臭未干的孩子，那时候，他称呼万贞儿姑姑。在寂寞的深宫中，这个女子就是他唯一的依靠。后来朱见深被废去太子之位，万贞儿始终陪伴着他，给予了他母亲般的关爱。随着朱见深一天天长大，对于身边这位女子的感情也产生了一些变化，但无奈万贞儿只是一个宫女，而且年长自己十九岁，纵然再喜欢，也难以有个正式的名分。

恃宠而骄，横行后宫

天顺元年（1457），"夺门之变"后，英宗再次登基，朱见深又被重新立为太子，地位瞬间又发生了转变。等到英宗归天之后，朱见深于天顺八年（1464）登基即位。看着这个自己从小带大的孩子当上了皇帝，万贞儿感到自己的苦日子终于要熬出头了。可是当时她已经是半老徐娘了，而且本来就是太后身边的一个宫女，身份卑微，纵然宪宗依恋自己，她也很难出人头地。

宪宗虽然遵照父亲的遗命娶了吴氏为皇后，内心却依然对万贞儿迷恋不已。吴皇后年方十六岁，正是韶华正茂的时候，加上出身贵族大家，举止娴静，让年过三十的万贞儿嫉妒不已。为了除掉这颗眼中钉，她不惜上演苦肉计，先是屡屡向皇后挑衅，不明就里的吴皇后忍无可忍，就杖责了她。于是，万贞儿便去宪宗那里告状，宪宗大怒，前去质问皇后。吴皇后哪里知道宪宗和这个宫女之间的暧昧关系，觉得自己处罚一个老宫女并没有什么大不了的。宪宗看到吴皇后一副毫不在乎的样子，盛怒之下竟然当众杖责皇后，替万贞儿出气。自此之后，大家都知道了万贞儿的手段，谁也不敢招惹她了。可是万贞儿并不满足于此，她知道吴皇后一定对自己怀恨在心，于是便先下手为强，处处诋毁她。宪宗禁不起她的枕边风，便将吴皇后废掉了。可怜十六岁的吴皇后只做了一个月的皇后便被打入了冷宫，只能在寂寞中惨淡度过漫长的后半生了。

万贞儿虽然扳倒了吴皇后这座大山，没料到却给她人做了嫁衣裳。因为两宫太后嫌她年老，又出身低贱，都不同意将万贞儿立

●紫禁城谨身殿内的皇帝宝座

为皇后，而是选择了当时的贤妃王氏。这个王氏生性软弱，又亲眼看见了吴皇后的惨剧，更加谨小慎微。虽然处在皇后的位置上，王氏见了万贞儿还是要退避三分，充其量只是个傀儡皇后而已，所以万贞儿在后宫越发横行霸道了。

残忍迫害皇子

成化二年（1466），万贞儿为宪宗生下一个皇子。宪宗大喜，将万贞儿封为皇贵妃，地位仅在王皇后之下。这个皇子是宪宗的长子，如果王皇后没有生下皇子的话，那么这个皇子便将继承皇位，万贞儿也就顺理成章地成为太后了。可惜，她这个春秋大梦一下子被残酷的现实粉碎了，这个皇子竟然早早夭折了，

之后，万贞儿再也没有怀孕。如此打击让万贞儿的心理进一步扭曲。她心想，既然我没有皇子，别人也休想有。于是，她便开始留意身边的嫔妃，要是看到哪个嫔妃受到临幸，便立刻派人送去打胎药。可怜那些嫔妃迫于她的淫威，不敢不服，所以从来没有人受孕，有些身体弱的就被活活折磨而死。对此，宪宗虽然有所耳闻，却一直不查不问。

成化五年(1469)，当年备选太子妃的柏氏好不容易诞下一子，取名朱祐极。宪宗一直膝下荒凉，好不容易有个儿子，便在他两岁时立为太子。万贵妃眼看着自己努力维持的局面就此毁掉，心中又嫉又恨。而且想到这个

孩子长大之后继承王位，肯定要清算自己之前的恶行，她便不寒而栗，于是决定先下手为强，以绝后患。因此朱祐极当上太子不出三个月便暴病而亡了，随后其生母柏氏也不明不白地死了。

眼看着宪宗就要面临绝后的危机了，万贵妃还是一味严防死守。她自己已经年过四十，很难再生下皇子了。幸好有一个典守内藏的女官偷偷为宪宗留下了一丝血脉。后来，这个孩子幸运地逃过了万贵妃的魔爪，在宫中悄悄养大，连宪宗都不知道自己还有个儿子。

后来，这个幸存下来的皇子被宪宗身边一个忠心的太监抚养到六岁，才告诉宪宗。宪宗为他取名朱祐樘，并立为太子。万贵妃知道之后，便残忍地毒杀了太子的生母纪氏，并多次试图毒杀太子。

有一次，万贵妃假意召太子去她的宫中吃饭。太子临行前，周太后特意嘱咐他说：

● **千秋绝艳图·明**
此卷在 6 米多长的画面上，塑造了 70 位古代仕女的形象，包括从秦汉到明朝比较著名、见之于史实或传说并在社会或历史上有一定影响的女性，所以称作"千秋绝艳图"。

"孙儿且去，贵妃给你食物不要吃！"聪明的太子记着祖母的叮嘱，到了贵妃宫中后，不管她软磨硬泡，都不肯吃东西，让万贵妃又气又急。但是众目睽睽之下，她又无可奈何，只能作罢。

机关算尽

眼看着太子有周太后庇护，很难除掉，万贵妃便又生一计。她想既然不能除掉太子，就要阻止他登上帝位，以免他日后为母报仇。于是，她一改往日对宪宗的严防死守，突然变得异常贤惠大度起来。每天都劝宪宗宠幸其他妃子，而且还给他媚药春方。于是，不到七八年工夫，宪宗便由膝下无子的窘境变为儿女成群了。而万贵妃的目的就是在这些子嗣中寻找一个最适合做傀儡的皇子来扶植，以取代现有的太子。

权衡考察之后，她选择了邵宸妃所生的皇四子朱祐杬。在她强劲的枕边风下，宪宗也开始考虑另立太子了。眼看着万贵妃的阴谋就要得逞了，突然泰山发生了强烈地震。在古代，泰山为东岳，象征着东宫（即太子），泰山移动，则意味着东宫不稳。所以，朝野上下一阵恐慌，一致反对易储，万贵妃的如意算盘，至此再次落空。

眼看着机关算尽，万贵妃也开始对自己的人生绝望了。成化二十三年(1487)春天，她怀着满腔的抑郁和不满暴病而亡。她这一死让很多受折磨的宫人拍手称快，却让宪宗受到了致命的打击。听说万贵妃暴薨的消息后，宪宗呼天抢地，如丧考妣，甚至不顾礼制，以皇后的规格将万贵妃葬在天寿山。在她死后不久，宪宗就因忧伤过度一病不起，四十多岁便呜呼哀哉了。可怜宪宗如此一片痴情，却用在了一个利欲熏心、残忍狠毒的女人身上，真是可悲可叹。

此情无计可消除

顺治帝与董鄂妃

■顺治帝和董鄂妃堪称最恩爱、最般配的一对玉人了。可惜天妒红颜，倾国倾城的董鄂妃年仅二十一岁便香消玉殒了。顺治帝悲痛欲绝，将她追封为皇后，举国哀悼，并为她操办了前所未有的隆重丧礼，连抬棺材的都是满洲八旗的二、三品大员。即便如此，顺治帝始终对董鄂妃的死难以释怀，不出半年便随她而去，黄泉下重续前缘了。

董鄂妃的身世之谜

关于孝献皇后董鄂氏的身世，历来有很多争议。按照正史记载，董鄂氏应该是满洲正白旗、内大臣鄂硕之女。她十八岁入宫，宠冠后宫，在顺治十三年（1656）八月被立为贤妃，十二月便晋升贵妃。

但是按照《清宫演义》《清宫十三朝》等野史小说的说法，董鄂氏就是秦淮名妓董小宛。当年清军入关之时，统帅洪承畴攻占江南，掳去了慕名已久的秦淮名妓董小宛，企图据为己有。无奈这个董小宛是个烈性女子，誓死不从，洪承畴无奈，便将这个烫手的山芋进献给了顺治帝。顺治帝将董小宛封为宠妃，便是董鄂妃。其实，这只是文人故意附会之说，董小宛历史上确有其人，但肯定不是董鄂妃。只因二人皆姓"董"，又都是倾国倾城的绝色佳人，便给混淆在了一起。其实董小宛是汉人，董鄂妃则是满人，根本不可能是一个人。

除了这种说法外，还有一种说法认为董鄂妃原是襄亲王的福晋，后来被顺治帝横刀夺爱，纳入宫中做了妃子。这个襄亲王是清太宗皇太极的十一子，在顺治十二年（1655）二月二十一日被册封为和硕襄亲王，翌年七月初三日卒，年仅十六岁。清初有命妇轮番入侍后妃的制度，襄亲王的福晋

●五彩仕女纹盘·清

董鄂氏也经常到后宫入侍，顺治帝被她的美貌和才情深深打动。而丈夫常年外出带兵打仗，董鄂氏闺中寂寞，也对顺治帝产生了好感。两个情谊相投的人迅速坠入了情网。据说短命的襄亲王便是因此羞愤而死。《汤若望传》中有一段汤若望的回忆似乎也是说的这一段故事。

不管怎样，这三个故事都反映了董鄂妃的倾国美貌和卓越才情。正因如此，她才能够从后宫众多嫔妃中脱颖而出，宠冠一生，让顺治帝爱得如痴如醉，至死不渝。

一见钟情，琴瑟相和

顺治帝一生册立了两位皇后，一个是他母亲的侄女博尔济吉特氏，和顺治帝是亲上加亲。在顺治帝十四岁的时候，两个人便举行了婚礼，顺治帝即位之后，册立博尔济吉特氏为皇后。这个皇后并不受顺治帝的垂爱，因为她生性嫉妒，气量狭小，不能容人，而且喜欢过奢侈的生活，让崇尚简朴的顺治帝很是厌恶。再加上这门婚事是多尔衮一手操办，年轻的顺治帝并不喜欢压在自己头上的摄政王多尔衮，因此对飞扬跋扈的博尔济吉特氏也是敬而远之。立后两年之后，顺治帝以志趣不合为由，将博尔济特吉氏降为了静妃。

●顺治帝画像

另一位是孝惠章皇后，博尔济吉特氏，是科尔沁左翼卓礼克图亲王吴克善之女，在顺治十一年（1654）五月被聘为妃，六月册封为皇后。但是顺治帝对她依然不满意，但又找不到正当的理由废掉她。加上这个皇后虽然不讨皇帝喜欢，却有太后呵护，所以没有被顺治帝废掉，而且一直活到了古稀之年，也算是完满的一生了。

直到董鄂妃进宫之后，一向挑剔的顺治帝才总算满意了。他对貌如天仙的董鄂妃一见钟情，很快便坠入情网。董鄂妃进宫之后便被封为贤妃，短短一个月后，便被顺治帝以"敏慧端良，未有出董鄂氏之上者"为由，

●清太宗孝庄文皇后朝服像

晋封为皇贵妃。如此快的升迁速度，在历代后宫中都极为罕见。因为顺治帝找不到理由废掉孝惠章皇后，便特意为董鄂妃举行了十分隆重的册妃典礼，其排场之大，堪比皇后的册立仪式，之后还按照封后的大礼颁恩诏大赦天下。此举在清王朝三百多年的历史上仅此一次。足见顺治帝对董鄂妃的恩宠程度。

婚后的生活十分甜蜜，顺治帝对董鄂妃的宠爱有增无减，简直到了言听计从的程度。幸好董鄂妃不是妲己、妹喜那样的女人，她从小受过良好的教育，懂得自己的职责所在，便利用自己对顺治帝的影响力，时时规劝他做一些有益国计民生的事情，纠正他不良的习惯和脾气。

天妒红颜，情深不寿

根据顺治帝亲笔所写的《端敬皇后行状》的描述，每次当他看奏折看得心烦的时候，便随手将其弃置一旁。而这时，董鄂妃会轻轻捡起来，温柔地递给他，请他仔细看过，以免误了国家大事。顺治帝有时候耍孩子脾气，要求董鄂妃陪着自己一起批阅奏章，董鄂妃则连忙拜谢，不敢逾越规矩，妄谈国事。

董鄂妃尽心尽力地照顾着顺治帝的起居生活，每当顺治下朝之后，她总是亲自安排饮食，斟酒劝饭，嘘寒问暖，让顺治帝感受到前所未有的温暖和关怀。顺治帝有时候要熬夜批阅奏章，董鄂妃也常常在旁边侍奉他，给他展卷研墨，或者做一些滋补的夜宵，为他调养身体。所以，自从有了董鄂妃之后，顺治帝原本急躁的脾气也收敛了一些，整个人变得平和了很多。

顺治十四年（1657），董鄂妃和顺治帝爱的结晶诞生了，是一个皇子。虽然并非第一次得子，顺治帝还是欣喜若狂，并颁诏天下"此乃朕第一子"，对这个孩子的待遇如同嫡出，大有册封太子之意。可是，这个孩子出生不到三个月就夭折了，让顺治帝和董鄂妃受到了致命的打击。

尽管顺治帝将这个不幸的孩子追封为和硕荣亲王，命能工巧匠为他修建了豪华的园寝，并亲笔写下《皇清和硕荣亲王圹志》，抒发对这个皇子的宠爱和痛惜之情，都未能抚平董鄂妃心中的创伤。加上她身体本来就虚弱，如此打击之下便一病不起，结果不到两年，便撒手人寰了。

生死相依

先是丧子，又是丧妻，这接连而来的打击让顺治帝瞬时精神崩溃。董鄂妃这样的奇女子天下无双，难得又和他如此情投意合，竟然二十多岁便香消玉殒了。顺治帝一时间看破了红尘，所谓人生如梦，一切都是浮云，美好的

东西总是如此难以把握，何苦再留恋什么呢？顺治帝决心出家为僧，摆脱人生间的羁绊和痛苦，甚至让和尚溪森为他剃了发。后来由于溪森的师父玉林琇以要烧死溪森为要挟，才逼迫他打消了出家的念头。

在董鄂妃死后第三天，顺治帝将她追封为孝献庄和至德宣仁温惠端敬皇后，并且下令举国上下痛苦哀悼，不从者送交官司问罪。为了避免董鄂妃地下苍凉劳累，他本来还打算将太监、宫女三十名做陪葬赐死，幸亏皇太后出面劝阻，才最终作罢。由此可见董鄂妃在顺治帝心中的地位是多么重要，简直胜过一切。

顺治十七年（1660）八月二十七日，董鄂妃的梓宫从皇宫奉移到景山观德殿暂安，抬棺材的竟然都是满洲八旗二、三品大臣。这在有清一代，不仅皇贵妃丧事中绝无仅有，就是皇帝、皇后丧事中也未见过。当董鄂妃的梓宫移到景山以后，顺治帝还为她举办了前所未有的超大规模水陆道场，请了108位高僧连日诵经。按照清朝的制度，皇帝如遇国丧，便改朱批为蓝批，以示哀悼。这本来只需要坚持二十七天，可董鄂妃死后，顺治一连四个月都用蓝批，可见其悲痛之情。

为了让后人铭记董鄂氏的贤德嘉行，顺治帝命大学士金之俊撰写董鄂氏传，又令内阁学士胡兆龙、王熙编写董鄂氏语录。不仅如此，他还亲自动笔，饱含深情地撰写了《孝献皇后行状》，以生动的事例再现了董鄂妃生前的点点滴滴。

在董鄂妃死后半年，伤心欲绝的顺治帝得了天花，最终追随她去了黄泉。这一对苦命的鸳鸯生不能执手到老，死后便可化为比翼鸟、连理枝，永世不分离了。

幸运还是不幸

中国历史上的"娃娃皇帝"

■在皇位世袭制的古代中国，很多皇帝去世后，只能由年幼的皇太子继承帝位，这就使得历史上出现了很多娃娃皇帝。由于年纪实在太小，娃娃皇帝无法听政，需要由太后、外戚或者权臣来执掌朝政。长大后能夺回权力的娃娃皇帝毕竟是少数，更多人还没有长大成人就成了权力斗争的牺牲品。

据统计，历史上即位时不到十岁的皇帝就有二十九位。其中，东汉的殇帝刘隆被抱上龙椅时，只有一百天，是名副其实的"吃奶皇帝"。如果算上即位时十九岁以下的皇帝，则人数可达一百多位，比历史上皇帝总数的三分之一还多。也就是说，将近四成的皇帝即位时年纪轻轻，尚且不具备治理朝政的能力。

既然皇帝无法理政，便给太后留下了临朝听政的空间。然而太后一介女流，往往难有大的作为，便会让自己的父亲、兄弟等外戚参与朝政，外戚由此成为权贵。如果前一任皇帝指定了辅政大臣，那辅政大臣就会成为新的权贵。

在这种环境下，小皇帝想平平安安地长大成人都求之不得。随着权贵大臣们掌握的权力越来越大，他们对于更大权力的欲望也会越来越强烈。而小皇帝慢慢长大后，也想收回本该属于自己的权力。在一次又一次的争斗中，只有少数小皇帝能够笑到最后，大部分人没能夺回权力，一直作为傀儡任人摆布。还有的小皇帝甚至丧了性命，实在可惜。

夺回政权的康熙帝

康熙帝登基时只有八岁。他的父亲顺治帝去世前，命索尼、苏克萨哈、遏必隆、鳌拜四位大臣辅政。在这四人中，索尼资格最老，威信很高，但年纪大了，不太愿意管事。遏必隆虽屡立战功，但生性平庸，遇事随声附和。苏克萨哈出身正白旗，本来依附多尔衮。多尔衮死后，他马上站出来告发多尔衮的罪状，因此也受到顺治帝的重用，但满朝文武都不太喜欢他。鳌拜骁勇善战，军功赫赫，曾在攻打明朝军队以及李自成、张献忠的战斗中立下大功，备受皇太极器重。但在顺治帝的遗命中，鳌拜只能排在索尼和苏克萨哈的后面，心里非常不高兴。

　　康熙帝年纪尚幼，朝政主要由以鳌拜为首的两黄旗（正黄旗与镶黄旗）官员把持。两黄旗与两白旗（正白旗与镶白旗）之间存在难以调和的利益冲突。起因还要追溯到清太宗皇太极去世。当时，两黄旗拥立皇太极长子豪格，两白旗拥立皇太极弟弟多尔衮，相争不下。正在此时，李自成攻入北京城，明朝灭亡，对于满族人来说是个绝好的机会。于是，双方各自做出让步，豪格和多尔衮谁也不称帝，大家拥立皇太极第九子福临即位。但两黄旗与两白旗之间积怨甚深。

　　后来，多尔衮执政时明显偏袒两白旗，圈地时将肥沃的土地给了正白旗，引起两黄旗贵族的不满。如今鳌拜大权在握，便提出要按照旗的顺序来重新分配土地，这样肥沃的土地就应该分给正黄旗。然而距

●清圣祖康熙皇帝朝服像

185

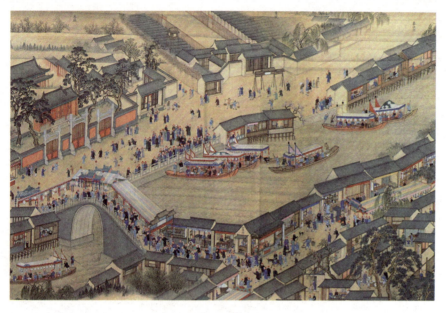

●康熙帝南巡

离圈地已经过去二十年，重新换地的话可能会引发社会动荡不安，很多大臣表示反对。在辅政大臣中，属于正白旗的苏克萨哈坚决反对，但其他两位大臣都代表两黄旗的利益，支持鳌拜。虽然最后没有换成，但辅政大臣之间的矛盾已经难以调和。

由于苏纳海、朱昌祚、王登联三位大臣旗帜鲜明地反对黄、白旗换地，鳌拜非常愤怒，一定要将他们置之死地。康熙帝出面，不希望杀大臣。但辅政大臣中，索尼和遏必隆支持鳌拜，苏克萨哈见这种场面，虽然反对，但也不好作声，于是保持沉默。这样，三位大臣被处死。

这件事过后，康熙帝意识到，四位辅政大臣都是守旧势力的代表。再加上他们怀念关外的生活，始终不觉得北京才是大清朝的首都，动不动就说要回老家去，这非常不利于清政权对全国的统治。要想亲政，就必须搬掉辅政大臣。而在四位大臣中，实力最雄厚、野心最大的是鳌拜。

鳌拜不仅自己军功显赫，而且家族势力强大。他的弟弟、儿子都在朝内担任重要职务，亲信遍布朝廷内外。他本人又极其嚣张，经常把奏折拿回家中和谋士商议处理，完全不把康熙帝和其他官员放在眼里。有一次，鳌拜生病，康熙帝去探望，不料卫士却在鳌拜的床下搜出一把刀，气氛非常紧张。康熙帝却笑笑说："这是满洲人的习俗，别大惊小怪！"但康熙帝已能感觉到来自鳌拜的威胁，于是决心铲除他。

十四岁时，康熙开始亲政，但鳌拜仍把持大权。四位辅政大臣中，索尼已经去世，苏克萨哈要求辞去职务。这样一来，遏必隆和鳌拜也必须放弃权力，这是鳌拜最不能容忍的。于是，他给苏克萨哈罗织罪状，要将其斩首，还要抄他的家。康熙帝不同意。鳌拜便在康熙帝面前捋袖子挥拳头，一定要杀苏克萨哈。康熙帝自知威信不够，无奈同意，最终苏克萨哈被处绞刑。

康熙帝越来越清楚地认识到，鳌拜是自己亲政的最大障碍。他选拔了一批十五六岁的少年，每天在宫里练习摔跤。鳌拜以为康熙帝爱玩，不理朝政，反而心里暗喜。

在夺权路上，康熙帝的祖母孝庄皇太后利用自己的才智和威望，帮了大忙。康熙帝暗地里调兵遣将，将鳌拜的亲信都调离北京，又派自己的亲信接管了禁卫军。康熙八年（1669）五月，康熙帝传旨令鳌拜进宫，鳌拜毫无防备，刚走到宫门口，就被练习摔跤的少年们抓住，关到了监狱中。

康熙帝宣布了鳌拜三十条罪状，革去了他的官职，但免于处死。鳌拜的党羽或者被杀，或者被革职。十六岁的康熙帝以非凡的智慧和勇气，平稳夺回了原本属于自己的权力，成为一代有为君主。

一生做傀儡的光绪帝

能够像康熙帝那样夺回政权的小皇帝，实在寥寥无几。很多小皇帝从小到大，一直在做傀儡。即便名义上可以亲政，朝政大权实际也掌握在别人手里。

康熙帝之后二百年，清朝出了一位对权力无限渴望的太后——慈禧太后。咸丰帝病死后，她立自己六岁的儿子载淳为帝，这就是同治皇帝。慈禧太后与慈安太后同时临朝听政。同治帝在位十三年，前十二年一直由两位太后处理朝政。好不容易轮到自己亲政了，只过了一年多，他就因为天花离开了人世。

同治帝去世后没有子嗣，慈禧太后当天就确定立醇亲王三岁的儿子载湉为帝，就是光绪帝。她已经尝到了临朝听政的甜头，再也不愿轻易放弃。

载湉即位时，还不明白发生了什么事情。他坐在龙椅上接受百官的朝贺，很快就坐不住了，大哭起来，一边哭还一边喊："额娘，我要回家！"登基大典就在小皇帝不停的哭闹声中结束。小皇帝还不知道，自己要以一个傀儡的身份，度过接下来的三十四年。

光绪帝的母亲是慈禧太后的亲妹妹。按照亲缘关系来说，光绪帝既是慈禧太后的侄子，又是外甥。但光绪帝刚一进宫，慈禧太后便要他改口叫自己"亲爸爸"（即"皇阿玛"），树立自己的威严。她还要求光绪帝的师傅翁同龢注重对光绪进行"孝"的教育，除了不断温习"二十四孝"之外，还要讲授《孝经》，给光绪帝灌输"母子君臣"的思想，为自己日后的专权打好基础。

几年之后，慈安太后去世，慈禧太后得以独揽大权。她还按照自己的喜好调整军机处，将阻碍自己专权的恭亲王奕䜣撤职，另派光绪帝的生父醇亲王执掌军机处。这样，朝廷内外的一切大权，已经全在慈禧太后的掌握之中。

随着光绪帝一天天长大，亲政也逐渐提上了日程。慈禧太后自作主张，将侄女嫁给光绪帝，并明确指出他们的儿子将来就是皇位的继承人。光绪帝大婚之后，慈禧太后名义上交还权力，实际上仍然是幕后的决策者。朝廷内大小事务，大臣们要先向慈禧太后请示，然后才能禀奏光绪帝。

● **清光绪帝肖像**

年轻的光绪帝不愿再做傀儡。他暗中在朝廷里培植了一批自己的势力，使朝廷内形成了帝党和后党相争的局面。1895年，中国在甲午战争中战败，大大刺激了光绪帝，他深切感觉到了亡国的危险。再加上康有为等人上书要求变法图强，这位君主动心了，想通过变法改革，摆脱亡国的命运，使国家富强起来。

慈禧太后却是顽固的守旧派。她认为祖宗之法绝不可变，为此还把光绪帝找来，大骂一顿。平常懦弱胆小的光绪帝这次却极为坚决地说："要是不给我权力，我宁可退位！"慈禧太后没想到光绪帝竟然会以退位来要挟她，考虑后决定妥协。于是，1898年，光绪帝颁布《定国是诏》，开始变法。

然而，朝廷内的守旧势力占了上风。无论光绪帝颁布多少诏书，他们或者置之不理，或者阳奉阴违。光绪帝无奈，只好罢免礼部怀塔布等六位大臣，使慈禧太后感到自己的权力受到了威胁。于是，慈禧太后秘密调集地方军队，驻扎在北京郊区和天津，以防不测。

形势危急，光绪帝找来康有为等人商议对策。他们将求救的目光投向了袁世凯，希望袁世凯能刺杀荣禄、软禁慈禧太后，保住光绪的帝位。谭嗣同自告奋勇前去游说，却没想到袁世凯是个出尔反尔的小人。谭嗣同刚一离开，袁世凯立刻去天津告密，出卖了光绪帝。慈禧太后马上发动戊戌政变，抓起光绪帝，并将其囚禁在瀛台，同时抓捕维新派人士，在菜市口杀害了谭嗣同等六人，制造了"戊戌六君子"事件。

从此，光绪帝每天除了上朝之外，再也没有自己自由的时间。上朝时，只有得到太后同意，光绪帝才能说几句话，也没有大臣把他的话当真。大家都清楚，这不过是作秀，大权都握在太后那里，太后的话才是圣旨。

光绪帝曾经垂泪叹道："我还不如汉献帝呢！"直到去世，他始终未能摆脱这种囚徒一般的生活。

何必生在帝王家

娃娃皇帝大多出在东汉。从汉和帝开始，即位的基本都是小孩子，这为外戚掌权提供了机会。汉顺帝即位时只有十一岁，大权被外祖父大将军梁商把握。他二十七岁时，梁商去世了，梁商的儿子梁冀继任父亲的职位。不料梁冀在任第三年，三十岁的顺帝就暴病而亡。

由于梁皇后没有儿子，梁冀做主选了一个两岁的娃娃即位，就是汉冲帝。梁皇后被尊为皇太后，临朝听政。梁冀作为太后的兄长，更是独揽大权。冲帝只做了五个月的皇帝就去世了，群臣再次商议，要立新的皇帝。

当时，候选人有清河王刘蒜和渤海孝王刘鸿的儿子刘缵。大臣们希望立一个年纪大又有德行的皇帝，倾向于刘蒜。而梁冀执意要立八岁的刘缵为帝。他的意图很明显，就

是要自己继续执掌大权。太尉李固等人虽坚决反对，但也无可奈何。于是，刘缵成为汉质帝。

汉质帝虽然年幼，却聪明异常。梁冀的骄横跋扈，他都看在眼里，记在心上。一天早朝时，他指着梁冀说："这真是个跋扈将军！"梁冀不禁吓出了一身冷汗，心想这娃娃才八岁就这么厉害，长大后还了得？不禁起了杀心。他派人给质帝送去煮饼，饼里放了毒药。质帝吃完后，直喊肚子疼。太尉李固赶来，问他是什么原因。质帝说："吃了煮饼，肚子疼，要喝水。"梁冀在一旁说："不能喝水，要不然会呕吐。"话音未落，小皇帝已经断了气。

一年内，东汉王朝连死了三个皇帝，大臣们要再次商议立谁为帝。梁冀按照自己立幼不立长的条件，在宗室中选了一个十五岁的少年刘志为帝，就是汉桓帝。梁冀没想到，十三年后，汉桓帝终于难以忍受他的跋扈嚣张，利用宦官的力量将梁氏家族的势力全部铲除。

但桓帝并未摆脱自己的命运。他扳倒了外戚的势力，却让另一股势力——宦官开始执掌大权，而他自己也由外戚的傀儡变成了宦官的傀儡。又过了八年，他终于结束了自己被控制的一生。

这些娃娃皇帝如果生在民间，应当会受到父母的疼爱，即便生活不富裕，也可以安静幸福地走完一生。然而，生在帝王之家，他们难以避免做傀儡的命运，还要时时防备来自各方面的威胁，甚至未省人事时就可能丢掉性命。从这个角度来说，何必生在帝王家？

"正大光明"匾的背后

秘密立储制度

■■从清朝的雍正帝开始，乾清宫的"正大光明"匾背后，就隐藏了一个天大的秘密。皇帝确立的储君不再公开宣布，而是藏在匾的背后，待皇帝去世后才能取出公布。这一秘密立储制度，改变了清朝自建国以来，皇子和宗族们争夺皇位的你死我活的局面。

一个皇位，多少血泪

清朝统治者最头痛的问题，当属如何确立继承人。这是一个游牧民族建立的政权，以往立大汗时，往往采用推举制，即部落首领联合推举一位德才兼备的首领来做大汗。而占领中原后，这种制度显然已经不合时宜。从清朝建立以来，皇子和宗族们争夺皇位的斗争始终没有停止过，上演了一幕又一幕闹剧与悲剧。

清朝开国皇帝努尔哈赤死后，他生前宠幸的大妃阿巴亥向儿子们宣布他的遗命："由多尔衮即位，代善辅政。"可是，四大贝勒（努尔哈赤年纪最大的四个儿子）根本不听。他们认为，按照祖宗的制度和努尔哈赤生前的意思，应该由四大贝勒共同执政才对。何况，当时多尔衮只有十二岁，还是个什么都不懂的孩子。而四大贝勒已在战场上出生入死，立下大功。其中，皇太极又野心勃勃，早就想借皇位实现自己平复中原的理想，怎能因为这一句没有其他见证人的遗命，便将皇位拱手送与他人呢？

阿巴亥的三个儿子当时还都年轻。最大的阿济格只有十九岁，最小的多铎只有十岁。虽然还没有什么功劳，但阿济格和多尔衮已经成了旗主。四大贝勒担心，如果将来三个小弟弟羽翼丰满，在阿巴亥的号召下团结起来争夺皇位的话，势必会造成极大的威胁。于是，他们逼迫阿巴亥为努尔哈赤殉葬。

面对哥哥们的威胁，多尔衮兄弟三人没有任何办法。他们眼睁睁地看着母亲被哥哥们用弓弦绞死。这场皇位之争，让十几岁的多尔衮兄弟既失去了父亲，又失去了母亲。

皇太极去世后，皇位之争再度上演。两黄旗拥立皇太极的长子豪格，而两白旗拥立多尔衮。剑拔弩张，相争不下。关键时刻，传来了李自成攻入北京城使明朝灭亡的消息，这对于满族人来说是个绝好的机会。于是，在德高望重的大臣调解下，豪格和多尔衮谁也不称帝，而是拥立皇太极的第九个儿子福临，就是顺治帝。由于福临只有六岁，又经过一番斗争之后，多尔衮当上了摄政王。

等到顺治帝去世，大臣们依然为谁做继承人争执不休。皇族倾向拥立第二个皇子福全，而孝庄太后力挺第三个皇子玄烨，理由是玄烨已出过天花，不可能夭折，这一理由也得到了传教士汤若望的支持。在各方利益博弈下，八岁的玄烨登上了帝位。

然而，每一次皇权交接都处在比较动荡的环境中，对皇权的巩固和统治的稳定是非常不利的。

嫡长子继承制，难免争端

康熙帝看到了以往皇位继承的弊端，于是力求建立一个比较合理的继承制度，来保障政权平稳过渡。他受儒家文化影响很深，对历史上的嫡长子继承制情有独钟。何况，他即位后又遇上三藩之乱，几次想御驾亲征，又担心朝中空虚。这使他下决心推行嫡长子继承制。

康熙十四年（1675）六月，康熙帝宣布将两岁的嫡子胤礽立为皇太子。胤礽在嫡子中原本排行第二，但哥哥早夭，所以按位序排在了第一位。同年十二月，清朝第一次立储大典举行，康熙帝昭告天下："将胤礽立为皇太子，居东宫，来传承基业，维系人心。"

康熙帝没想到的是，过早立皇太子，实际上相当于为其他皇子树立了一个攻击的目标。太子和诸皇子成年后，朝廷内很快形成了太子党和反太子党。太子党想方设法为太子树立威望，而反太子党则千方百计地找出太子的过失，并在康熙帝面前百般中伤。

康熙二十九年（1690）七月，康熙帝御驾亲征平定西北地区准噶尔贵族的叛乱，途中生病，便令皇太子和皇三子骑马前去迎接。太子到了行宫，看到父亲消瘦，竟然没有表现出丝毫的担忧，也没有慰问康熙帝。康熙帝为此很愤怒，认为太子没有忠君爱父的思想，便打发他先回北京。十六岁的太子可能没有意识到父亲对他已经产生了不满情绪，但康熙帝心里已经认为太子不堪重用。

康熙四十七年（1708），康熙帝出巡途中，众皇子又开始在他面前说太子的种种不是，比如暴戾不仁，随便殴打藩王、大臣和士兵；比如偷偷截留蒙古贡品；比如放纵奶妈的丈夫敲诈勒索部下等等。有些是皇子们编造的，但康熙帝仍旧深信不疑。他并不仅仅气恼太子不仁，而是太子越俎代庖，侵犯了自己的权威。这是康熙帝最忌讳的。

当时，皇十八子得了急病，康熙帝心里非常担忧。但太子却没有表现出丝毫的关心，康熙帝非常气愤，责备太子道："你是他的亲哥哥，却一点友爱之心都没有！"太子居然也怒气冲冲地和他顶嘴，让康熙帝无法接受。他联想起平时皇子、大臣们述说的太子的过错，不禁怒火中烧。

回宫后，康熙帝即召集群臣，当众公布太子的罪状，宣布废掉太子。从康熙十四年（1675）到四十七年（1708），胤礽当了三十三年太子，康熙帝在他身上倾注了极大的心血。宣布完毕后，康熙帝实在按捺不住内心的悲伤和失望，忍不住扑倒在地。

康熙帝又失策了，废掉皇太子后，其他皇子不仅没有收敛自己争夺王位的行为，反而看到了希望，开始积极活动。被废黜的太子也不甘心，还在寻找复立的机会。这样，已经成年的十二位皇子中，有九位对皇位虎视眈眈，史称"九子夺嫡"。

这九位皇子拉帮结派，形成了五个朋党。其中比较有实力的是太子党、八爷党和四爷党。康熙帝在废掉太子后非常后悔，不久又宣布再度立胤礽为太子。但太子长时间养成的骄横放纵的性格无法改掉，康熙帝难以忍受他的所作所为，第二次将他废黜。

在这场持续了几十年的王位争夺战中，四阿哥终于赢得了最后的胜利，即位成为雍正帝。但他的即位过程并不明朗，让后人产生了种种想象，各种流言蜚语在他即位初期非常不利于他的统治。

秘密立储，暂缓矛盾

雍正帝即位后，思来想去，决定实行"秘密立储"制度。雍正元年（1723）八月十七日，他召集群臣，宣布了一个自己深思熟虑的结果。

"我的儿子们还都幼小，确立储君一事必须要谨慎，这个时候按理不应确定。但先帝将国家托付给我，我不能不早做打算。现在，我将储君的姓名亲笔写下，密封在匣内，放在乾清宫正中世祖皇帝（即顺治帝）御书'正大光明'匾后，以防不测……"

通过这个方式，雍正帝向大臣们表示不再公开立太子，而是秘密立储，待皇帝驾崩后由御前大臣共同开启，当众宣布新皇帝。他希望这个制度能够杜绝皇子之间争权夺势的斗争。

雍正帝的儿子们倒也没有什么大的争斗。皇四子弘历以前就备受康熙帝宠爱，雍正帝对他也颇为看好。虽然没有公布，但大家都认为弘历是事实上的皇储。后来，皇三子弘时不服气，要与弘历争位，却被雍正帝打压下去。雍正帝去世前，又赐死弘时，为弘历的顺利即位扫清了障碍。

从理论上说，秘密立储制度因为没有宣布皇位继承人，所以所有皇子基本上都有机会。为了争取成为继承人，他们会努力用帝王的标准来要求自己，塑造出一个德才兼备、勤政爱民的形象，以使父皇青睐自己。但皇子之间没有明确的竞争目标，避免了公开的血腥争斗。最大的收获，是避免了储权对皇权的威胁。不过，有实力有野心的皇子依然会结党营私，提前拉拢一批效忠于自己的大臣，这是难以回避的。更有甚者，如果有野心的皇子处心积虑地隐瞒自己性格的缺点，还收买皇帝身边的近臣为自己美言的话，皇帝也可能因为难以分辨真假而被骗过。

秘密立储制度确立后，乾隆、嘉庆、道光、咸丰等四朝皇帝都通过这个制度登上了皇位。同治帝与光绪帝均无子，大权又掌握在慈禧太后手里，这项制度也就派不上用场了。

道光帝两子争位

自从有了秘密立储制度，皇位争夺战不再血腥，而变得更有智谋。道光帝是清朝最后一个立储的皇帝。他的两个儿子在争位的过程中，拼的就是计策。

道光帝共有九个儿子，但三个早夭。等到了考虑立储的时候，有实力参与竞争的只有两个人，即十四岁的奕䜣和十三岁的奕詝。这两人条件极为相似。奕䜣的母亲是孝全成皇后，可惜在他十岁时就去世了。奕詝的母亲是静贵妃，非常得宠，曾总管六宫。奕䜣和奕詝还一起读书习武，并共同研究出二十八式枪法和十八式刀法。皇后去世后，静贵妃负责抚养奕䜣，使得奕䜣和奕詝如同一母同胞，关系亲密异常。

兄弟俩相比，奕詝年长，更加仁厚；奕䜣天资聪颖，招人喜爱。道光帝一时也难以决断。兄弟俩则在各自师傅的指导下，展开了一场有趣的储位争夺战。

适逢一年一度的南苑校猎，皇子们都使尽浑身解数，在道光帝面前显示自己的才能。校猎结束后，道光帝查看皇子们的战绩。奕䜣由于一心想在父亲面前展示自己的勇敢和娴熟的武艺，所以猎物最多。而奕詝竟然两手空空，一无所获。道光帝很奇怪，便问奕詝怎么回事。奕詝说："现在正是春天，是鸟兽繁衍的季节。我不忍心伤害它们，以免干扰上天的节律。我也不想用自己骑马射箭的技艺去和弟弟们争夺。"听了这番话后，道光帝龙颜大悦，称赞道："这真

是做帝王的人说的话啊！"这件事让道光帝对奕詝的好感大大增加。

野史记载了这样一个故事，说道光帝晚年病弱，召见两位皇子，想确定继承人。两位皇子问计于自己的师傅。奕詝的师傅对他说："如果皇上有所问，你应该知无不言，言无不尽。"他想让道光帝再次认识奕䜣的才华。而奕詝的师傅则说："如果说起时政，您可能赶不上六爷（即奕䜣）。不过，如果皇上说自己年老多病，不久于人世，您只要跪在地上流泪不止就好了。"道光帝召见时，两位皇子果然按照自己师傅教的那样去做。而道光帝果然也被奕詝的"孺慕之诚"打动，连连称赞奕詝仁孝。

这样，在一次又一次的较量中，奕䜣显然敌不过奕詝。道光帝去世后，奕詝名正言顺地即位，成为清朝第九任皇帝。

●清宣宗道光皇帝朝服像

见证荣耀瞬间

明清皇帝的登基大典

■ 从明朝仁宗朱高炽到清朝宣统帝溥仪，故宫见证了两朝二十三位皇帝登基的典礼。在古代，皇帝的登基大典是国家最重要的事情，也是最为隆重的典礼，各相关部门要为之忙碌很长时间。当然，花费也绝对不菲。

朱元璋的登基礼

作为明朝的开国皇帝，朱元璋在南京即位时，典礼比较简单。当天，朱元璋先在圜丘坛行祭天之礼。礼毕后，校尉在郊坛前设下一把金椅，面向南，并在金椅前摆下冕服案。丞相率领文武百官启奏道："告祭礼已经结束，请即皇帝位。"

● 明成祖坐像

百官簇拥着朱元璋，扶他坐到金椅上，然后退下按照官阶高低排好次序。执事官捧着冕服案和宝案上前，丞相等人取了衮服披在朱元璋身上，又为他戴上冠冕。穿戴完毕后，丞相等人加入百官的队伍，礼仪官喊道："排班。"排好后，大臣们先鞠躬，乐官负责奏乐。然后，大臣们先下拜三次，起身，音乐停下来。紧接着，大臣们又下拜三次，再起身。音乐随着大臣们下拜而响起，随着他们起身而停止。

大臣们可以稍松一口气了，因为接下来主要是丞相的任务。礼仪官引领丞相到皇帝宝座前，丞相跪下并亮出笏板，百官跟着他跪下。捧宝官打开盒子，取出皇帝的玉玺，交给丞相。丞相捧着玉玺，对朱元璋说道："皇帝登大位，臣子们献上御宝。"尚宝卿接过玉玺，

●太和殿

收到盒子内。百官在礼仪官的提示下，下拜，起身，回到自己的位置。

然后是一系列烦琐的礼节，礼仪官一连串喊道："鞠躬、拜兴、拜兴、平身、搢笏、鞠躬、三舞蹈、跪左膝、三叩头、山呼万岁、再三呼、跪右膝、出笏。"百官要按照这个步骤一丝不苟地行完礼，主要的礼节就完成了。

礼毕后，朱元璋又去太庙追尊父母，回到奉先殿。百官上表道贺，然后各就各位。朱元璋穿着衮冕在音乐声中登上御座。将军卷帘，尚宝卿将玉玺放在案上；拱卫司甩响鞭子，引领者将百官引入拜位中，面向北站立。音乐响起，百官在指引下行三跪九拜之礼。这些礼节都结束后，朱元璋再册立皇后。至此，登基典礼才算完成。

天安门城楼上的登基大典

明成祖朱棣迁都北京后，皇帝的登基大典越来越隆重。明仁宗朱高炽是第一位在天安门城楼（时称奉天门）举行登基大典的

皇帝。在他父亲朱棣去世后，会有一个由公侯、官员、德高望重的人组成的请愿团，来请求皇储登基，叫作"上表劝进"。皇储答应后，礼部就开始筹备他人生中最重要的典礼。

礼部有四个机构来负责典礼的筹备工作：司设监相当于后勤部门，下设总理、管理、金书、典簿、掌司、写字、监工等人员，掌管仪仗、帷幕等；钦天监负责观察天象，选择吉日良时；尚宝司负责安置设备，掌管符牌、印章；教坊司主管乐舞和戏曲，负责典礼上的文艺演出。

登基大典主要在奉天殿（今太和殿）举行，华盖殿（今中和殿）为新皇帝准备场所。在大典前，相关机构要布置现场，在奉天殿安置宝座、云盘（高耸入云的承露盘，古人迷信，认为服用仙露可以延年益寿，所以造盘承接）、云盖，殿外朱红色的台阶上还要设表案。教坊司在台阶上摆好乐队，但

因为国家还在为先帝服丧，所以乐队只是一个礼节性的象征，而不能真正奏乐。承天门外还要设宣读案和云盖，午门外安排好云舆（皇帝乘坐的车子）。

登基当天，一大早，朱高炽先派礼部的官员祭告天地宗庙。他还要穿着孝服，在先帝和神灵的牌位前祷告。到了吉时，钟鼓齐鸣，皇帝穿上黄色衮服，登上奉天门（即天安门）开始祷告。

据《明史·礼志》记载，皇帝戴的冕有十二旒玉藻，长度及肩。所谓玉藻，指的是用五彩丝条作为垂绳，每条垂绳要贯串玉珠。衮服上要刺绣十二种图案，有日、月、星、龙、山、火等。除了内外衣，还有蔽膝、裳、大带等配件。一套传统的帝王礼服极为烦琐，也显示出了皇帝的尊贵地位。

皇帝祷告时，官员们身着礼服，由鸿胪寺的官员引导，走过金水桥进入皇宫，站在午门外的广场上。然后，他们分成文武两列，文官跪在御道东边，武官跪在御道西边，静静等待着皇帝祷告完毕。

皇帝结束了祷告，走进奉天殿就座后，文武百官才按照官职的高低依次进入。锦衣卫鸣鞭，将军卷帘后，鸿胪寺官员高喊行礼，官员们便开始行五拜三叩头的大礼。行完礼后，百官来到承天门外，等翰林官员在诏书上盖上大印。然后，鸿胪寺官员要奏请颁诏，得到允许后，翰林官员将诏书给鸿胪寺官员。鸿胪寺官员捧着诏书一路经过奉天门、金水桥，到达午门，放入早已准备好的云舆内，然后由云盖导引，送到承天门，宣读诏书。诏书读完后，整个登基大典才宣告结束。

仿效明朝的清帝登基

清朝取代明朝的统治后，很多礼节模仿明朝。清帝的登基大典和明朝的也很相似。史料中详细记载的乾隆帝的登基大典，就足以让我们想象出当时的场面。

1735年九月，乾隆帝在故宫的太和殿登基。九月初三，准备工作就绪后，礼部尚书奏请皇帝即位。乾清宫正门的门帘要垂下，表示丧事暂时停止。

皇帝先在中和殿升座，接受官员们的行礼。礼毕后，礼部尚书再次奏请即皇帝位。皇帝到太和殿即位，午门上钟鼓齐鸣，乐队也不能在丧期奏乐。群臣在礼仪官的导引下行三跪九叩大礼，然后上表道贺。

到了最后一道程序，宣读诏书。由大学士再将诏书捧出，交给礼部尚书，后者捧着诏书到台阶下，交给礼部司官，放在云盘内，然后由中道出太和门，再鸣鞭，乾隆帝还宫。文武百官分别由太和门两旁的昭德门、贞度门跟着诏书出午门，将诏书放在龙亭内，抬到天安门城楼上颁布。这一程序和明朝大同小异。由此可见，清朝统治者入主中原之后，注意接受汉文化，并吸取其精华为自己所用。

隆重的登基大典既是皇权和身份的象征，又意味着百姓和官员对新皇帝的欢迎和期待。而历史总喜欢开玩笑，登基典礼越隆重、花费越高的皇帝，往往奢靡无度，也无法让百姓感受到浩荡的皇恩；而典礼从简的皇帝，执政时往往注重减轻百姓的负担，开创出繁荣安定的社会局面。

皇帝和他的女人们

历代后妃制度

■每当提起古代帝王，人们往往会联想到"三宫六院七十二妃"，或者"后宫佳丽三千人"，而实际上，历朝历代都有后妃制度和严格的选拔标准，依照这一标准挑选出来的妃嫔数量未必能达到三千。只不过总有帝王不满足于标准的规制，才大大扩充了妃嫔的数量。

《周礼》记载，周天子在后宫设立三夫人、九嫔、二十七世妇、八十一女御，各有各的职务。夫人负责讨论妇女的礼仪，九嫔掌管四德教育，世妇主办丧事、祭祀和接待宾客，女御只负责侍寝。自从秦始皇建立了大一统的封建王朝之后，在此基础之上又有所发展。历朝历代的后妃制度虽各有特色，但有一点保持了高度的一致，就是严格的等级制。

汉朝：享受封爵的后妃

秦朝将皇帝的母亲尊为皇太后，祖母尊为太皇太后，皇帝的正妻称为皇后。这些称号一直沿用了两千多年。

到了汉朝，除了沿用秦朝创立的称号外，还发展了后妃制度，将妃子严格划分为十四个等级，并有各自的爵位，享受食俸。这十四个等级中的前三个分别是：昭仪，视同于丞相，爵位相当于诸侯王；婕妤，视同于上卿，爵位相当于列侯；娙娥，视同于中二千石，爵位相当于关内侯。还有傛华、美人、八子、充依、七子、良人、长使、少使、五官、顺常等职位，各自有自己的俸禄。这在古代是不多见的。

东汉时期，光武帝刘秀提倡节俭，裁减六宫人数，后宫只设皇后和贵人。俸禄也大大减少，贵人的俸禄不过数十斛粟。其下又设了美人、宫人、采女三种职位，但没有爵位，只是按时赏赐，聊为补给。

后宫的妃子们每天的核心任务，便是想方设法讨皇

● **汉代妇女画像**

汉代服饰在图案色彩的运用上，通过对比凸显了色彩的明快、醒目、艳丽等，体现了素中见华美的特点。也使女子显得身材修长、典雅庄严。

帝的欢心。不得宠的希望受到皇帝的宠幸；受宠的希望能为皇帝生下皇子，以巩固自己的地位，最好皇子还能被立为皇储，这样未来后宫的权力都尽在自己掌握之中。复杂的政治斗争是每个人都难以逃避的，汉景帝时王娡夺宠就是一个经典的例子。

文帝在位时，薄太后将自己的侄孙女薄氏嫁给太子刘启为妃，以求巩固薄氏家族在朝廷中的帝位。刘启虽不乐意，但也不敢违抗祖母的意愿。他完婚后，便开始在民间选美，填充太子的宫殿。有两位女子通过这一渠道进入太子宫中，并在未来的皇宫内上演了一幕争储的闹剧。

这两位女子，一位是栗姬，一位叫王娡。

栗姬运气很好，一入宫即受到刘启的宠幸，很快为刘启生下长子。得宠后，栗姬目空一切，不把任何人放在眼里。薄妃虽然一直没有生育，但秉性敦厚善良，不把栗姬的所作所为放在心里。但王娡看在眼里，恨在心上。表面上，王娡装作谦逊温良，和别人一团和气，心里却巴不得刘启赶快宠爱自己，让栗姬赶快失宠。但王娡只生了三个女儿，没能生出儿子，在这方面比不过栗姬。

想来想去，王娡向刘启推荐自己的妹妹王息姁。她将妹妹夸成天仙下凡，让刘启心里痒痒，赶快派人把王息姁接到宫中。果然，刘启对王息姁非常满意，宠爱有加。同时，刘启也认为王娡"贤德不妒"，越发看重王娡的品德。

王息姁得宠后，一连生下四个儿子，地位不可动摇。王娡借着妹妹的风头，也着实风光了一把。然而，世事难料，王息姁生下第四个儿子后，不久就去世了，王娡只好再度独自面对后宫的争斗。

这些年，锋芒毕露的栗姬一直离间刘启和薄妃的关系，企图取代薄妃的地位。但薄太后在世，刘启又一直对祖母恭敬有加，自然不敢废掉太后选的正妃。于是，刘启即位时，依然册立薄妃为皇后。但在栗姬的挑拨下，刘启和薄皇后的关系已经极为淡漠了。

薄皇后嫁给刘启十六年，始终未能生养一男半女。于是，公元前155年，登基已经六年的景帝立栗姬所生的长子刘荣为太子。让栗姬更为高兴的是，第二年，薄太皇太后撒手人寰。她仿佛看见景帝顺理成章地废掉薄皇后，立自己为后宫之主。然而，薄皇后生性温良，得到了窦太后的保护，栗姬仍然不能遂愿。

就在栗姬为了皇后的地位绞尽脑汁时，王娡再次卷入这场争斗。不同的是，她已经生下了皇子刘彻，这是景帝即位后的第一个儿子。何况，王娡早就有贤良淑德的名声在外，怀孕时又梦见太阳从口里落入腹中，这一切都让景帝高兴得不得了。如今，王娡只想冷眼旁观，待栗姬把薄皇后整倒之后，她再出手。

废皇后只有一个障碍，便是窦太后。虽然都是自己的亲生儿子，但窦太后最宠爱的是小儿子梁王。她总逼着景帝立梁王为皇太弟，将来继承皇位。景帝虽然极力反对，也不好在母亲面前发作，于是他重重赏赐梁王，不断增加梁王的封地，让梁王的起居也更有排场，和皇帝不相上下。窦太后心里稍稍平复，也就懒得再管儿子的家务事。这样，失去了婆母庇护的薄皇后如同一根孤独的苇草，很容易就被废黜了。

栗姬得意至极，并已经以皇后的身份公然自居。她没想到的是，自己张扬暴躁、沉不住气的性格最终葬送了自己和儿子的前途。

窦太后有一个贴心的女儿馆陶长公主，和景帝关系特别好，又懂得如何讨太后欢心，在皇宫里是个举足轻重的角色。她眼看栗姬将被立为皇后，便前去为自己的女儿阿娇提亲，希望能成为未来皇帝的岳母，巩固自己的地位。

不料，她去找栗姬说及此事时，竟然被栗姬刻薄地挖苦了一顿。栗姬本来就不喜欢馆陶长公主，如今自己儿子已是太子，自己又要成为皇后，更看不起长公主了。长公主满腔怒气无处发泄，于是来到王娡宫中，对着王娡倒苦水。

王娡是个冰雪聪明的人，马上说："阿娇那么可爱，要是给我做儿媳妇，我喜欢还来不及。栗夫人是要做皇后的人，她有什么心思我们也猜不到，您还是不要到处去说，免得惹来麻烦。"

长公主想，栗姬还没当上皇后就这么跋扈，如果真的掌握了大权，更不把自己放在眼里了。还不如和王娡结亲，扶植王娡的儿子刘彻做太子。她说出了自己的想法，自然与王娡一拍即合。

馆陶长公主打定主意，便去找景帝，添油加醋地说了一番栗姬的坏话，并提醒他，栗姬脾气暴躁，做事极端，有可能成为第二个吕后。景帝虽然不敢全部相信，却也有这方面的担忧。于是，景帝来到栗姬宫中，感叹自己身体不好，如果有一天驾鹤西去，希望栗姬能担当起照顾后宫嫔妃和儿女们的责任。栗姬果然没有头脑。她平时对其他嫔妃恨之入骨，绝不会答应照顾她们。她非但没有对景帝表示关心和安慰，反而和他大吵一架，用极端污秽的言语咒骂其他嫔妃，还骂了景帝。景帝生气地拂袖而去。

过了一段时间，王娡又巧妙地说服大行官（掌管礼仪的官员），让他上书景帝，催促景帝立栗姬为皇后。不出王娡所料，景帝勃然大怒，斩了大行官不说，还迁怒于栗姬，废黜了太子。栗姬突然失势，承受不了这样的打击，病倒了。

王娡却在暗地里偷笑，她的计划越来越顺利。长公主为了让刘彻成为太子，经常在景帝面前美言，拼命称赞刘彻的各种好处。景帝想起王娡怀孕时的异梦，总觉得这个儿子有继承大统的征兆。但刘彻排行最小，要想立他为太子，除非他的母亲是皇后。

公元前162年，王娡如愿以偿地成为皇后。十二天后，七岁的刘彻被册立为太子，并在九年后即位，成为汉武帝。而曾距离皇后宝座那么近的栗姬，却因为急病交加，吐血身亡。

明朝：皇帝大婚花费千万白银

在皇宫内，大婚是极为隆重的典礼，程序烦琐而复杂。只有在登基前没有娶妻的皇帝，才能举行大婚。明神宗朱翊钧娶皇后王喜姐的婚礼，仅织造费用就花掉了九万多两白银。《礼记》中记载，男女婚姻要经过六礼，即"纳采、问名、纳吉、纳征、告期、亲迎"。到了婚嫁时，皇帝也和普通人家一样，只不过仪式更为隆重罢了。

所谓纳采，即议婚，男方请媒人前去提亲。古代的风俗，媒人要拿一只大雁做见面礼。皇帝提亲，自然不会只拿一只大雁，而是备下厚礼。女方收下礼物，意味着同意议婚，双方可以进一步商议婚事了。

问名，即询问女方姓名和出生日期。女方答应议婚后，男方要主动将写着男子姓名和出生日期（即生辰八字）的庚书送到女方家，并索要女方的庚书。还要请算命先生推算命相是否合适，合适才能做亲。

纳吉，即订婚。一旦算命先生说双方"八字"相合，男方就正式准备礼物，请媒人带着聘书去女方家求婚。女方收下礼品，就算是同意了这门亲事。同时，女方要回复聘书作为凭证。

应征，即送聘礼，正式订婚。男方要选择吉日，带着礼物，由媒人陪同到女方家正式订婚。女方要送给男方偶数的礼金，女子还要通过媒人送给男子自己亲手做的女工，作为定亲信物。

请期，即商议婚期。男方先请人选择日期，然后写"请书"，请媒人送给女方，询问女方对于婚期的意见。如果女方没有异议，双方就开始商议娶亲时的相关事项。

亲迎，即迎娶新娘。也是六礼中的最后一项。

皇家的礼仪都要由礼部官员拟定并负责执行。从纳采、问名开始，礼部官员就忙个不停。一系列礼仪都要在乾清宫完成，送给女方的礼物也要公开展示。到了吉时，皇帝先接受百官的朝拜，然后派两名使者带着仪仗队和鼓乐队去未来的国丈家宣读诏书。国丈必须在大门口跪着迎接使者，奉旨并接受

礼品，并把女儿的姓名和生辰八字交给使者。礼仪结束后，还要款待颁诏的使者。使者吃过饭后，将女方的生辰八字带回宫，交给司礼监太监，任务就完成了。司礼监太监再去向皇帝汇报情况，皇帝再将得知的情况告诉大臣们。

一系列烦琐的礼仪结束后，终于到了亲迎这一天，皇宫和国丈府中每个人的情绪都到了高潮。

早在婚礼的前几天，新娘就和侍女们反复试验妆容。婚礼前夜，新娘要沐浴化妆，梳发髻，打造出一个端庄的形象。

迎亲队伍到达国丈府后，并不急着接走新娘，而是由锦衣卫轿夫把皇后的礼舆和龙亭抬到前院，换太监抬到后院的绣楼前，按钦天监太监规定的方位停放。新娘穿上皇后礼服，戴好凤冠霞帔，接受皇后的金册和金宝，然后回到绣楼等待吉时。

吉时一到，新娘登上礼舆，迎亲队伍浩浩荡荡地穿城进入天安门，从午门正中的门洞进入紫禁城，到达乾清门。新娘则在导引下进入坤宁宫，行大礼，入洞房。

皇帝的洞房也以红色为主：门上贴红喜字和对联，床上挂百子帐，床上铺百子被，床头还要悬挂大红色绣着龙凤双喜的帐幔。入洞房后，皇帝和皇后先要祭拜天地和祖宗，然后行合卺礼，也就是喝交杯酒。据说过程相当复杂，先由新娘斟酒一杯，递给新郎；新郎抿一口，交给新娘，新娘一饮而尽。然后由新郎斟一杯酒，交给新娘；新娘抿一口，还给新郎，新郎一口喝干。

接下来，侍寝的宫人将皇帝带走，脱下礼服，换上便装。皇后则被宫人引入帐内，脱

去礼服，再将皇帝引入帐内，两人才开始花烛之夜。

大婚后，皇帝还要带皇后祭拜列祖列宗，拜诣太皇太后和皇太后，太皇太后和皇太后要设宴祝贺。皇后也要带着妃子们叩拜皇帝，表明自己后宫之主的身份。

清朝：选秀女选出权倾两朝的慈禧太后

●慈禧太后油画像

在入关前，清朝的皇帝娶妃是没有规章可循的。出于政治的考虑，很多蒙古公主嫁给皇帝，用联姻的方式维系两个民族的结盟。我们都很熟悉的孝庄太后（原名布木布泰）就是如此。史料记载，陆续有女子嫁给皇太极，以至于皇太极即位后，册封了崇德五宫后妃，又称为五大福晋。其中，皇后居中宫清宁宫，排名居首；东宫宸妃居关雎宫，称为东大福晋，排在第二位；西宫贵妃居麟趾宫，称为西大福晋，排在第三位；次东宫淑妃居衍庆宫，称为东侧福晋，排在第四位；次西宫庄妃居永福宫，称为西侧福晋，排在第五位。这位庄妃也就是布木布泰。可见，皇太极后宫中地位比较高的头衔只有皇后和妃，没有其他的称谓。

入主中原后，清朝很多制度都源自明朝，包括后妃

●**养心殿东暖阁**

慈禧太后的政治中心。从雍正到宣统时期，养心殿都是皇帝居住和处理政务的场所。慈禧太后掌握政权后，便成为其垂帘听政的地方。

制度。顺治年间，礼部官员将明朝的后妃制度加以总结提炼，制定了清朝的后妃制度。顺治帝虽认可了这个制度，但最终由于种种原因没能推广。康熙帝时重新制定嫔妃等级，规定皇后居住在中宫。皇后以下，设皇贵妃一名，贵妃两名，妃四名，嫔八名。另外，还设数量不定的贵人、常在、答应等低级的官女。嫔妃们分别住在东、西十二宫里。

除了这些，清朝还有自己独创的选秀女制度，保障了皇帝的后妃来源。每三年，凡是在旗籍的十三岁到十六岁的健康女子，都必须到有关部门登记，以备选秀女活动。年满十三岁的女子称为"及岁"，超过十六岁的则称为"逾岁"。逾岁的女子一般不再参加选秀女，但如果适龄时因为这样那样的原因错过了，那下一届必须参加，否则朝廷要予以治罪。及岁的女子如果还没有参加选秀女就出嫁，也要被治罪。即便是女子有身体方面的问题不适合参选，也要层层上报，直到皇帝审批通过，才能免选。

每次选秀女时，由户部选择日期并向皇帝奏请，得到批准后就开始筹备。道光年间的一次选秀女是这样进行的：每天选两旗，按照人数多少进行分配。在选秀女的前一天，参选的两旗参领要先排车。比如，要选正黄、镶黄两旗的秀女，那参领就要将本旗的秀女按照满族、蒙古族与汉族的差异分成三组，每一组又按照年龄大小排好队，然后秀女的车子才能动身。满族在前，其次为蒙古族，汉族在最后。车上挂着两盏灯笼来表明秀女的身份。傍晚时车子才能开动，晚上到达紫禁城的神武门，秀女们下车进宫。

相关人员引秀女们在顺贞门外等候，那里有户部官员进行组织。官员将她们分为五人一组，届时由太监一组一组地引入宫内。进去后，秀女们站成一排，无须下跪。皇帝和太后挨个相看，把看中的秀女的名牌留下，叫作留牌子。留牌子的秀女还要再度被相看，如果第二次皇帝和太后都没有看中，就叫作撂牌子。牌子上写着秀女父亲的名字、旗籍和民族。

秀女们乘坐的车子由神武门夹道出东华门，经过崇文门大街到北街市，再绕回神武门，这时已经是第二天中午了，选秀女也差不多结束了。参加完毕的人又按照顺序登车出宫回家。虽然有一千多辆车，却井然有序。

凡是获得了皇帝封号的秀女，就要将自己的一生献给皇宫，至死都不能出宫另嫁。有的秀女有幸成为皇后，还需要经过大婚，入主坤宁宫（皇后居住的宫殿）。撂牌子的秀女不需要入宫，一般会被指配给亲王或者亲王的子孙。

入宫的女子也并非进入天堂。后宫斗争复杂激烈，一不小心就会落入他人设置的陷阱里。今日受宠，明日就可能被打入冷宫，凄凉孤独地度过余生。更有甚者，自己受处罚还不够，还会连累家人。选秀女制度发展到后来，富豪之家往往用金钱贿赂相关部门，隐瞒女儿的实际年龄，或者买下贫家女儿来代替自家女儿。地方官也借此敲诈勒索，胡作非为，在社会上造成混乱。

《湘绮楼文集》记载了一个秀女在等候被选时大骂皇帝的故事。咸丰九年（1859）冬天，秀女们清晨入宫，在台阶下等候。咸丰帝久久不出，天寒地冻，一位家境贫寒、衣衫单薄的女孩受不了，几次请示，想先出宫。管事的官员大声责怪，强行把她留下来。女孩心中怨恨已久，忍不住大声说道："朝廷当年确立这个制度，是因为当时是太平盛世。现在外有大敌压境，内有盗匪四起，城内百姓衣食无着，朝不保夕。然而朝廷却不征召贤士，选拔人才，反而今天选妃，明天挑女，这不是无道昏君才做出的事吗……"在场人莫不目瞪口呆。

咸丰二年（1852），十六岁的叶赫那拉氏通过选秀女入宫，被封为贵人，在皇宫里属于低等级。而同时入宫的钮钴禄氏却深受咸丰帝宠爱，一个多月后就被册立为皇后，也就是后来的慈安太后。不过，叶赫那拉氏擅长书画，又懂得权谋之术，很快博得了咸丰帝的欢心。三年内，她就由贵人升为懿嫔，在咸丰帝后宫的十位后妃中排到了第二位。咸丰六年（1856），她又生下一子，很快升为懿贵妃，在后宫中奠定了自己的地位。

咸丰十一年（1861），咸丰帝病逝，年仅六岁的皇子载淳即位。咸丰帝遗命肃顺、端华、景寿等八大臣辅政。懿贵妃也晋封为慈禧太后。不久，慈禧太后和恭亲王奕䜣合谋发动政变，推倒八大臣，控制了朝政。此后，慈禧太后以皇太后身份或垂帘听政或临朝称制，统治了大清帝国将近半个世纪。

玉盘珍馐直万钱

走近皇帝的餐桌

■ 《周礼》记载，周天子在后宫设立三夫人、九嫔、二十七世妇、八十一女御，各有各的职务。夫人负责讨论妇女的礼仪，九嫔掌管四德教育，世妇主办丧事、祭祀和接待宾客，女御只负责侍寝。自从秦始皇建立了大一统的封建王朝之后，在此基础之上又有所发展。历朝历代的后妃制度虽各有特色，但有一点保持了高度的一致，就是严格的等级制。

饮食这件事，可小可大，可简可繁。对古代百姓来说，能够果腹充饥就已是幸事。但皇帝是"九五至尊"，贵为天子，饮食当然也是天大的事。因此，皇帝吃什么，怎么吃，又有怎样煊赫的排场，一直是人们津津乐道的话题。

汉唐皇帝：饮食多元化和反季节化

很多史学家认为，汉唐是封建社会中最能代表中国的两个朝代，因为两朝不仅经济繁荣，思想开放，文化发展迅速；而且与外界的交融不断增强，科技水平也得到很大提高。而后者在汉唐皇帝的饮食中得到了很好的体现。

汉唐两代皇帝饮食的最大共同点，恐怕就是多元化了。汉朝之前，皇帝的食物种类极其有限，仅仅局限于中国原产的一些果蔬和肉类。但是汉唐两个朝代经济空前繁荣，社会稳定，人民生活水平较高，加之朝廷对外开放的政策，使得本国与外界的联系日益密切。不断引进的外来食物使皇帝餐桌上的选择越来越丰富。

汉武帝时期，张骞受朝廷派遣，奉命出使西域。他在顺利完成"凿空"之旅的同时，还带回了很多西域的食物，比如：胡瓜（即黄瓜，南方又叫青瓜）、胡桃（即核桃）、胡荽（又名香菜、芫荽，是一种香草，可做调料）、胡麻（即芝麻）、胡萝卜、石榴。这使得汉武帝的用膳选择丰富许多。相传当年汉武帝尤其喜欢胡荽的异香，很多菜肴都要加上些许胡荽才能合他的胃口。

唐朝时期，中国的对外交流更加频繁，原产印度的菠菜等作物传入中原，又成为皇帝的一大喜好。同时，胡汉的交流更为密切，很多胡人的烹饪方法传入御膳房，于是皇帝的餐桌上又多了"胡饼"等新式食物，深得皇帝喜爱。

除了多元化，汉朝皇帝的饮食还有另外一大特点，那就是季节的限制被降到最低，即皇帝可以享用"反季节"的食物。在古代，科技水平比较低，没有空调电扇，即使是达官显贵，在夏天也会热得汗流浃背，扇子都失去了作用，吃饭的时候人们也都热得没精神，食欲不振。

但是汉朝皇帝却可以较小地受到季节的限制，在烈日炎炎的夏天，侍奉皇帝用膳的宦官仍能千方百计地找到冰块，放在皇帝用膳的宫殿，为皇帝消暑；同时又能够将一些食物进行冰镇，使皇帝在夏天能够"坚冰常奠，寒馔代叙"。

此外，汉朝还形成了较为完整的食物管理系统，专门管理皇帝的日常饮食。负责皇帝饮食的官员有太官、汤官和导官，他们分别"主膳食""主饼饵"和"主择米"。掌管皇帝饮食的整个管理系统总人数竟达数万人之多。所以汉朝皇帝的饮食排场，从中可略知一二了。

同时，唐朝的皇帝饮食也极尽奢华之风。平日里皇帝的饮食自不必说，唐朝还兴起了大臣宴请皇帝之风。当然，食物的安全问题是放在首位的，宴请之前，下人们的"试吃"是必不可少的。比较有名的一次宴请是韦巨源晋升丞相后，为答谢皇帝而为唐

中宗举办的"烧尾宴"。

所谓"烧尾宴"，是指一些人进入仕途，或者得到提拔后所举行的宴会，用以答谢支持和培养自己的人。这个名字还有些来历。相传大禹治水时，凿通了龙门，每当三月江水融化之时，成群的鲤鱼就会到这里来跃龙门，期望化身成龙。每当有一条鲤鱼跃上龙门，便有云师雨伯在天空中出现，用天火烧鲤之尾，鲤鱼便会顿时化成神龙飞上天去。

因为鲤鱼只有被天火烧掉尾巴后才能化身成龙，所以"烧尾"一词就有了一个人飞黄腾达之意，烧尾宴就成了仕途得意之人宴请宾客的特殊名词。当年韦巨源晋升丞相之后，为了报答唐中宗的厚爱，当然也为了笼络人心，特地为唐中宗设置了烧尾宴，其奢华程度，令后人瞠目。

烧尾宴上，单是有记载的，就有五十八道菜，涉及了熊、鹿、狸、虾、蟹、田鸡等南北方各种珍奇之物。每道菜的制作工序都相当烦琐，据说当时一道仅仅用于观赏的菜"素蒸音声部"，就需要用蒸面和素面捏制七十个蓬莱歌舞女子，而且女子面部表情生动，动作两两不一，耗费人力之大令人咋舌。其他菜肴更不必细说了。

所以唐朝在社会发展的同时，皇帝的饮食逐渐奢华起来，靡靡之音的亡国迹象，在中后期日益凸现出来。

明代皇帝：饮食的北方化和平民化

身着锦衣，口品玉食。大明的皇帝究竟享用怎样的"玉食"呢？我们不妨在三个皇帝的膳食记录中寻找一些蛛丝马迹。

第一份膳食记录讲的是明太祖朱元璋在洪武十七年（1384）六月的午膳：胡椒醋鲜虾、烧鹅、烧羊头蹄、鹅肉巴子、咸豉芥末羊肚盘、蒜醋白血汤、五味蒸鸡、元汁羊骨头、糊辣醋腰子、蒸鲜鱼、五味蒸面觔、羊肉水晶角儿、丝鹅粉汤、三鲜汤、绿豆棋子面、椒末羊肉、香米饭、蒜酪、豆汤、泡茶。

众所周知，朱元璋是地地道道的南方人，所以明朝最初的几位皇帝的膳食有很浓重的南方色彩：主食以米饭为主，烹饪方法讲究清蒸，味清淡，不喜咸。

第二份膳食记录记载的是明成祖朱棣在永乐元年（1403）十月的御膳内容，计有：酒四品，烧羊肉、清蒸鸡、椒醋鹅、烧猪肉、猪肉撺汤、香油烧饼、沙馅小馒头。

相比明太祖二十道菜的午餐，明成祖的膳食简单了很多，这与他崇尚节约的作风有关。同时，北方的特色食物开始出现在皇帝的餐桌上：香油烧饼、沙馅小馒头等面食，以及红烧烹饪的佳肴。

此外，在万历年间面世的《事物绀珠》一书中，记录了明神宗喜爱的主食，这些主食包括：捻尖馒头、八宝馒头、攒馅馒头、蒸卷、海清卷子、蝴蝶卷子；大蒸饼、椒盐饼、豆饼、澄沙饼、夹糖饼、芝麻烧饼、奶皮烧饼、薄脆饼、梅花烧饼、金花饼、宝妆饼、银锭饼、方胜饼、菊花饼、葵花饼、芙蓉花饼、古老钱饼、石榴花饼、金砖饼、灵芝饼、犀角饼、如意饼、荷花饼、红玛瑙等一系列茶食（茶食是一种面制的点心），以及鸡蛋面、剪刀面（面片汤）等。

细心的读者可能一眼就发现了，在明神宗的主食中，北方的面食占据了绝对的主导地位，包括各种馒头卷子、面条、面片以及面制点心；而南方的米饭几乎在御膳中完全失去了一席之地。

由此可见，明朝史上，皇帝所食用的"玉食"有非常明显的北方化趋势，不论是在御膳材料上，还是在烹饪方法上，这一趋势都显得尤其突出。

此外，在明朝末年，膳食平民化的趋势也日益凸现出来。明思宗崇祯皇帝便喜食"粗菜"，即民间的一些野菜，比如苜蓿、苦菜、蒲公英、苦瓜、枣芽、杂豆等。明朝初年的膳食记录上，记载的都是大鱼大肉，以及各种点心，基本上没有水果和蔬菜；而崇祯帝的饮食则加大蔬菜的比重，这种膳食结构应该说更健康了。

同时，为了教育子孙后代，崇祯帝把吃"粗菜"当作一种制度推行下去，让皇子皇孙懂得吃苦的道理。所以作为末代皇帝，崇祯帝应该算是尽心尽责，有一定眼光的。

当然，虽然餐桌上的饭菜有趋于平民化的趋势，但是吃饭的礼节却烦琐而严格。即使是在末代，崇祯帝依然坚持早膳要奏乐的习俗。每天崇祯起床洗漱完之后，会换上便服，前去用膳。用膳时，会演奏音乐，这时殿堂上下所有侍者都大气不敢出一声，生怕不小心搞出一点动静，破坏了皇帝用膳的环境，招来杀身之祸。

而且，侍奉崇祯皇帝用膳的太监和宫女同样非常讲究。上菜的时候，每个盘子都要用纱布遮好，不能染上任何不洁之物；同时端菜的太监和宫女都要戴上纱布做的"口包"（即口罩），脸要侧向一旁，以防自己的呼吸污染了皇帝的饭菜。

崇祯帝吃完饭后，会点一到两个宫殿的名字，这些剩菜剩饭会被送到该宫殿。该宫殿的下人们要行大礼，拜谢皇帝的恩赐。皇帝吃剩的食物一般会"赏赐"给太监和宫女们。

不难看出，明朝皇帝的饮食习惯日趋北方化和平民化，但是礼节方面却没有放松。明朝皇帝维持封建威严的作风，由此可见一斑。

清代皇帝：满族特色，注重安全

一提起清朝皇帝的饮食，大家首先想到的可能就是气势宏大的"满汉全席"了。但是满汉全席是清朝鼎盛时期才开始出现的，而且皇帝不可能每顿饭都吃满汉全席，那么，皇帝平时的饮食究竟是什么样的呢？

众所周知，清朝由东北的建州女真创建，所以清初几个皇帝的饮食保留了较为浓厚的满族特色：喜食甜黏的食物和各种腌制的食品。

● 清康熙皇帝像

女真人的祖先长期生活在中国东北部的长白山区，那里是天然的养蜂天堂，所以女真人有丰富的养蜂经验，同时对于蜜制的甜黏性糕点有特殊的喜爱。清朝初期，甚至中期的几位皇帝都非常喜欢蜜制的糕点。

在康熙年间，为了满足皇宫对蜂蜜的需要，当时的乌拉总管衙门派出了五百五十名养蜂人，专门负责养蜂、采集生蜜。这五百五十名养蜂人在年终要上交四千斤生蜜，如果质量不好的话会招来杀身之祸。

当时的皇帝对于满洲传统的蜜制糕点喜爱有加，很多糕点流传至今，仍受世人喜爱，比如糖耳朵、沙琪玛、蜜饯果脯等等。

同时皇帝们又非常喜欢腌制的蔬菜。由于满人祖先的主要生产方式是在山区采猎，所以劳动所得受季节影响非常大。为了保证在猎捕淡季有足够的食物，他们不得不将旺季的采猎所得进行腌制存放，因而满人形成了喜食腌制食品的习惯。

所以，清朝历代皇帝对腌制食品情有独钟。当年康熙帝出巡的时候，为了满足他对腌菜的需要，侍奉皇帝用膳的太监都要准备数十个瓶子，用来装腌菜。

虽然清朝皇帝有自己喜欢吃的食物，但是，他们的饮食受到礼节和家法的严格限制。首先，他们保留了满人的饮食习惯，每天只吃两顿饭，分别是早膳（约早上6点至8点半）和晚膳（中午12点至14点），每顿饭之后会各加一顿小吃。小吃的时间就不固定了，一般都是皇帝临时想吃什么就会马上有人传膳。

清朝时期，皇帝对食物的安全格外重视。每次用膳之前，都会用一种银子做的

"试毒牌"来测试。据记载，如果食物当中有毒，试毒牌会改变颜色。用试毒牌测试完之后，太监要把各种菜亲自尝一口，名为"尝膳"。在试毒或尝膳中发现有毒的食物，皇帝绝不会食用，而且要追究厨师的责任，搞不好就要掉脑袋。

测试结束后，皇帝才开始享用一桌子的饭菜。即使是在吃饭的过程中，也要非常注重安全。不管一道菜多么可口，皇帝再怎么爱吃，也不能连续吃上三口，即所谓的"吃菜不许过三匙"。这是因为皇帝爱吃什么，是绝对机密，万不可轻易泄露给外人，否则一些别有用心的人知道了，就会打饭菜的主意，在皇帝爱吃的菜里做手脚。

如果皇帝不小心把某道菜连吃了三口，侍奉皇帝用膳的太监就会喊一声"撤"，其他太监会马上把菜撤走，皇帝今后十天半个月都见不到这道菜了。

所以，清朝的皇帝虽然吃得讲究，但是用膳的时候总是提心吊胆的，爱吃什么也不能尽情地吃。从这个角度看，清朝皇帝还是挺可怜的。正如清朝末代皇帝溥仪在《我的前半生》中的描述："这些菜肴经过种种手续摆上来之后，除了表示排场之外，并无任何用处。"所用之膳"华而不实，费而不惠，营而不养，淡而无味"。

可见，古代的皇帝虽然能吃到当时最好的食物，能享受当时厨艺最高的厨师的服务，但是由于社会经济发展程度的限制，他们可以享用的食物种类十分有限，膳食结构不够健康，而且经常提心吊胆，担心别人投毒。所以虽然生活在帝王之家，他们也未必很幸福。

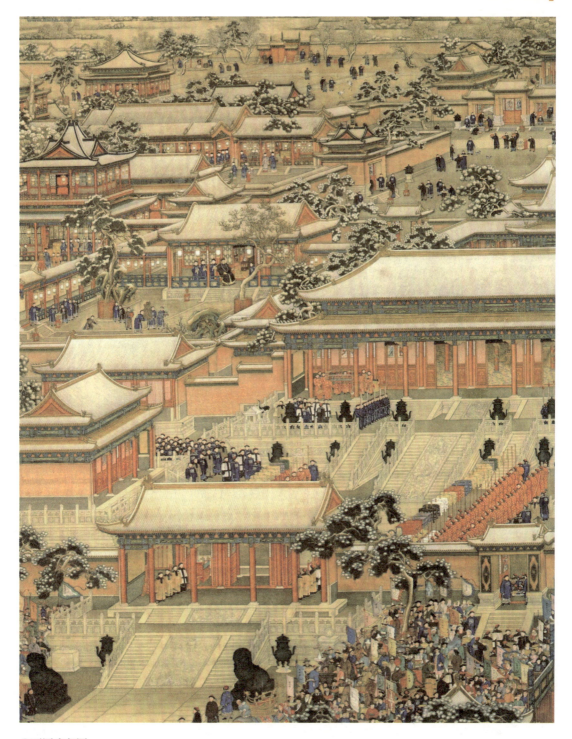

●**万国来朝图**

此画描绘了新年伊始，各藩属及外国使臣到京城朝贺的宏大场面。作者从太和门前的两个青铜狮子画起，将紫禁城中的主要建筑——收入画中。近大远小，主次分明。在大雪的银装素裹之下，整个场面显得宏伟壮观。

解密终极华服

龙袍的魅力

■ 广大的戏迷票友对《打龙袍》应该非常熟悉，这出戏讲的是宋仁宗时期，太后命包拯杖打皇帝以示惩罚，而包拯自然不敢真打皇帝，于是请皇帝脱下龙袍，打龙袍以示打皇帝。这场戏虽然在正史上无考，但由此可见，龙袍象征着至高无上的皇权。

龙袍——由秦到清的演变

说起龙袍，可能大家马上会想到明黄色的绸缎袍子，上面布满了腾飞的龙。但是，这只是人们对龙袍形象的误解，龙袍并不一定是黄色的，也不是每个朝代的龙袍都是绣满飞龙的黄袍子。实际上，龙袍的颜色几乎各个朝代都不一样，到了汉文帝时期才出现了黄色的龙袍。那么，龙袍的颜色究竟是怎样决定的呢？由秦到清的龙袍又经历了怎样的变化？

事实上，龙袍颜色的决定是一个非常严格的过程，要考虑很多因素，这些因素不单单包括皇帝的个人喜好，更要考虑五行，以及部落种族的图腾。周代崇尚红色，到秦崇尚黑，汉灭秦后则崇尚黄，汉文帝刘恒穿的龙袍第一次采用黄色。之后，将黄色作为中央皇权代表的习惯一直保持到了明清时期。

龙袍上的图案也不仅仅是龙，在最初的龙袍上面，龙的形象都不是非常突出。除了龙之外，龙袍上还会有日月星辰等图案，可见当时帝王的雄心壮志；同时，龙袍上面的图案会根据皇帝政策的侧重点而有所变化，这一点在汉朝尤为明显。

接下来，让我们一起回顾一下历朝历代龙袍的演变简史。

秦朝的龙袍恐怕是所有朝代龙袍中颜色最特殊的了。与人们印象中的龙袍不同，秦朝的龙袍不是大红大黄，而是黑色的。这是因为，秦国当年统一六国，创建了统一的中国封建社会，这在某种意义上等于推翻了东周的统治。始皇帝嬴政认为，秦之克周，犹如水之克火。既然周是"火气胜金，色尚赤"，那么秦就是水，颜色崇尚黑色了。

因此，在秦朝，黑色是最尊贵的颜色。如今我们看到的秦始皇的画像，也多以黑色龙袍最为常见。同时，如果我们仔细观察秦始皇的礼服，会发现上面并没有龙的图案。这里的所谓"龙袍"，就是指皇帝（中国古代人认为皇帝是"真龙天子"）穿的礼服，而不是绣着龙的袍子。龙袍上真正非常着重地突出龙的形象，已经是明朝的事情了。

到了汉朝初年，龙袍的样式明显受了秦朝的影响，上半身仍以黑色为主，下半身以大红色为主。龙袍上绣有日月星辰等自然景物，以及山、火、凤等图腾，而且还有粉米（大米）的图案。由此可见汉朝初年统治者对农业生产的重视。

值得一提的是，汉朝皇帝的礼服除了龙袍之外，还包括"冕冠"。冕冠两侧会各垂下一条丝带，丝带的近耳处会穿上一颗珠玉，名曰"充耳"，以此来提醒皇帝不要听信谗言。成语"充耳不闻"便是由此演变过来的。

而人们心中典型的黄色龙袍是在汉文帝时期出现的，从那之后，黄色成了最尊贵的颜色，这一传统一直流传到了明清时期。

隋唐时期，社会经济空前繁荣，社会稳定，人们的穿着选择丰富了许多，皇帝也不例外。唐朝社会中，男子多穿圆领袍、衫，或者对襟、阔袖的服装，而且上至皇帝，下至杂役都可以穿。如今我们看到的唐太宗李世民的画像，很多都是穿着

此类的龙袍。龙袍的样式流行化，众民皆可穿，恐怕是唐朝龙袍的一大特色了。不过，样式虽然可以一样，但是颜色绝不可相同。唐朝皇帝规定，黄色为皇族的颜色，平民是绝对不可以穿黄色的衣服的。看来皇帝的威严在此有所体现。

宋朝将红色定为了龙袍的主色调，其他方面没有什么特殊的发展。到了明朝，龙袍周身都要绣上龙的传统才逐渐开始，而且龙袍的颜色有了区分，不同颜色的龙袍有不同的功用。清朝皇帝龙袍的制作和管理则更加程序化。

明朝——五种颜色，冬夏两式

龙袍发展到明朝，颜色和样式的设计丰富了很多。其实从人性化的角度看，这一点倒是有其进步意义的，毕竟皇帝也是人，如果天天只穿一种颜色、一种样式的衣服，岂不太单调了。

明朝的皇帝酷爱红色，所以平日里穿的龙袍以红色为主，这种对红色的喜爱甚至影响到整个国家：上至王公贵族，下到平民百姓，大家都把红色作为尊贵的颜色，十分喜爱。

这种对红色的喜爱是有其根基的。首先，明朝开国皇帝朱元璋当年的义军被称为"红巾军"，军服是统一的大红色，所以朱元璋对红色的喜爱就有所依据了。其次，明朝皇族的姓氏"朱"字含大红之意，所以红色被看作皇室的象征。第三，明朝在五行之中属火命，因此对红色又多了一层喜爱。

除了红色，明朝皇帝的龙袍还有四种主要颜色，供皇帝在不同场合上穿。级别最高的

龙袍上身为黑色，下身为黄色，并且配有冠冕（就是我们看到的明朝皇帝在登基时头上戴的帽子，前后的帽檐各垂下珍珠十二串）。这种龙袍是为最隆重的典礼准备的，比如皇帝的登基大典和比较重要的祭祀典礼。

最高级别龙袍之下便是大红色的龙袍，供皇帝在比较重要的一般典礼上穿，比如接待重要的异域宾客等。再次一级为黄色龙袍，平时朝会或宴请群臣时穿。最后一级的是青色和黑色龙袍，供皇帝平时穿，也就是皇帝的便服。

虽然样式颜色的选择多了，看似宽松了一些，但是皇帝穿衣还是要讲究程序，排场一定要有。比如当皇帝要参加一场比较重大的典礼，需要穿等级比较高的龙袍的时候，除了穿上规定的内衣和外衣以外，还要穿戴蔽膝、裳、大带等配件，头发也要梳得一丝不乱。这些程序都要在宫女和太监的侍奉之下完成，整个过程持续时间也会非常长。

有趣的是，明朝皇帝的龙袍也是分时间季节的。比如祭天的时候要穿蓝色，在日坛朝日要穿红色，在月坛夕月时要穿白色。冬夏两季的龙袍又有不同，主要体现在衣服的边缘。春夏的服装边缘用缎子装饰，秋冬则用珍贵的皮毛装饰。

所以，明朝皇帝的穿衣过程还是非常麻烦的，不仅自己不能完全决定穿什么，而且穿衣程序非常复杂，繁文缛节非常多。

清朝龙袍——被曲解最多的皇帝装

现如今，"清宫戏"被炒得火热，但是很多影视剧中都出现了给皇帝"乱穿衣"的现象。比如"皇帝"身上的龙纹数量和样式都出现严重错误，或者"皇帝"穿着龙袍戴着朝帽，这些穿衣现象简直是"驴唇不对马嘴"，与清朝皇帝严格的穿衣规定有着非常强烈的反差。那么，清朝的皇帝平时穿什么呢？龙袍在这些服装当中的地位如何？龙袍的样式质地又有什么要求呢？本节将会一一做出解释。

清朝的皇帝穿衣十分讲究，在什么场合穿什么衣服是万万错不得的。皇帝的衣服一般分为礼服、吉服、常服、行服、雨服和便服。礼服是皇帝级别最高的服装，吉服次之。常服是介于礼服和便服之间的服装，平时也可以穿。行服是供皇帝出门打猎的时候穿的；而雨服，顾名思义，是供皇帝下雨下雪的时候穿的。

而我们通常说的清朝龙袍，只是吉服当中的一种。我们在清宫戏的台词中动不动就会听到"龙袍"这样的字眼，不管什么服装都一律叫龙袍，这是有失严谨的。

同时，清朝皇帝的龙袍上面所绣的图案也很有讲究。一般来说，龙袍上会有九条金龙，中间一条正襟危坐，面目威严；其余八条游动四方，绣得极具动感之势。同时，除了九条龙，龙袍上还要有其他的图案来衬托。在这些图案中，较为重要的就是五彩云了。彩云有祥瑞之意，袍上绣彩云，蕴涵了吉祥如意的美意。

除了龙和彩云，龙袍上还会出现其他的图案，甚至很多人所不喜欢的蝙蝠都在上面。这些蝙蝠一般是红色的，"红色的蝙蝠"，简读为"红蝠"，与"洪福"同音，意为洪福齐天，同样是美好的寓意。

从龙袍的图案上不难看出，清朝对于皇

帝的威严是绝对维护的。而与此同时，清朝又实行了非常严酷的冠服制度，其系统性、完整性令后人瞠目。这一制度严格地限制了各等级的官吏、平民百姓服饰的颜色和图案。一旦发现其服饰上出现了违禁的图案或者颜色，搞不好会掉脑袋。据不完全统计，乾隆四十七年（1782），因服饰触犯皇威而被处死的人竟有近五十人。然而到了清朝中晚期，这一服饰制度很难继续严格地实行下去了，这与清朝强弩之末以及法不责众有着很大的关系。

此外，龙袍的制作也是极尽奢华。据记载，制作一件龙袍不仅动用各方进贡的绫罗绸缎，而且要各路能工巧匠马不停蹄地工作两年。一件龙袍的尺寸、光泽、质地、材料都有明确的规定，如果不合格就会扣减工匠的俸禄，严重者要遭受杖刑，甚至掉脑袋。

然而，在清后期，整个封建社会进入了衰落期，清朝的各种制度趋于畸形。服饰制度以及龙袍的制作制度在某种程度上昭示了封建社会必将灭亡的历史大势。

●清朝·乾隆皇帝朝服像

十常四勿，修身养性

长寿天子 乾隆帝的养生秘诀

■■■ 清朝的乾隆皇帝足足活了八十九岁，是中国历史上最长寿的帝王。据记载，他年过八旬，仍然精神矍铄，身强体健，照常读书写字，甚至还能外出狩猎。连后人都为之惊叹。这位长寿天子的养生之道一直被后世津津乐道。

养生四诀

乾隆五十八年（1793），英国使团来华，在热河行宫受到乾隆帝的接见。使臣马戛尔尼在日记中写道："乾隆帝虽八十三岁高龄，看起来却如同六十余岁。他精神矍铄，风度凌驾于少年人。"同行的乔治·斯丹东也记载了对乾隆帝的印象："他走路坚定有力，生活规律，工作繁忙。他从来不戴眼镜，直到逝世前不久还能读书写字，逝世前两年还外出打猎。"

作为中国历史上最长寿的帝王，乾隆帝身体安康地活到了八十九岁，在位六十年。对一位日理万机的帝王而言，这不能不说是一个奇迹。

之所以能长寿，乾隆帝的养生之道是很重要的一个因素。他根据自身的体验，总结出了养生四诀："吐纳肺腑，活动筋骨，十常四勿，适时进补。"后人将其中的"十常四勿"进行了具体的阐释："十常"，指的是身体的十个部位要经常运动，即"齿常叩、津常咽、耳常弹、鼻常揉、眼常运、面常搓、足常摩、腹常旋、肢常伸、肛常提"；所谓"四勿"，是指有四件事情要注意克制，即"食勿言、卧勿语、饮勿醉、色勿迷"。

乾隆帝一生喜爱外出狩猎和四处巡游。夏天时，他经常召见武官，和他们比武骑射。到了秋天，他又率领皇子和侍卫们去围场打猎。著名的木兰围场就是乾隆帝每年必去的地方。乾隆帝曾六次下江南，五次出巡五台山，三次登临泰山……一生几乎游遍了国内的名山大川。他每次外出巡游都要持续好几个月，既能饱览风景、放松心情，又能活动筋骨、锻炼体力。

乾隆帝的饮食起居很有规律，一直保持着健康的生活习惯。据史料记载，乾隆帝每天坚持清晨六点起床，七点准时用早餐，餐后到花园中散步，然后召见群臣，上朝议事。中午一两点钟是用午餐的时间。餐后乾隆帝又开始读书写字、吟诗作画。他一天只吃两餐，而且从不吃得过饱。他的膳食以新鲜时令蔬菜为主，很少吃反季节的蔬菜和水果。晚上就寝从不晚于一更（19点到21点）。

此外，乾隆帝从不吸烟，很少饮酒，偶尔喝一点补酒。至于"色勿迷"，乾隆帝的作为就更为后世所津津乐道了。历代帝王为情所伤而短命者并不在少数，清朝的顺治帝就曾为失去董鄂妃而悲痛至死，光绪帝也因珍妃之死郁郁而终。然而乾隆帝一生虽风流却不滥情，懂得用情适可而止的道理。

修身养性

乾隆帝的长寿秘诀还在于修身养性、陶冶情操。他一生爱好广泛，吟诗作赋，琴棋书画，茶艺戏曲，无一不能。精神上的充实使得他可以保持年轻的心态，对于延年益寿大有裨益。

乾隆帝一生共留下诗文四万余首，尽管其中不乏随意之作，但这仍是个惊人的数字。乾隆帝常常与群臣联诗应对，谈诗论文。现代科学表明，坚持不懈的脑力劳动可以延缓衰老，使人到了老年仍然保持敏捷的思维和旺盛的精力。

乾隆帝还喜欢书画，年过八旬仍热衷此道，留下了不少传世作品。书画不仅陶冶性情，而且能锻炼指力、腕力及身心的协调性。此外，乾隆帝还拥有丰富的娱乐生活，如唱歌、鼓乐、看戏、赏花灯等。

乾隆帝不爱饮酒，却爱饮茶。茶既可以清热提神，消除疲劳，又有益于身体健康。史料记载，乾隆帝对于饮茶非常讲究，曾派人专门测量、品评天下水质的优劣，最终发现北京玉泉山的水最好，便将其定为"天下第一泉"。此后皇宫饮茶用水都取自玉泉山。

为了延年益寿，乾隆帝也适时进用补品，最主要的有两种——龟龄集和松龄太平春酒。前者是增补长寿的药品，后者则有舒筋活血的功效。由此可见，乾隆帝成为中国历史上最长寿的皇帝也就不足为奇了。

●乾隆南巡图（局部）

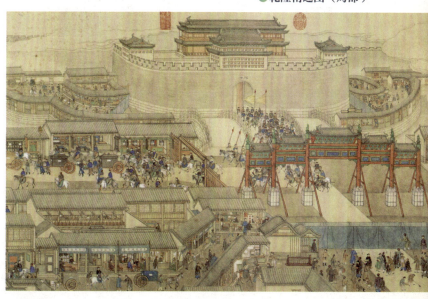

皇帝秘史

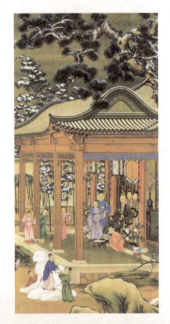